联合国教科文组织教育丛书

学会生存——教育世界的今天和明天

联合国教科文组织教育丛书

学会生存

——教育世界的今天和明天

联合国教科文组织国际教育发展委员会编著

华东师范大学比较教育研究所译

教育科学出版社

·北京·

责任编辑　翁绮睿
版式设计　沈晓萌
责任校对　刘永玲
责任印制　叶小峰

图书在版编目(CIP)数据

学会生存：教育世界的今天和明天/联合国教科文组织国际教育发展委员会编著.—北京：教育科学出版社，1996.6(2021.11重印)

(联合国教科文组织教育丛书)

ISBN 978-7-5041-1609-3

Ⅰ.学…　Ⅱ.联…　Ⅲ.学会生存　Ⅳ.G40-011

中国版本图书馆CIP数据核字(96)第07454号

著作权合同登记　图字：01-95-867号

出版发行	教育科学出版社		
社　　址	北京·朝阳区安慧北里安园甲9号	邮　　编	100101
总编室电话	010-64981290	编辑部电话	010-64981252
出版部电话	010-64989487	市场部电话	010-64989009
传　　真	010-64891796	网　　址	http://www.esph.com.cn

经　　销	各地新华书店		
制　　作	北京博祥图文设计中心		
印　　刷	三河市兴达印务有限公司		
开　　本	850毫米×1168毫米　1/32	版　　次	1996年6月第1版
印　　张	11.375	印　　次	2021年11月第30次印刷
字　　数	285千	定　　价	35.00元

图书出现印装质量问题，本社负责调换。

前　言

在联合国教科文组织成立五十周年之际，教育科学出版社推出教科文组织的重要教育文献与论著，其意义和影响是深远的。

50年来，联合国教科文组织在世界上发挥了越来越重要的影响。作为一个国际组织，它的最大贡献之一是使世界各国政府和公众逐步认识到教育的重要地位和使命，并在世界范围内推动教育的改革和发展。联合国教科文组织为此而进行的不懈努力，为世界各国人民所公认，在历史上留下了一连串不可磨灭的足迹。

在跨世纪的教育改革大潮中，认真总结和吸取半个世纪以来世界教育改革的经验教训是大有裨益的。而从联合国教科文组织的历史案卷中挑选出世所公认的教育思想之精华，则是改革开放中的广大中国教育工作者了解和借鉴世界教育改革成果的一条捷径。本套丛书首批推出的论著中，就包含了被誉为当代教育思想发展中一个里程碑的《学会生存》和“勾勒出本世纪末教育内容变革发展主要趋势”的《从现在到2000年教育内容发展的全球展望》，以及对90年代世界教育产生极其重大而深远影响的《教育的使命——面向21世纪的教育宣言和行动纲领》等经典之作。将以上论著中所阐述的一系列精辟的教育思想贯穿起来，可以清晰地洞悉世界教育思想观念演变发展的轨迹，这显然是我国教育工作者不可缺少的必修课。

对于中国的广大教育工作者来说，联合国教科文组织既熟悉、又陌生。说熟悉，不仅因为教科文组织开展的各种活动的受益者极其广泛；更重要的是，教科文组织一贯倡导的“教育机会均等”、“终身教育”和“走向学习化的社会”等思想观念已经和正在对中国的教育思想、教育政策和教育实践产生积极的影响。但遗憾的是，教科文组织的许多重要教育文献和论著至今尚未被系统地介绍到中国来，《学会生存》等译著虽已多次再版，但如今在书店中却已无处寻觅。

我们希望通过本套丛书的出版，为广大读者增加一扇了解世界教育改革的窗口，并通过联合国教科文组织这个沟通世界各国教育的纽带与桥梁，加速中国教育在改革开放中走向世界的步伐。

联合国教科文组织总部以及中国全委会对本套丛书的出版工作给予了很多的指导和帮助，教科文组织教育助理总干事鲍尔先生为本套译丛写了序言。在此一并致谢。

1996年3月15日

总　　序

联合国教科文组织副总干事科林 N·鲍尔

多年来，全民教育一直是联合国教科文组织的优先任务。早在50年代联合国教科文组织进行有关文盲数据调查时，世界文盲人数占整个世界人口总数的2/5，而如今这一数据降至1/5。在过去的40多年里，中小学入学人数增长了4倍，从50年代初的约2.5亿增至今天的10亿之多。

中国始终走在这场全民教育运动的前列，其整个教育体系在过去的几十年中也经历了彻底的变革。到21世纪初，中国的教育水平将达到世界发达国家发展水平。在中国，有三方面的因素将促成这一重大进步：政策上对教育的有力而持久的重视、从中央到地方的组织保证和用革新方法解决问题。

虽然全民教育在中国和世界其它地区都取得了可喜成绩，但是仍有许多工作要做。世界现有文盲8.8亿，其中2/3为女性。将近1.3亿的学龄儿童失学，60%为女童。

有鉴于此，国际社会必须继续将全民教育作为全球发展的优先重点。尽管教育并非解决所有社会弊端的灵丹妙药，但教育却常是我们战胜挑战取得平等持续发展的有效途径。

这正是我为中国教育科学出版社决定再版重印教科文组织中文版教育系列出版物而欣喜的原因所在。值此联合国教科文组织成立五十周年之际，的确为再版重印这些重要出版物提供了一个难得的机会，从而使中国广大的决策人员、教育工作者和其他对教育感兴趣的人有幸获得这些重要文献。

译者说明

1970年(被联合国定名为“国际教育年”)举行的联合国教科文组织第16届会议通过一项决议,授权当时的总干事勒内·马厄成立国际教育发展委员会,其任务是提交一份报告,供联合国教科文组织及各会员国在制定教育策略时参考。本书就是这个委员会所写的报告。

国际教育发展委员会从1971年3月开始工作,在一年多的时间内先后举行了6次会议,对23个国家(见附录3)进行了实地考察,充分引用了联合国教科文组织在25年的思考与活动过程中所积累的经验,并研究了70多篇有关世界教育的形势和改革的论文,最后于1972年5月写成本书。

本书从回顾教育发展的历史谈起,着重论述了当今世界教育面临的挑战与主要倾向,指出了关于实现教育革新的一些策略和途径以及最终走向学习化社会的道路,最后论述了教育的国际合作问题。因此本书内容丰富,涉猎的面很广,几乎触及了教育制度方面的一切重大问题,既有较高的理论性,又有很强的实践性。

本书自1972年8月、10月先后以法文和英文本出版后,引起了世界各国教育界的广泛注意。在1972年10月举行的教科文组织第17届会议上,许多国家的代表称赞这本书的出版是教育界的一件大事。这届会议还专门通过了一项决议,强调该书的重要性。到1974年年底为止,该书已先后被译成33种文字出版,共有39种不同版本。我们于1979年10月翻译出版了中译本。中译本出版后受到我国广大教育工作者的欢迎。鉴于该书对我们了解世界教育的现状和发展趋势有一定的参考价值,为满足读者需要,现决定予以重印。书中个别地方错误地把我国的台湾省称为“中华民国”,除已加注予以改正外,还请读者阅读时注意。

本书根据联合国教科文组织1972年英文版译出。书信、序言、第九章由邵瑞珍副教授翻译,第一、二、三章由陈科美教授翻译,第四、五、六章由金冬日副教授翻译,第七、八章由马骥雄副教授翻译,附录由邵瑞珍、马骥雄两位合译;全书由山东师范大学傅统先教授统校。

由于我们水平有限,译文中难免有不妥和错误之处,请读者指正。

华东师范大学比较教育研究所

1982年2月

呈送报告

埃德加·富尔主席致
联合国教科文组织
总干事勒内·马厄函

1972年5月18日

亲爱的总干事：

我荣幸而愉快地向您提交国际教育发展委员会的这份报告。您于1971年初任命我为这个委员会的主席，而现在这个委员会已经结束了它的工作。

这并不是说，这份报告已经把这个课题的内容详述无遗了，也不是说，它的范围不再值得我们花更多的时间作进一步的研究或再作更长远的思考了。我们的任务是没有穷尽的。虽然我和我的同事在编写这份篇幅适中的报告时，已经花了很大的工夫，但还可以继续深入进行一个较长的时间。然而您所要求的，与其说是一个完备渊博的研究，还不如说是由一些出身不同、背景各异的人们作出的一种批判性的思考；他们在完全独立的和客观的情况之下，对处于这个变化世界中的教育发展的主要问题寻求总的答复。如果要使思想在付诸实现时富有成效，我们就必须知道，应该在什么时候暂停一下："第二个发展十年"已在进行之中，而要使这份报告对这个国际共同体有用，它的发表就不能再拖延了。

试图预言这份报告将在多大的程度上符合您的期望，或者说，它对世界教育进展的贡献能有多大，这对我来说，就未免太冒昧了。但我相信，它在精神上是忠实于您给予本委员会的权限的。

我们在系统地叙述我们的意见时，是完全独立的和自由的，所以我们不觉得非要采取中立的态度不可。

下面四个基本设想,一开始便构成我们工作的基础。

第一个设想是要说明我们所从事的工作的确是正当的。这个设想是说,在各个不同的国家和文化中,在各种不同的政治选择和发展程度上,存在着一个国际共同体,这个国际共同体反映出各国共同的抱负、问题和倾向,反映出它们走向同一目的的行动。其必然的结果则是各国政府和各个民族之间的基本团结,虽然它们也有一些暂时的分歧和冲突。

第二个设想是对民主主义的信仰,这意味着,一个人有实现他自己的潜力和享有创造他自己未来的权利。这样理解的民主主义的关键是教育——教育不仅是人人都可享受的,而且它的目的和方法都已经是重新考虑过的。

第三个设想是,人类发展的目的在于使人日臻完善;使他的人格丰富多彩,表达方式复杂多样;使他作为一个人,作为一个家庭和社会的成员,作为一个公民和生产者、技术发明者和有创造性的理想家,来承担各种不同的责任。

最后,第四个设想是,唯有全面的终身教育才能够培养完善的人,而这种需要正随着使个人分裂的日益严重的紧张状态而逐渐增加。我们再也不能刻苦地一劳永逸地获取知识了,而需要终身学习如何去建立一个不断演进的知识体系——"学会生存"。

如您所希望的,我们于 1972 年决定着手对教育形势作一个批判性的估价,这就是说,我们力求把世界看作一个整体,去识别它的共同特征,而其中许多特征只能根据它们过去的历史来加以说明。例如,有一些新的倾向似乎正在许多国家和制度内显示出来,有一些因素在历史上第一次决定着或伴随着教育的发展。这一点使我们想到"死胡同"这个观念,对于这个观念我们已在这份报告的专门部分作了叙述。传统的公式或局部的改革不能满足有待完成的新任务和新职责对教育的空前需要。因而我们拒绝了那些胆怯的折衷办法,这种折衷的办法,因为是毫无效果的,所以实际上是浪费的;我们已经把注意力转移到新的发现和对将来有希望的其他因素上面了:如最近发展起来的智力程序、概念探讨法以及技术方面的进展等——当然,我们是把这些发展置于符合我们以上所提到的那个教育的最终目的,即培养完善的人这个全面改革的背景之中的。国家政策必须根据每一个国家所采取的建国目标,把这个教育目的具体地表现出来,因为这个教育目的是适用于一切教育体系的。国家策略必须指出怎样把实现这个政策的各种途径和手段适当地结合起来。最后,它还要制订一套计划。我们曾经分析了这些观念并把它们作为一个互相联结的序列表现出来,希望能在制订国家策略所必需的方法论的工作方面,作出一点贡献。因为我们的工作是从这个国际共同体的角度出发的,所以我们在结论中考察了那种可以表达国际团结,即合作与援助的情况。

我们向您提交的这份报告表明本委员会各位委员之间有着广泛的一致的意见,虽然对其中某些部分还有一些保留意见。本委员会的委员有:菲利普·埃莱拉、阿卜杜勒—拉扎克·卡杜拉、亨利·洛佩斯、阿瑟·弗·彼得罗夫斯基、马吉德·拉赫纳姆、弗里德立克·查平·沃德和我自己。

但我不希望给人这样一种印象,似乎报告中没有别的,只有我们自己的贡献,只是在我们的会议室里频繁进行热烈讨论的一个记录。这份报告是具有实践性质的,这意味着,它是要付诸实行的。这要大大归功于我们在23个国家进行访问的代表团,也要感谢您和有关政府提供给我们的方便条件。我们希望,这份报告所持的那种现实主义的态度,是我们直接与教育实际以及与教育实际天天打交道的人们相接触的结果。而且我们曾经充分引用了联合国教科文组织在25年的思考与活动过程中所积累的经验。没有这些经验,这样一份报告是写不出来的。从这个意义来说,这份报告也是及时的。我们也要多多归功于为我们搜集准备的大量文件,特别在我们的工作开始时,这些文件使我们能够从许多著名思想家和教育学家的见解和从他们的原著中得到裨益。

本委员会的同事们曾经要求我起草一篇序文，作为整个报告的导言，我打算在最近的将来把这篇序言送给您。

不用说，要不是阿赛·德朗指导下的秘书处高度的效能和不懈努力的工作，我们是不能顺利完成我们的任务的。尽管有严格的时间表的限制和工作本身的困难，但无论在我们的工作组织上，或在对我们的意图加以确切而严谨的说明方面，秘书处从未使我们失望过。我对他们致以衷心的感谢。

我还应高兴地对您个人表示谢意，因为我和我的同事们都觉得您给了我们完全的理智上的独立性，而我们把它当作您对我们信任的标志。我认为，这一点也保证了有一种客观性和心平气和的情感贯彻于我们的全部工作之中，这是我可以使您确信无疑的。

谨此

致候！

埃德加·富尔谨启

联合国教科文组织总干事勒内·马厄给埃德加·富尔主席复函

1972年5月29日

亲爱的主席：

收到您5月18日的来信和提交给我的国际教育发展委员会的报告书，我很高兴。

首先，让我再一次向以您为主席的委员会考虑到任务的重要性而如此迅速地完成了全部工作，表示我的深切感谢。

我还得更仔细地研究这份报告，但初读一遍，已使我觉得它既符合它的目的，也适应当前的需要。

在您领导之下，组成这个委员会的这些著名人士，尽管他们的文化背景和专业背景各不相同，但在共同关心的客观现实之下，一起对当前的教育作了描述，并对未来教育的总的看法作了设想，这无疑比迄今所提出的任何阐述更为完备。

这样高质量的一份调查报告肯定了目前指导着联合国教科文组织工作的思想，即教育应扩展到一个人的整个一生，教育不仅是大家都可以得到的，而且是每个人生活的一部分，教育应把社会的发展和人的潜力的实现作为它的目的，这一点我是多么高兴，这就无庸赘述了。

然而，你们的工作，无论它的质量多么显著，并不限于提出有关教育方面的意见。我高兴地看到，正如我所希望的，你们的工作已经提出了许多实际的建议，这些建议为联合国教科文组织、许多政府和这个国际共同体提供了行动的指导方针。

这些成果充分证明了：大会依照我的提议作出设立你们这个

委员会的决议是有道理的。

我建议把这份报告连同我的意见提交执行局第 90 次全体会议和第 17 届大会。

我还打算把这份报告广泛印发给一般公众和全世界关心教育和从事教育工作的人们，提供他们参考。

最后，我认为要紧的是，这份强调教育与社会进步之间关系的重要报告，应该提供给那些以某种方式关心发展的机关备用。因此，我将使联合国系统的各个组织和机构以及各种提供资金的团体的行政首脑们注意这份报告。

末了，我请您向委员会转达我真挚的感谢。我知道这种感谢是所有国家的许多机构和人员所共有的。

勒内·马厄谨启

在本报告中，那些注释和后记(二)所引用的部分主要目的在于说明与我们所讨论的课题有关的许多不同的意见和倾向。显然，这些引语并不一定反映本委员会的观点，更不是反映每一个委员的观点。

本报告中可以看到的那些事例，特别是第八章所列举的那些事例只是以具体的形式来表达本委员会的一些观点和建议而已。但我们丝毫也没有打算排除其他的事例，或者认为这是必须遵循的“处方”。同样有趣的和同样重要的例子还可以从其他国家和教育活动的其他领域中引用。目前正在进行的实验和革新，数量很大，种类繁多，因而要使我们的选择完全具有代表性和完全令人满意，是不可能的。然而，如果本报告中的那些事例能够引起人们对其他可能的革新办法进行研究，或者能够有助于传播有关一些成功的革新实验的情报，那末这些事例便达到了它们所要达到的目的。

目　　录

序　言 …………………………………………………………… (1)

第一部分　研究的结果

第一章　教育问题 ………………………………………………… (25)

过去的遗产 ………………………………………………………… (25)

作为生物学上必需的教育——作为社会必需的教育——原始社会——非洲的传统——学校的诞生——文字的传统——教师与学生——亚洲的传统——希腊-罗马的传统——基督教学校——伊斯兰教的教育——中世纪大学的模式——现代的来临——产业革命——模式的移植——进入现代

当代的特征 ………………………………………………………… (35)

三种新的现象——教育先行——教育预见——社会拒绝使用学校的毕业生——共同的倾向——教育改革——结构上的变化——激进的批评——抗议

第二章　进步与极限 ……………………………………………… (49)

需要与要求 ………………………………………………………… (50)

定义——四点说明——人口的因素——经济发展的要求——政治上的考虑——人民压力的影响——社会学对教育的要求——教育要求的地区分布

扩充与限制 ………………………………………………………… (60)

扩充的加快——趋向于普及学校教育——教师的补充——校外的潜力——部分不可靠的数字——扫盲和文盲——从扫盲运动中吸取的教训

资源与手段 …………………………………… (66)

全世界的教育开支——预算的开支——教育开支与国民生产总值——教育费用的相对增加——学校的浪费——财政资源的分配——学校的特别财政开支——较慢的增加率——标准：固定的还是可变的？——开支结构的改革

不平衡与不平等 …………………………………… (75)

地区上的不平等——教师的分布情况——女孩和妇女的教育——信息媒体——挫折

第三章　教育与社会 …………………………… (83)

教育与社会：四个学派

传统与约束 …………………………………… (84)

教育自我保存的功能——公民训练的用处和滥用——等级——杰出人才论——封闭的社会——教育作为一种想象——教育更新

方法与内容 …………………………………… (89)

文化的交流——口头语言——书面语言——图画——误用媒体——学科的等级——教学大纲中的时代错误和遗漏——过时的课程计划——社会教育——科学教育——技术教育——艺术教育——职业训练——手工教育——体育

民主之路 …………………………………… (99)

教育民主化的进展——持久的特权——可能平等受教育—受教育的机会不平等——大学阶段不平等的现象——治标的办法——教育内部的

障碍——记分制、选拔、考试和文凭——师生关系——共同管理与自我管理

后记一　旧概念与新需要 …………………………… (111)

第二部分　未来

第四章　挑战 ………………………………………… (117)

跃进 ……………………………………………… (117)

眼花缭乱的未来——令人兴奋而又可怕的前景——科学精神

差距 ……………………………………………… (122)

差距的各种原因——失业——条件最差的阶层——差距正在扩大——需要经济上的扩展——寻求解决的办法——一种世界性的探讨方式——“差距”的新意义——对教育的启示

处于危害中的环境 ……………………………… (132)

紊乱的扩展——生态学上的不平衡

威胁 ……………………………………………… (134)

民主的繁荣与危机——个人生活的激变

第五章　发现 ………………………………………… (139)

科学研究中的新发现 …………………………… (140)

关于大脑的研究——幼儿营养不良——心理学的贡献——行为主义——发生的认识论——认识过程的形成——算法——结构主义学派——心理学研究在教育上的应用——普通语言学与应用语言学——人类学的贡献——信息论——符号学——控制论

来自科学与技术的新发展 ………………………… (150)

教育学：古代艺术与现代科学——从起点教育到继续教育——心理教育学的几个阶段——早期儿童心理学——成人的心理教育学——集体教育学与个性化——集体的技术——制度教育学——通讯的理论与技术——直接有线电视——无线电——空间通讯——数据处理——计算机辅助教学——智力革命——人类工程学——运筹学——系统分析——各种学科之间的联系——改变教育行动——把技术吸收到教育体系中去——中间技术——利用人民的力量

来自实际应用的新发明…………………………………………(170)

从实践中革新——个别化的教学——新的主顾——教师作用的变更——改变学校的建筑物——学校与社会的联系——从束缚中解放出来——教育即解放——职能扫盲——发展终身教育的思想——全面的教育过程

第六章　目的…………………………………………………(183)

走向科学的人道主义…………………………………………(184)

科学思想与科学语言——客观性的法则——相对性与辩证思想——科学精神的训练

培养创造性……………………………………………………(186)

安全与冒险——寻求新的价值——思想与行动

培养承担社会义务的态度……………………………………(188)

政治教育——民主实践——学校里的政治——参与活动——经济学的教育——国际教育

培养完人………………………………………………………(192)

人的力量——人的分裂——完人的几个方面——抽象的人和具体的人——未完成的人

后记二　学习化的社会:现在和未来……………………（199）

第三部分　向学习化社会前进

第七章　教育策略的作用与功能 ……………………（209）

政策、策略、计划………………………………………（209）

选择——方向——方法

教育策略的特征………………………………………（213）

数量上的扩充——特殊性——相互关系——综合的教育目标——全面的观点

第八章　当代策略的要素 ……………………………（218）

双重措施——民族特征——国际的启发

改进与改革……………………………………………（219）

动机——内部变动的无限广度——来自上面的鼓励——来自下面的首创精神

革新和寻求其他可能的途径…………………………（222）

教育政策的指导原则——总的前景——在教育机构中减少形式主义——流动性与选择——学前教育——基础教育——扩大普通教育——最大的职业流动性——工商业的教育作用——高等教育的多样化——选拔的标准——成人教育——扫盲——自学——教育技术——新技术的应用——教师的地位——师资训练——常规的与非常规的教育工作者——学习者在学校生活中的地位——学习者的责任

方式与方法……………………………………………（266）

系统的诊断——识别不平衡状态——在各种选择中进行取舍——实验——后勤方面的因素

——变化的网——貌似矛盾的要求——功能上的重新组织——参与教育活动——提供教育经费——增加经费——广开财源——降低费用——一般方针与特殊应用
第九章　团结之路 …………………………………… (279)
各国之间的团结——结合各方面的努力——促使援助成为没有必要——国际合作的危机
原因与理由…………………………………………… (280)
传统的合作形式——扩大合作范围——援助补充国家资源——援助促进革新
合作与交流经验……………………………………… (282)
智力方面的合作——学生与教师的流动性——文凭价值的等同——国际了解计划——交换专家——国外留学——人才外流——联合国教科文组织
援助的来源与方式…………………………………… (294)
技术援助与财政援助——教育贷款——国际援助:分配与条件——附带条件的援助——教育援助与全球发展策略的相互关系——新的行动项目——发明的精神——政治决定、交换、资源——国际教育革新计划
附　录 ……………………………………………… (310)

序　　言

埃德加·富尔

教育与人类的命运

很多国家认为，现代人的教育是一个特别困难的问题，而所有的国家都认为，它又是最重要的问题之一。有些人想使今天的世界变得更美好些，因而就要为未来作好准备。在这些人看来，教育乃是一个基本的、普遍的课题。联合国教科文组织成立了国际教育发展委员会，这是一项适时的措施，能跟上当代世界的政治议事日程。

我们发现，一种传统的教育体系曾经历过时间的考验，而且一般认为，只需要一些临时性的点滴改良和一些多少带点自动性的调整，就行了。但是近来对于这种传统教育体系的批评和建议总是象雪片似地飞来；这种批评和建议甚至对整个教育体系都发生了怀疑。现在有些青年人多少有点公开地反对那些强加在他们身上的教育模式和学校类型，虽然要说明这种特殊现象的影响往往并不是容易的，因为这种现象所表现的不安感是模模糊糊的，反抗是转瞬即逝的。

还有一种教育体系是新近才建立起来的，而且是照抄外国的模式的（在发展中国家里通常有这种情况），在这种地方也出现了类似的混乱现象。当第三世界国家从殖民地时代挣脱出来的时候，它们就以全副精力投入了反愚昧的斗争；它们十分正确地把这种斗争视为彻底解放和真正发展的非常重要的条件。它们认为，似乎只要从殖民者手中攫取所谓技术优势的工具，就够了。但是现在它们已经意识到：这些外国模式（甚至在设计者和为之设计的人这两方面看来，都是已经过时了的）既不符合它们自己的需要，也解决不了它们的问题。这些国家在教育方面的投资和它们在财政上的可能性是不相称的。毕业生的人数远远超过了经济所能吸收的力量，致使某些特定的集团出现了失业现象，而在这方面的弊端不仅是得不偿失，而且还造成了如此广泛的心理上和社会上的损害，以致破坏了社会的平衡。那些有关的人们，为了他们的一个基本愿望（即向愚昧作斗争）已经作出这样大的牺牲，受了这样多的痛苦，经历了这样久的战斗，现在要使他们放弃这个基本愿望，那是绝对办不到的。于是“惹人苦恼的重新评价”是必要的了。正是这种形势要求资金比较雄厚的国家出一份力量，以利于团结。

最后，我们还应该注意到：某些国家以为它们自己的教育体系是令人满意的，至少从广义上讲来是这样的，而又没有一个权威为它们下结论，说它们是正确的还是错误的。这些国家可能由于没有觉察到那种根深蒂固的败坏情况，而正在自己哄骗自己。在那种状况下，当人们觉醒时，这种觉醒势必十分猛烈，如 1968 年 5 月法国所发生的情况那样。但是同样也有这样的可能性，即这些国家通过特别良好的管理和某些其他一系列的办法而能成功地适应在别人看来难以适应的情况。

尽管如此，即使那些现代国家自以为处于幸运的地位而没有受到危机的风险和良心的苦痛，但是它们还是不敢因此而推断它们自己没有问题和毫无忧虑。相反，这些国家总是十分注意使自己的教育机构和方法现代化并不断地改进它们，因而对于革新的实验并不感到震惊。它们意识到：使尽可能多的“学习者”掌握尽可能高水平的知识，获得崭新的进步，这是可以达到的，也是希望达到的。这些国家也不会不意识到这样的事实，即科学发明和科学革新的不断发展使得这种需要日益迫切，但与此同时，达到这个目标的前景却又愈益遥远了。

现代国家，即使只考虑它们自身的利益，也不能不发觉，增强国家之间的合作和更自由地、更有组织地交换文献和经验，将有助于它们在自己的事业上取得更廉价和更迅速的进步。可是，这方面的成就至今仍然是微小而零星的。

但最重要的是，这些国家对世界的其余地区不能熟视无睹。

当这些国家正在走向知识和力量的顶峰时，它们怎能不对这个行星上处于愚昧无知——如继续挨饿和早期死亡——的一大片阴暗区域感到担心，甚至感到苦恼呢？在这个急剧变化的现代世界中，我们非但希望防止经济的、智力的和政治的种种差别变得更加尖锐，而且还希望所有的人民都可以享受到一定水平的福利、教育和民主。而对于这一点，我们不再认为是什么博爱、仁义、慈善和精神高尚之类的东西了。

我们时代的这种巨大变化正在危及人类的统一和它的前途，也正在危及人类特有的同一性。我们所害怕的，不仅是严重的不平等、穷困和苦难的痛苦前景，而且还有人类可能被两极分化，把人类分裂成为优等集团与劣等集团、主人与奴隶、超人与下等人这样的危险。在这种形势所产生的危险中，不仅有冲突与其他灾难（今天具有大量破坏性的工具很可能落到贫困和反叛集团的手中）的危险，而且还有非人化的根本危险，这种危险既影响着有特权地位的人们，也影响着受压迫的人们。因为对人类本性所造成的伤害，也会伤害所有的人们。

科学的与技术的革命：教育和民主

有人认为，上面种种考虑永远是正确的，在别的场合，可能已经有人对它们作过系统的阐述，因而在这里就没有必要把当前的问题加以“闹剧化”了。这是一个非常错误的观点。我们现在所考虑的形势完全是新出现的，是史无前例的。因为它不是象多次重复说过的那样，只是从数量增加的简单现象出发的，而是从质量上的转变出发的，所以这种质量上的转变影响着人类极其深刻的特性，而且在某种意义上讲来，它是革新人的天赋才能的。

如果我们透过时间从总体上去看教育活动的演变，我们就立刻看到，教育是随着经济的进展而进展的，从而也是随着生产技术的演进而演进的，然而要在复杂而互相制约的各种因素中找出各自的原因却并非易事。

在稳定的农业社会中，教育所关心的事情是专业技能、传统和价值的传递。这种教育不会离开社会的、政治的和宗教的问题而产生它本身特殊的问题。

当经济的进步达到一定水平时，教育体系就自然而然地要把日益丰富的知识传递给人数日益增多的人民，因为精益求精的生产过程要求更加高级的熟练技术，同时劳动力本身又促使新技术的改进，并由此而出现了具有发明和革新头脑的人。

此外，在一段长时期内，教育推动着、伴随着、决定着社会与政治的发展和技术与经济的发展。受过较高程度教育的人往往坚持他们作为公民的要求，而且当他们的人数增多的时候，他们就势必要求民主。如果说教育机构纯粹是保守的，甚至是压抑人的，这个看法是不确切的。一个机构就其本性而论可能会产生一些稳定性的影响；此外，教学活动本身，如同司法活动一样，倾向于重复过去，倾向于形式化、公式化。这种双重特性在迅速变革的时期尤为显著。于是教育看来既是反对社会改革的，同时又是推动社会变化的。

这种双重性的演进在整个历史上一直继续着。这种演进有时是缓慢的、察觉不到的进步；有时则是较为迅速的、较大的社会变革，它能引起人们的注意，并标志着历史上重大的转折点。

然而，到目前为止，还没有什么东西足以和我们现在所说的科学技术革命所产生的后果相比拟。

事实上，我们早些时候通过科学的观察和“秘诀”的发现已经取得了不少技术上的进步，但是这种进步还没有在理智上掌握自然的神秘力量。只有到了相当近代，由于人们深入研究了问题的核心，才理解了这种神秘力量；同时，这种深入研究的结果又由于迅速地应用于实践而被引进群众日常生活中去了。

18 世纪的产业革命是用机器去代替和加强人类的肌体功能。可与这种产业革命和最初的机器时代相比的是，科学与技术革命同时还进而征服了人类的精神世界，即在任何距离之间都可以直接传递信息，而且发明了日益完善的、理性化的计算机。

这种现象必然影响到全人类。

经济扩张的影响在不同的地方和对不同的社会集体是大不相同的，但大众媒体和控制系统的革命却影响着每个地方的每个人。现在几乎没有一个人能够掩耳不听半导体收音机和麦克风广播，或者不去按一下电钮打开一连串非常复杂的机制，并引起各种富有意义的效果。所以科学技术革命使得知识与训练有了全新的意义，使人类在思想上和行为上获得许多全新的内容和方法，并且是第一次真正具有普遍意义的革命。

科学技术革命在通讯（要从广义来理解“通讯”一词）方面的特点使我们能够理解最广阔的空间、无限小的时间、全部范围的数字，在这一点上，它是独一无二的了。这样，我们就可以把这种科学技术的革命，同曾经与之作过比较的那些历史上的变革，如文艺复兴或产业革命等，区分开来了；这些历史上变革的信息只能用很不均匀的速度向全世界的不同部分，乃至向不同地区的居民散布。

人们必然会想到这一事实，但我们必须强调指出，人们不一定能推断出它的逻辑结论。

在发展的早期，无论是缓慢的还是突然的，已经开始有了半自动的机制（即使冒一时的风险），使教育、经济和政治权利三个领域之间的供求关系保持平衡。在落后的国家里，对教育并不感到有大量的要求，在未受过教育的人民中间，对民主也不很需要。这些适应性的体制（这使人回想到过去的市场经济）在现在这个以自发性与交流模式为特征的世界中，已经陈旧了。

过去人们把一切事物都视为万能的主宰按照事物的自然秩序所作的安排，因而甘愿忍受一切痛苦。现在不然，单就经济、福利与生活水平而言，人们已不再甘心于把人分成不同的阶级而使自己居于不平等的地位；也不再甘心忍受那种使整个民族受苦的挫折。他们也不再听任教育居于不发达的状态，特别当他们开始相信普及教育是促进经济“起飞”和收复失地的绝对武器时，尤其如此。最后，民主本身已经变成了一个比过去更加激动人心的问题。因为一方面，人们完全不顾他们的国民生产总值的情况和学生入学率大量增加所造成的困难而渴望民主；但同时另一方面，他们又要求另一种与我们迄今久已习惯的民主不同的民主。

在这一方面，没有一个国家对于它的进步和发展感到真正的满意，在这一方面，个性培养具有决定性的作用。

大众通讯媒体的发展为政治和经济当局提供了制约个人的特殊工具，特别当他们把人当作一个消费者和一个公民的时候，而不管这个人有什么能力。这个人处于很有强迫性的宣传气氛的环境中，而且在行为上要服从外界强加于他的准则，损害了他的真正需要以及他在智力上和情感上的同一性。这样的环境便有可能对他造成一种精神错乱的危险。所以，他必须有能力同这种危险进行斗争。有些领域，一个人一向觉得他是可以在里面自由活动的，至少是可以按照他自己的方式追求他的目标的。但是现在人们已经设计出各种机器从事理智活动，这样便把他从他原先自由活动的领域中驱逐出来了。不过这种革新对于这个公民也有好处，因为它可以使他不致犯许多错误，并且可以使他避免大量的混乱和制约。认识必然性可以使人摆脱许多限制，如果这种认识已经经过自觉的消化和解释的话。从这一点上看来，如果一个人要能够在他自己特殊的、最小限度的行动范围内，解决他自己的问题，作出他自己的决定，并承担他自己的责任，那末，认识必然性就是必不可少的了。

所谓形式上的民主——嘲笑这种民主是错误的，因为它标志着一种重大的进步——现在已经过时了。当局的代表在一定时期内曾经保护公民免受政权滥用权势之害，并曾经给予他们最低限度的法律保障，这一点在过去曾有过好处，在现在仍然有好处。但是这种形式上的民主不能使公民分享经济发展的利益，也不能使他在这个变化的世界中掌握他自己的命运，也不允许他最有利地发展他自己的潜力。

技术时代带来了不可否认的利益，开拓了广阔的新前景，但也不免有它独特的不利之处。科学家目前正在警告我们防止形形色色的危险，对这些危险的一些有声有色的描绘往往掩盖了它们引起人们幻想的那种性质：人口增殖已使人口密度达到不合理的地步；土壤和土地遭到破坏；城镇拥挤，令人窒息；动力与食物资源枯竭；两极地区融冰，以致发生另一次大水灾；大气被损害智力的化学品所污染等等。

有人甚至建议完全停止人口增殖——“零点增长率”，因为这样便可以减少损害的程度；另一些人没有公开采取这一极端的立场，而主张用生态学的政策恢复马尔萨斯论。这种办法会强化人民之间的不平等，甚至使今天的畸形变化更进一步加深。因此，人口增长还是要相应地继续下去，但为了避免增殖的危险，减少其有害影响，各个共同体必须民主地安排必要的轻重缓急和纪律。要做到这一点的先决条件是：有关的人们应该获得充分的教育、广博的见闻和通晓事理。

这种新人必须懂得个人的行为具有全球性的后果，能够考虑事物的轻重缓急，并能够承担人类命运的共同职责中自己的一份责任。提高生活质量与寻求人事平衡不应只是政府的任务，因为这不仅牵涉到管理方面的问题，而且往往还要牵连到充满偏见的制度方面的问题。只有当舆论成为普遍的舆论时，它才会促使政府把这种简单的、显然必要的但仍被置之不理的措施，如停止发展核武器，重新分配当前用于无益战争的投资等等，用来提高人民的生活水平。如果人民要为这个目的运用自己的智慧，并且如果他们要完全能够这样办的话，他们就必须意识到他们自己，意识到他们自己的意愿和力量；他们就必须抛弃宿命论，不让他们本身“自暴自弃”(如果我们可以使用这个字眼的话)，而他们只有通过人人都可享受的教育才能获得这种心理上的自信心。

我们必须强有力地支持民主主义，因为这是使人免于成为机器奴隶的唯一途径，也是人类在智力成就上获得尊严的唯一条件。“民主”一词的概念本身必须作进一步的发展，因为民主再也不能局限于在现存的社会中保护公民不受强暴势力为害的极少一点的法律保障了；与此相关的是，民主还必须满足人们的教育要求，因为不可能、也不会在由于教育不平等所划分的各个阶级之间出现民主和平等的关系；我们必须重新制订教育的目的和内容，使之既有新的社会特点，也有新的民主特点。

根据这些理由，国际教育发展委员会强调这样一个事实，即在教育领域内政治行动起着特别重要的决定作用。

至少就其新发现的力量而论，既然这些要求本身乃是科学技术革命的结果，任何教育行动都必须把重点放在下述两点上：

(1)所谓“科学的人道主义”这样一个普通概念。它是人道主义的，因为它的目的主要是关心人和他的福利；它又是科学的，因为它的人道主义的内容还要通过科学对人与世界的知识领域继续不断地作出新贡献而加以规定和充实。

(2)技术，这就是说，把科学，或用比较普通的名词来说，把有组织的知识，系统地应用于实践的、具体的工作，使人不仅能更好地理解他周围环境中所发生的客观过程，而更为重要的是，还能提高他的一切活动的效率。

根据这些理由，国际教育发展委员会认为基本的问题是：要使科学和技术成为任何教育事业中基本的、贯彻始终的因素；要使科学和技术成为为儿童、青年和成人设计的一切教育活动的组成部分，以帮助个人不仅控制自然力和生产力，而且也控制社会力，从而控制他自己、他的抉择和他的行动；最后，要使科学和技术有助于人类建立一种科学的世界观，以促进科学发展而不致为科学所奴役。

质的变化：动机与就业

有人强调说，教育问题中的基本事实是具有普遍意义的，所以我们认为，国际教育发展委员会决定不孤立地探讨发展中国家的情况，是有道理的。这些国家也许正面临着一些特殊困难并较之其他国家担负着更为紧迫的责任，这一点我们将在本报告中提到。不过，根据模糊的标准进行分类是危险的。除了这一事实以外，在我们看来，在有关范畴之间所作的那种广泛的区别，主要是从数量上的估计或实际的应用中推演出来的（此外，这些差别不应和一大批民族联系起来加以说明，而应和一个特定的民族联系起来加以说明，不致由于区域的类似性而抱任何偏见）。

就作出主要抉择的原则而言，工业化国家和发展中国家都应制订可以互相比较的策略，但可采用不同的手段。

工业化国家的教育体系仍然保持着它的双重性质（至少在很多情况下是如此）；它所实施的教育是科学技术时代以前的教育，而它所吸收的新成员，就其社会地位而言，却是当时杰出的人才（当然我们所指的是那些在高级研究方面的人才）。目前这种具有同样特征的、完全相同的教育体系一般已经传到了发展中国家，而这种教育体系对于发展中国家却是特别不利的，因为它既不适应于那种文化环境，也不适应于那种社会和人类背景。

所以在这两种情况中，首要问题是要使教育从科学技术以前的时代转移到技术时代；其次是要建立一个满足广大人民群众需要的教育体系，不过开始时仍可局限于少数人，以便在一定程度上保证经济上和行政管理上充分的就业。从逻辑上讲来，这种双重变化应是一个单一过程的两个组成部分。但具体情况却往往并非如此。某些工业化国家力图使教育大众化，但同时又不建立现代技术的体系。这些工业化国家在一定程度上已经遭到了失败。失败的证据是工人家庭的学生能受高等教育的比例很小。而从另一些国家的经验和可靠的科学研究得到的证据表明：人的智力在不同的社会阶级中和财富不同的人们中几乎是平均分布的。

从教育的观点来看，这意味着所谓“发达的”国家正在惊人地面临着内部不发达的情景。在这些国家中，对环境不完全适应和学习不及格的情况，至少就比较而言，是各个民族出身的学生所具有的通病。这种情况和以前殖民地国家所看到的情况十分相似，那些国家的学生完全是传入的西方教育的产物。

上述两种情况使有关教育动机和就业问题更加突出。教育动机和就业问题决定着学生的流进和输出，制约着他们的成败，因而也就控制着人们进入或离开教育领域。

对教育动机的研究是制订所有现代教育政策的关键。而对动机的研究又有赖于谋求职业的情况（要求能够得到与学习所达到的水平相应的地位和利益）和对学习的渴望，而谋求职业和渴望学习两者或一齐起作用，或交替起作用。但显然值得注意的是，谋求职业一般重于渴望学习，后者的重要性往往被人视为是微不足道的。

然而，好奇心，即要求理解、认识和发现的欲望，仍然是人类本性中最大的驱策力之一。而“今天科学中发展起来的一些符号使得天赋最差的人也能吸收过去需要最伟大的天才方能发现的概念”。

以常理而论，如果这种好奇心能够得到鼓励的话，它肯定是最强烈的一种动机，但是事实上它并没有得到这种鼓励。反之，强烈的鼓励和谋求职业都不足以保证许多工业化国家的高等教育能为更多的群众所享有，也不足以保证发展中国家进入中小学的人数保持稳定。

因此，我们发现了这样一种近于荒谬的情况：在有些地区，全部儿童中只有一半能进入学校，而这一半中又有一半儿童不适应于这样的学校。即使在初等教育阶段，这些儿童就已经心灰意懒了。

另一方面，谋求职业的动机看来也不可能保证真正民主化。这种动机也有很大的缺点，因为它使人相信：每种学位都有取得与资历相当的职业的权利。结果，那些找不到与其资历相当的工作的毕业生就感觉到自己是受骗了，他们宁愿失业，也不愿从事那种名声较低的技能，因为这会降低自己的身份；何况这个教育体系又没有教给他们这种技能。

按照传统教育体系的逻辑来讲，典型的情况应是：一定的教育水平应有其相应的和有保证的专业水平和酬劳，因为能够进入这个教育体系的人有限，而且还因为人们认为教育是一项艰苦的，甚至是厌烦的工作，它之所以使人感兴趣不在于它本身能得到什么结果，而在于他毕业以后一定可以得到相应的收入。

现代的民主教育要求恢复人类求知的自然动力。同时，这种教育还应撤销文凭与就业之间的机械联系，因为这不是许多国家，甚至工业化国家的经济经常所能办到的。

我们不难说明动机之所以不能自由发挥作用的主要障碍，我们也不难说明为了减少退学、留级和缺乏方向性的情况而进行改革的主要路线，而这种退学、留级和缺乏方向性的情况都曾使学业和人事两方面遭到不少失败。

因为今天我们已经有了教育科学，而且因为这种科学又有了技术，所以我们知道，从很小的年龄起，儿童的经验在他的培养中就起着重要的作用，从而我们也能促进学前教育的发展。当这种学前教育，在发展中国家中，能够补偿广大民众由于家庭环境缺乏文化上的帮助所遭受的缺陷时，这种学前教育就更有价值了。

众所周知，儿童在文化上的隔阂，特别在语言上的隔阂，是同样严重的障碍，如果说不是更严重的话。在儿童教育的早期，儿童家庭里所用的语言是非常重要的。

当抽象知识是一个作用和反作用于日常生活的连续过程的一部分时，我们必须承认：小学教育（中学教育也有这种情况）的共同趋势是必须把理论、技巧和实践结合起来，把脑力劳动和体力劳动结合起来；学校不能和生活脱节；儿童的人格不能分裂成为两个互不接触的世界——在一个世界里，儿童象一个脱离现实的傀儡一样，从事学习；而在另一个世界里，他通过某种违背教育的活动来获得自我满足。

科学技术的时代意味着：知识正在不断地变革，革新正在不断地日新月异。所以大家一致同意：教育应该较少地致力于传递和储存知识（尽管我们要留心，不要过于夸大这一点），而应该更努力寻求获得知识的方法（学会如何学习）。既然知识是要在整个一生中加以修订和完善的，我们就不妨设想，修业期限可以缩短一些，而在高等教育方面（它的期限有时过于延长了），介绍性的理论和专业性的实践这两者关系也可以加以调整。目前，理论基本上是和实践相结合的，而且人类从生理学上讲来达到成熟的时期也比较早了。在这个时候，如果还让学生呆在远离真实生活，远离生产活动，不能自行作出决定和担负职责的候车室里消磨时间，一直呆到 25 岁以后，这确是一个很反常的现象。

人们普遍认为：在许多国家里，那种学院模式至今还受到高度重视，而且在一定社会的和短暂的环境中还产生过人们所期望的结果。但是今天看来，不仅就工人阶级来说，甚至从实用上考虑对资产阶级青年来说(这种模式本来是为他们设计的)，这种学院模式已经过时和陈旧了。它顽固地维持着前几代人的怪癖。它过分地依赖理论和记忆。它给予传统的、书面的和复述的表达方式以特殊的地位，损害了口语的表达、自发精神和创造性的研究。它任意地把人文学(它认为这不是科学)和科学(它认为这是非人道主义的)分开，又拒不承认"科学的人道主义"的出现。它把所谓普通教育和技术教育分开，表现出对抽象思维的偏爱，而这种偏爱显然是过去贵族反对实际应用的偏见的具体体现，把实际应用视为奴隶们做的事情——犹如柏拉图谴责机械学的创造者一样。这种学院模式至今对所有的实际工作仍然是非常厌恶的。

最后，这种学院模式的严重缺点还有：它只为少数有限的专业培养人才，并使这些毕业生，在工作职位缺少时，也不可能(即使是临时性的)转向某些技术性的和实用的工作，因为他们的教师曾教他们藐视这类工作。

我们可以通过启发动机和组织多价教育把教育的民主化和合理化的经济程序协调一致起来。但是那些由此而获得好处的人们(这种人的数目正在增加)还必须珍惜给予他们的那种自我学习和培训自己的机会；他们不必考虑对国家要作衷心的感激。

毕业生的就业可能不和他自己特定的或理想的资格相适应，这种情况不应被视为不体面的事情。然而，这个人无法或不愿承担一项对社会有用的职务，而且也不去接受这项职务，这一事实就是教育体系破产的一个迹象。

提出了这样一个全面的见解之后，我们便有可能驳斥教学应定额分配并应和就业的前景最紧密配合的那种新马尔萨斯论了。

普遍的限额制(*numerus clausus system*)将使富裕的国家继续维持教育上现有的不平等现象，而使贫穷的国家永远保持着那种智力落后的状态，这种定额制今天已被视为不能容忍的了。尤其明显的是，新马尔萨斯论，即使我们接受它那种纯功利主义的臆说，也是站不住脚的。要画出一幅图表，表示在各个阶段的教育和职业之间的相关系数，确是一件棘手的事情，因为在一个变动着的经济中，我们无法确切地预见可能获得的职位数目和性质；我们无法对准特定的专业资格来设置工作职位；而当经济刚刚开始发展的时候，我们就更束手无策了。

根据这些理由，国际教育发展委员会曾经建议：任何新马尔萨斯论的倾向和任何放慢教育发展的企图，从文化的、政治的和经济的观点看来，都应排除在教育政策和教育策略之外。教育的目的在于使人成为他自己，“变成他自己”。而这个教育的目的，就它同就业和经济进展的关系而言，不应培养青年人和成人从事一种特定的、终身不变的职业，而应培养他们有能力在各种专业中尽可能多地流动并永远刺激他们自我学习和培训自己的欲望。简而言之，我们要彻底重新评价教育的目标、方法和结构，但又不妨碍教育的扩展。

学校与学习化的社会

然而我们发现，某些教育学家所得出的结论却远比我们上述那种结论激进得多，虽然在许多情况下他们也是从同样的基本原则出发的。

有些批评者以教育往往已经过时和僵化为理由提议根本废除教育，而不是改革教育。既然教育必须比较接近于生活，因而还有一些人就建议干脆禁止办学。这一类观点通常是以进步的、甚至是革命的姿态出现的，但是如果把这些观点在任何程度上付诸实践，其效果将肯定是反动的，正象时常与之联系的“零点增长率”这派经济观点一样。

科学与技术的革命、人们可能获得的大量知识、庞大的通讯传播网的存在，以及其他各种经济的和社会的因素，已经大大地改变了传统的教育体系，表明了某些教学形式的弱点和其他一些教学形式的优点，扩大了自学的活动范围，并且提高了获取知识的积极性和自觉性。根据思考进行教学的地位正在不断地提高。对各种年龄的学生(包括成人在内)进行指导和教育，要求我们采取多种多样校外学习的方式。校外教育包括很多可能的途径，而所有国家都应卓有成效地利用它们。藐视校外教育不过是旧时代的遗风而已，没有哪一种进步的教育赞同这一点。然而，学校，即向年轻一代有条不紊地施行教育所设计的机关，在培养对社会发展有贡献并在生活中起着积极主动作用的人方面以及在训练人们适当地准备从事工作等方面，现在是，将来仍然是具有决定性的因素。特别在现代社会中，我们通过变化日新、数量日多的渠道接受了大量的信息。如果我们要确切地处理这些信息，我们就要具备系统的知识、才智和技能。科学知识和科学观点乃是事物与现象的普遍的和本质的精华。知识体系和方法可以使人们能够对这样大量的信息作出他们自己的诠释，进而以肯定的方式去吸收它。如果我们要掌握这种科学知识和科学观点，特别是要掌握这种知识体系和方法的话，我们就需要接受设计恰当的教育机关对我们所实施的有组织的教育。

我们承认，从不同的国家看来，根据不同的理由，某类学校和某种教学形式必须受到有力的批判，而且学校教育的许多方面也要求彻底重新予以评价和进行改造。虽然如此，如果我们废弃了学校，不把学校当作教育的一个主要部分(纵然不是唯一的部分)，这就等于我们不让成千上万的人受到这种可使他们系统地掌握知识的教育。尽管人类的文化并不限于知识，但知识在今天依然是文化的有机的和不可缺少的部分。

因此，国际教育发展委员会所采取的立场乃是一种辩证的探讨方式，它一方面要对现行的教育体系加以改进，另一方面，在这些现有的体系之外，还要提出可供选择的其他途径。所以这种立场显然既不同于仍被现有教育结构所束缚的那些人的老办法，也不同于梦想教育结构发生剧变而毫不考虑其现实与可能，因而使自己陷于未知之境的那些人的做法。

根据这些理由，国际教育发展委员会特别强调两个基本观念：终身教育和学习化的社会。由于在校学习已不能再构成一个明确的“整体”，而且也不能在一个学生开始走向成人生活之前（不管这时候他的智力发展水平如何以及他的年龄多大），先让他接受这种学校教育，因此教育体系必须全部重新加以考虑，而且我们对于这种教育体系所抱有的见解本身也必须重新加以评议。如果我们要学习的所有东西都必须不断地重新发明和日益更新，那末教学就变成了教育，而且就越来越变成了学习。如果学习包括一个人的整个一生（既指它的时间长度，也指它的各个方面），而且也包括全部的社会（既包括它的教育资源，也包括它的社会的和经济的资源），那末我们除了对“教育体系”进行必要的检修以外，还要继续前进，达到一个学习化社会的境界。因为这些都是教育将来所要面临的挑战。文化上的保守性会不会比经济上或政治上的阻力更容易克服，这一点我们还不能肯定。但是我们一旦要衡量付出代价的利害关系时，我们又怎能拒不进行这场战斗呢？

何况我们现在已经具备了那种需要用于战斗的各种武器。

变革的工具

“变革的时代”已经促使我们对教育提出了数量上和质量上的要求，而且又为我们提供了满足这种要求所需要的工具。这些工具是什么，怎样才能为这个目的使用这些工具，这些都有待于我们去认识。

最能表现这个技术时代特征的两大革新系统是大众媒体（晶

体管无线电和电视)和控制系统。这两大革新系统都与信息有关:及时传送信息、翻译信息、发现和使用信息。这两大革新系统,就其本质而言,都适用于学习、教育和训练。虽然如此,我们今天却发现,程序教育的发展不大,同时,无线电和电视也还没有充分供教育上使用,而计算机的使用就更差了。除了少数例外,无线电和电视还是留作校外之用,而且严格地讲来,它们是和教育同时并行的。

有一种广泛流传的见解认为无线电只能用来帮助唤起兴趣,它在正规地教育人和训练人的过程中只起着微不足道的作用。我们发现,教育当局仅仅把电视穿插在现有教育程序之中,而不是对这些教育程序加以彻底的改造,使它们从这种现代技术中得到好处。同时,人们又往往把程序教育同那种为大多数教育体系无力采用的、式样新而价格高的教学方法混为一谈。结果,先进的教育方法的应用仍然非常有限。一般认为,用电子计算机处理数据应该限制在高深的科研方面。但是,与此相反,试图向年幼儿童介绍一些初级的机器语言也是很重要的。第一,因为算法是符合明显的逻辑方法的;第二,因为跟这种“神秘的”力量接触,往往能大大地加强儿童的求知动机。

大规模地应用教育技术和技术原理,换句话说,也就是应用机器时代以后的智力技术,对所有的国家来说,不管它们已经发展到怎样的水平,都是必要的,甚至是不可缺少的。

发达国家,甚至那些觉得它们的经济正在繁荣并能作出一切必要贡献来实现其教育目标的国家,确实是这样做的。无论它们有怎样的环境条件,由于采用了这些新方法,它们就能以同样的投资获得较大的效果。这些国家的主要问题是要战胜常规旧例,要唤起大众的兴趣,尤其要取得教师们在这项事业上的合作。后一个条件之所以必要,不仅是为了消除某一部分人的猜疑,而且特别是因为在教育中运用新技术需要教师们把这些新技术结合到教育体系中去。

所以,这些技术对发达国家来说,是很有价值的财富;但对发展中国家来说,这些技术看来只是解决全部问题的一个基本的先决条件。就发展中国家而言,或者至少就其中大多数国家而言,在教育中坚决采用这些技术,乃是它们希望在适当时期内求得满意的解决办法的唯一途径。

现有的教育上的做法既不能解决涉及大量人口的文盲问题(虽然通过职能扫盲已经取得了不可否认的进步),而且在许多情况下,又不能保证普遍入学或由此而获得应得到的利益。最后,这些做法既不适合于为训练成人创造机会,也不适合于逐渐应用终身教育这个概念。一般讲来,分配少量的贷款和增加少量的补助不会显著地改善这种情况,因为这些有关的国家不久势必还会出现其他的困难(例如,教师补充不够和教科书供应不足等等)。

一旦我们确定在适当的规模内应用教育技术,特别是当我们采用了程序教育(可以顺便重提一下,这种程序不限于计算机的程序教学,虽然它的极端重要性我们在前面已经强调过了)和教育无线电与教育电视这种双重的方法时,在可能发展的领域内就会出现完全不同的局面。这里我们将发现,我们的形势堪与经济上从自给水平过渡到迅速扩展的水平相比拟。

至于使教育现代化的方法的选择,我们认为发展中国家应该尽可能地利用各种先进技术,与此同时,应该更多地注意媒介技术和利用技术原理,因为它们多半会提高效率,并且一般地说有利于教育,但没有必要采用尖端的、昂贵的技术或机器作为教学辅助设备。

因此,国际教育发展委员会强调这样一个事实:尽管有怀疑和不同的方针,尽管也可以从传统教育的某些改革中获得某种进步或拯救,但是,一方面因为上学期限逐渐延长到最适宜的年龄,另一方面又因为建立了真正的终身教育的制度,因而对教育产生了大量的要求，这种要求只有充分地和适当地利用那些从现代技术中产生的、具有无限可能性的工具，才能得到满足。

国际合作

如果我们认为，彻底检修教育的时机已经来到，教育正面临着严峻的挑战，教育必须整个地重新加以仔细考虑，那末，国际团结和世界合作的必要性就比过去任何时候都更为明显了。

首先，我们必须保持所有国家之间智力上和行动上的合作：工业化国家之间必须合作；发展中国家之间必须互相合作；各个邻近国家，基于人口的、语言的和社会的种种理由，也必须彼此紧密合作；每个国家必须和各级教育、科学与文化机构合作，把它们的经验、革新的尝试和对教育前途的意见视为世界宝藏的一部分。今天，通过互相交流而分享这种共同的财富，这既是国际合作的迫切任务，又是达到国际合作的最好途径。

另一种要求是关于发展中国家在行动上、技术上和财政上的团结一致。教育的更新要求进行实验，而实验就要冒失败的危险，所以相应地就必须具备可用的资源。然而我们将发现，公共支出在许多情况下已经达到了(或超过了)经济和预算所能接受的最高限额。此外，许多教育体系还陷入了矛盾的境地，仿佛对那些有潜力的援助者不是予以鼓励，而是使之泄气；这也许会促使援助者以同情之心去倾听新马尔萨斯论者令人遗憾的劝告，倾听悲观论者的话，其中有些人甚至还设法把他们的那种压缩的论点和使人清醒的警告让本委员会知道。

这些情况促使国际教育发展委员会的某些委员重视提出教育改革的规划，在进行各方面的改革时，或比较明确地讲，在进行全面的教育更新时，这种规划在引进教育技术方面特别有用和有效。任何生产性的投资开始时总要付出一笔资金，但在以后管理阶段就花钱较少而获利较多了。

不发达国家自己不能得到必要的资金；所以发达国家就不得不用某种新的特定的方式对它们进行帮助。例如，如果一套电视网的装置需要用人造通讯卫星转播，而同时还要包括几个国家的合作，这时候发达的国家就会参与其中。

我们有理由相信，比较富裕的国家会赞同建立这种团结的，因为它们可以确信，只要技术装备一旦开始产生第一批成果，它们最初的费用就会得到补偿，而管理和协助也不那么必要了，这时它们的帮助就富有成效了。

然而，团结的义务远不止因为对受援国有利而要为之辩护，它对施援国也有一种反馈效果，并且对于整个国际共同体也能产生有利的影响。

我们还必须建立或发展各种研究组织，以便使给教育的各种形式的技术援助发生作用，这对于一切国家都是有用的，因为许多发达的国家目前迫切需要革新。从本质上和从根本上来看，它们的问题和它们所要援助的那些比较不发达国家所要解决的问题之间很难说有什么不同。我们也没有理由说，我们不应该强调要求一个组织以一定的代价为一些顾主服务，而免费或廉价地为另一些顾主工作。援助别国，会使施援国明了它们本身的需要和不足之处，大概也会促使它们把它们本身的交换和关系组织得更好些，促使它们避免浪费和其他的麻烦。

提高第三世界人民的智力成就，在许多方面，有利于工业化国家(有时较多的是人才外流这种方式)。

但更重要的是，那些刚取得独立的国家往往比别的国家更接近于传统的文化式样，而且它们害怕再度经历过去殖民地时代它们自己的文化在外国人的统治下遭到湮没的那种境况，因而它们就格外关心保护和恢复它们自己独有的“真正的”文化本质。这样，它们便可能用它们丰富多彩的文化对世界共同体作出贡献，并帮助世界共同体防止那种千篇一律的生活方式与思想模式，因为如果世界共同体只有一种以赚钱为出发点的文明，那末，随着经济的扩张，就容易出现那种千篇一律的生活方式和思想模式。

国际教育发展委员会注意到：能够满足这个世界共同体当前教育需要的，既不是现有的双边的和多边的援助方式，也不是作为援助之用的物资，甚至也不是激起援助的那种思想。如果更新教育事业成为压倒一切之事，那末它们就特别不够了。我们还必须寻找扩大和加强团结的途径。有一些途径已经在我们的分析和建议中表达出来了。以后还必须继续发现其他的途径。不过我们坚信：假定国家、民族、教育工作者和科学研究者具有首创精神与专门特长，再加上国际组织，尤其是在教育方面起领导作用的联合国教科文组织的协助，这种扩大和加强国际团结的途径是一定可以找到的。

知识并不是文化所要求的一切。国际教育发展委员会采取的立场，不是按照人们所期望的那种广度和深度，把知识的研究范围扩大到教育领域以外的职能中去，把它带进家庭、职业和都市关系的全部领域中去，把它扩大到社会集团、专业共同体和宗教共同体的职能中去。然而我们所有的观察都使我们肯定：所有这些迥然不同的内在的和外在的职能结合起来构成一个整体，而人类发展和社会生活的各方面又是彼此不可分割的。如果我们设想技术手段——特别是再现思维活动的机器——起了相当于原先人脑通过某种生理突变所取得的功能，那末，我们就可以说，这个新人必然能够在他日益增长的理解能力、肌体能力方面和潜在的另一方面，即个性的情感与道德方面建立一种和谐状态，这种新人只具有人类智慧（*Homo sapiens*）和人类技巧（*Homo faber*）是不够的；他还必须感到他自己和别人之间融洽无间：具有一种人类和谐（*Homo concors*）。

如果这种新人要克服指数增长率的危险及其他不良后果，要克服发展的物质方面，上述论点就是必要的了。如果他要肩负公民的和社会的职责，对社会上的矛盾和不公道作出反应，这一点也是必要的。个人必须善于通过历史的和集体的意识作用，通过科学研究，通过保持他的真正同一性，最后通过每个人都认为他是属于全人类的心情，来运用意识中固有的力量。这样，单一体中不可分割的两极和寓多样性于同一性中的普遍性，就会表现出来了。

这个时代，即所谓有限世界的时代，只能是一个属于全体人的时代，即人人在内的全人类的时代。

第 一 部 分

研 究 的 结 果

第一章　教育问题

当我们着手编写这份报告时，在我们考察现状之前，我们要象尤利西斯的儿子泰里马丘斯在每次新的旅行出发以前那样，首先简单地回顾一下过去，包括许多世纪以来人类的生活和他们的教育，回顾一下教育的根源和它的发展过程。这样一幅图景今后也许会有助于我们比较清楚地看到目前教育世界的各个侧面，在这幅图景里面，有那么多的时代交织在一起，在这里有一些纪念物是雄伟壮丽的，有的则已毁成废墟，在这里崭新的大厦和巨大的建筑物正在兴建，在这里我们可能看到未来的人类。

我们这样回顾过去，并不是妄想写一部历史。但是在这份报告中，我们认为历史对于教育具有强烈的影响，这是说，教育的发展是社会历史发展的一种功能；教育带有许多过去的遗迹；最后，教育应为历史作好准备并将有助于创造历史。这即使不是我们的一个论点，也是我们所观察到的一个事实。

因此，下面我们试图以一种简单回顾的方式，从今天的角度来描绘一下这个历史的发展和它的影响。

过去的遗产

从很早时期起，人类就已经有意识地运用他的语言天才，在个人与个人之间、集体与集体之间、上一代与下一代之间交流丰富的实践经验——如解释自然现象的法则、规则、习惯和禁忌等等——从而使个人记忆社会化成为种族生存的必要手段。

作为生物学上必需的教育　从生物学上和生理学上讲，人是毫无防备的，而且并不特别适合于他的环境。然而尽管他在本能方面有许多内在的缺点，他却逐渐设法保证了他自己的生存和他后来的发展。

他在连续不断地对环境作斗争的过程中，求得生存，并且慢慢地组成了社会，以便从事集体活动。首先，他组成家庭单位和原始部落，集中于追求生活所必需的物质方面的需要，然后进一步获得知识和经验，学会怎样去求知和怎样表达他的欲望和意愿，从而构成了他的智能。

科学的证据，在指出人在生物学上、生理学上和本能上的各种需要以后，便显示出进化过程（必然也包括教育形式）对于种族生存所起的作用。

总的讲来，自从史前时期以来，各个民族在适应各种不同的生活方式和不同的环境条件的过程中只经历过很小的演变。然而现代人却从未间断过征服环境条件，好象他在生理上的适应能力正在增长似的。但这是一个幻觉。实际上，人之所以今天能够生存于这个污染的环境中，这是因为他积累了历代传下来的、日益丰富的知识，这就是说，因为教育已经广泛地传布而且日臻完善。在这种污染的环境中，如果一个人不知道怎样防御各种有害的因素而保护自己，他就不可能保持他身体上和心理上的健康。

作为社会必需的教育　我们尽可以遥远地追溯一下教育的历史（大家公认这是不很远的），我们知道，教育是作为人类社会的一种自然特征出现的。在社会发展的一切阶段上，教育对社会的命运都曾有过贡献。教育本身从未停止过发展。它传播着人类最高尚的理想。人类历史上最伟大的个人与集体的成就都是和教育分不开的。教育相当忠实地重现人类的历史过程：无论是历史的兴盛时期还是衰败时期；无论是历史的进取时期还是失望时期；也无论是历史的和谐时期还是冲突时期。

原始社会　在原始社会里，教育是复杂的和连续的。这时教育的目的在于形成一个人的性格、才能、技巧和道德品质，一个人是通过共同生活的过程来教育自己的，而不是被别人所教育的。家庭生活或氏族生活、工作或游戏、仪式或典礼等都是每天遇到的学习机会；从家里母亲的照管到狩猎父亲的教导，从观察一年四季的变化到照管家畜或聆听长者讲故事和氏族巫士唱赞美诗，到处都是学习的机会。这种自然的、非制度化的学习方式在世界广大地区内一直流行到今天；这种学习方式至今仍是为千百万人提供教育的唯一形式。而且如果我们初看一下当代学校林立的社会，就可以发现情况并没有多么大的差别，因为实际上，儿童，乃至成年，都是在他们的环境、家庭和社会中，直接地、现成地吸取经验，从而获得他们大部分的教育的。这样获取的知识是比较重要的，因为这种知识乃是一个人能否接受学校教育的先决条件，而学校教育又反过来为学习者提供一个框架，使他能把经验中得来的知识系统化和概念化。[①]

这些观念已经长期被一种说教的、学究式的教育学弄得模糊不清了。这些观念是我们的主题思想——自觉的学习化社会这个概念的基本要素。

非洲的传统 非洲的传统，象世界上其他地方的许多传统一样，仍然可以为这种原始的教育情况提供证据。“在殖民地时期以

① “但是在一切社会中，无论是原始社会还是高度文明的社会，直到最近为止，大多数儿童的教育多半是附带进行的，而不是在专为这个目的单独设立的学校里进行的。成人们从事经济工作和执行其他的社会任务；在这里，儿童并没有排除在外，他们也受到了注意，而且他们也学习参加这些活动。儿童不是从形式上受到教育。在成人的许多机构中，附带出现的教育往往理所当然地被视为执行教育功能的一个主要部分，例如，在家族和同年龄的集团中，在社区的劳动中，在师徒的结合中，在竞赛和游戏中，在卖身和其他性传授中，在宗教仪式中，都可以实现教育的功能。在希腊的文化教育中，城邦这个全部制度网都被当作一个教育者。正如约翰·杜威巧妙地指出的，一切哲学的精华就是教育哲学，即研究怎样去享有一个世界”（保罗·古德曼：《关于教育的奇想：青少年的教育》，第2页，巴黎，联合国教科文组织，1971年，国际教育发展委员会文件，意见汇编，57）。

前，非洲是没有‘学校’的（除了有些部落举行短期的入社仪式以外），但这个事实并不意味着那里的儿童没有受教育。他们在生活和行动中学习。……因此，教育是‘非正规的’；每个成年人多少就是一个教师。但这种非正规的情形并不等于没有教育，也不是说，它对社会没有重要的影响。”这一段话是从朱利叶斯·尼雷尔那里引用来的。这一段话暗示为什么我们把传统的非洲教育当作非正规教育中的一种有趣的经验，虽然实际上它是不充分的和有限度的。[①]

如果把教育的根源回顾一下而又不把这种回顾理想化，这就可以丰富教育学的思想并且可以利用那些被不恰当地忽视了的价值和经验去充实今天的教育。

学校的诞生 学校是在一切类型的社会中，在不同的时期，但在类似的阶段上逐渐发展起来的。这个事实证明了学校作为一种制度，从历史上来讲是必要的。在教育中采用学校结构看来基本上是和书面文字运用的系统化与逐渐增加相联系的。要学会怎样去阅读，自然就需要有一个老师，许多青年人围在他的周围，在一个“课堂”里，在一个学校里学习。

文字的传统 我们丝毫不否认书写[②]和以后的印刷出版给予人类的新的巨大力量；我们也不否认书写（首先是印刷的书籍）对教育的价值。但是我们也要注意到：这种革命也有其不利的影响。

---

① “当非洲的传统教育只是简单地一代一代传递经验的时候，当技术还比较落后而实质上仍属于经验性质的时候，这种教育是十分有效的，然而它不可能只通过吸收和散布新经验、新知识来取得进步，因为许多事实必须通过个人传递下来，因而是必须单独传授的”（阿布杜·莫莫尼：《非洲的教育》，伦敦，安德烈·多伊奇出版公司，1968年）。

② “要是没有书写的帮助，世界上没有一个地方的文化能够达到任何相当的高度，能够永久地保持下去；但是正如文化一般地意味着城市生活的发展，书写也只在都市社会里被人采用”（《人类史，文化与科学的发展》，第1卷，第631页，巴黎，联合国教科文组织，1962年）。

不管仪式与禁忌在现行的口语教育中占什么地位，它里面包括着对人和物的直接接触。后来书本代替了这些直接传递知识的方法，使人养成了一种偏见，认为书面文字(及其口头背诵)是一切称得上知识的知识的表示，它比那些从日常生活中学来的经验要优越得多。

这种书面文字优越于口头语言的想法仍然深深地保留在今天大部分学校体系之中。

教师与学生 日益增多的知识与传统，几千年来都是从教师传给学生的，随着这种情况便产生了严格的、权威性的、学院式的纪律，反映着社会本身就是建立在严格的权威原则之上的。这就树立了具有权威性的师生关系的典型，而这种典型仍在全世界大多数学校里流行着。

传教士曾被当作一切知识的托管人与保护人，教育几乎全在他们的控制之下。这种教育除了传递宗教教义之外，通常还用来培训书记和行政人员、医生和建筑师、天文学家和数学家。

亚洲的传统 亚洲的教育也是按照类似的模式发展的。尊重书面文字在中国官方达到了高峰。中国的教育体系开始时比任何其他地方的教育都较为开放和自由；这种教育体系受国家委托担任培训官员的任务。这种教育体系对于一个人养成思想与行为的和谐一致，是有成效的。可是后来由于过分强调形式主义和严格的考试评分制度，而使这种教育体系变得死板和僵化了。

世界上最早的大学是印度婆罗门教的那些大学，它们为教育提出了一个完美的范例。这种教育一方面以哲学与宗教为基础，同时另一方面又着重研究数学、历史、天文学，乃至关于经济学的法令。后来，佛教的教育作为对婆罗门教的种姓制度和垄断教育的反抗而出现了，可是佛教教育本身后来也同样僵化了。

古代波斯的教育包括一个人的终身受训，包括一个人直到老死为止的一切活动。这种教育除了传授科学知识，养成美德，训练智力以外，还包括公民训练和实际生活的见习。

希腊-罗马的传统 在古代希腊和罗马，学校受到高度的尊敬。在学校里，上层阶级的儿童和青年人都是用功的学生。学校的理想是要培养一个人具有智力、审美感和体质平衡发展的和谐人格。知识、智慧、艺术欣赏和崇高的品德在少数杰出人才教育中具有最高的价值。这种贵族思想是帝国的、王朝的、封建的和贵族的社会历代所肯定的和采用的，因为这种社会，从其结构上看来，是致力于发展一种为少数人服务的、选择性的、往往高质量的教育，并承认杰出人才论是高贵的，这种杰出人才论在我们时代的某些教育体系中仍然是非常活跃的。

古代西方社会把造就一个有教养的人的各种知识的总和视为一个十分明确的整体。这个整体包括七艺—文法、修辞学、伦理学、算术、地理、天文学和音乐。这七艺久已成为古典教育不可动摇的基础。

这种古典教育享有这样高的威信，以致它倾向于闭关自守而仅仅勉强地采纳来自所谓精密科学与社会科学的贡献。

基督教学校 当基督教统治大部分世界的时候，宗教使人生的每一个领域都感受到它的影响。它的王国首先伸展到教育领域。我们可以说，在中世纪欧洲，除了极少的例外，教会和教育就是一回事。这并不是说，渗透了宗教色彩的教育就不能适应诸侯与商人、职员或武士的特殊目的了。中世纪的教育本质上既是对宗教思想的反应，也是对封建社会的反应。许多亚洲和拉丁美洲的社会仍然长期停留在封建的发展阶段，具有十分类似的体系，有助于使僵硬的社会和文化差别制度化。

现有的体系由于它们具有许多等级森严的形式和歧视性的实践而受到人们的责备，但是实际上这些等级森严的形式和具有歧视性的实践，乃是一种为不同于现在社会的社会类型而设计的教育所留下的残余。

伊斯兰教的教育　在许多国家中，伊斯兰教带着它自封的世界使命，曾经努力规定了适合于一种高尚的和深远的教育的目的与方法。[①]伊斯兰教深信：人能够通过教育使自己完善起来，所以穆斯林世界是首先倡议终身教育这个观念的地区之一，它激励着穆斯林们“从生到死”一贯地自己教育自己。伊斯兰教责成所有的男子、妇女和儿童自己教育自己，以便再反过来教育别人。穆斯林教育特别重视学习科学、医学、哲学和天文学。但是由于伊斯兰教不相信异教和不喜欢扰乱人心，所以穆斯林世界的教育体系终于退缩到对革新精神采取保留态度的地步。

中世纪大学的模式　在中世纪欧洲，雄心勃勃称为大学的高等教育机构诞生了。富裕的工商业城市为了珍视它们公民的权利和声誉，经常为建立这种教育机构树立起良好的榜样，而这种机构很快就为新兴资产阶级中有权势的代表所控制。这种大学首先遍及欧洲，后来又传到美洲。教学集中于经院哲学和人文科学，后来逐渐扩大范围，把自然科学包括在内。[②]在这一方面，我们应该归功于阿拉伯和穆斯林世界，因为它们繁荣的文化已经远远伸展到亚洲、非洲和欧洲。

高等教育，虽然有过很多进展，但从总的方面来讲，仍然继续遵守某些显然不变的规律，例如它现在仍然划分为若干独立的学院。在早期，这种格式是符合当时知识发展的客观要求的。但是时

---

① “穆斯林的四个突出的教育理想是：创立这样一个社会并相信独一无二的真主，达到一种把禁欲主义和对现世的爱结合起来的生活方式；最后求得精神的和道德的教育”（A·K·金南尼：《穆斯林的教育理想》，《教育年鉴》，伦敦，埃文斯出版公司，1949年）。

② “估计这个时期大学文化的历史学家们曾经遇到两种麻烦：令人厌烦的烦琐技术和咬文嚼字的语言形式，这两者都是大学里流行雄辩术的后果。但是我们不能根据这些颓废的形式去评价经院哲学。经院主义具有不可否认的历史作用：它使那些没有开化，缺少技巧的心灵能够吸收突然显示在他们面前的大量古代遗产，并且能够借助于一种强有力的智力工具去创造他自己的新作品”（《人类史：文化与科学的发展》，第3卷，巴黎，联合国教科文组织，尚未出版）。

至今天，这种遗产就应按照当代的需要重新加以估价了。大学和其他教育机构比较起来，是更直接地同思想运动有关系的，而且是需要更快地赶上科学技术教育发展的。

环境的力量与社会的、理智的批判这两方面都在日益对大学施加压力，要求它比较能动地适应于这个正在迅速变化的世界的现实和需要。

现代的来临　从宗教革命到文艺复兴，一直到现代的早期，中世纪以后的欧洲对文明的发展曾产生过有力的影响，打开了广阔的知识视野，解放了新的社会力量，并重新诠释了人文主义的含义。事实上，哲学思想的发展、心理学的新远景以及活的语言提到学术研究的高度，这些方面都扩大了我们的眼界，而且在某些地方还使实践具有了生命力。虽然如此，教育在一定程度上对于这种影响的感觉却是迟缓的。

同时，在教育活动的物质手段方面却已经发生了决定性的变化，印刷出版术的采用使广大群众都可以得到作为知识容器的书籍。

而且，事实上，当经济发展不断需要具有读、写、算能力的人才时，教育便开始推广和普及，而教育的推广和普及又必然要采取许多新的形式。

产业革命　在一些正在走向工业化的国家里，工业上的进步和教育的普及开始发生极为密切的直接联系。当产业革命扩大到越来越多的国家时，便产生了普及教育和强迫入学这类教育观念，而这种观念和历史上普选权思想是联系在一起的。在这种社会秩序中，阶级冲突非但没有消失，反而变得更为尖锐突出，于是这个社会就试图把知识的普及局限于一个狭小的范围。在城市和农村里，开始给儿童初步的课程，以保证为了满足工业上的需要而有足够的劳动储备力，这是一回事。但是对人民开放那种被高贵者和富裕者视为世袭领地的古典教育和大学教育的途径，这却完全是另一回事了。

在25年以前，当联合国宣布人人都有享受教育的权利时，它是在批准一个具有几世纪历史的民主理想。但是，这个理想的实现在许多地方仍然受到阻挠，而阻挠实现这个理想的原因和这个理想初次出现时所遇到的情况相同。

模式的移植 可见，透过时间的前景来看，无论现代经济的"爆炸"有多么重要，看来再没有比开拓殖民地的欧洲人在拉丁美洲、非洲和亚洲的辽阔地区在教育方面所留下的影响对世界所产生的后果更为严重的了。殖民统治者，无论是英国的、荷兰的、法国的、葡萄牙的或西班牙的，都把那种欧洲的教育模式原封不动地移植和扩散到世界上所有的国家。①

欧洲一直到现在还以其政治与经济的力量统治着世界的大部分，同时，它也决定着发展中国家教育机构的命运。而且正象人们今天还强烈地感觉到殖民主义在政治和经济上的影响一样，在拉丁美洲、非洲和亚洲，大多数国家的教育体系，无论是否适合这些国家的当前需要，仍然反映着过去曾一度作为自己祖国的或其他外来霸权的影响。

进入现代 自从产业革命以来，生活方式与生产方法，人的希望与忧虑，烦恼与快乐等方面的内容本身已经产生了深刻的变化，而在现代科学技术发生变革以后，情况尤其如此。教育的前景也由于种种理由而发生了变化，并且变得更加远大了。权力集中的世俗社会已经邀请了许多专业人员为它们的国家服务。经济发展已经为合格的人员增加了就业的机会，而且有必要训练更多的技术人

---

① "殖民政府所提供的教育……并不是为培养青年们为他们自己的国家服务而设计的；而只是希望把殖民社会的价值思想灌输给他们，并训练他们为殖民政府服务"（朱利叶斯·K·尼雷尔：《自力更生的教育》，达累斯萨拉姆，情报与导游部，1967年）。又19世纪英国在印度的教育目的是使"他们的血统和肤色是印度的，而爱好、看法、道德和才智则是英国的"（麦考利：《印度教育备忘录》）。

员和专门行政人员。觉醒了的工人们已经认识到教育权是社会解放的一种手段。许多社会加快了现代化的过程，这就在初等教育、职业教育和民众教育方面引起了越来越多的数量上和质量上的根本变化。同时，社会主义革命的过程在五十多年前已随着十月革命而开始了，民族解放运动也在差不多十年前达到了顶峰，因此产生了新的需要，提出了新的要求。

关于教育，我们能够从这些历史的片断中得出怎样的一般结论呢？

第一，目前的教育结构是比较千篇一律的，这可能使人想到教育的过去是贫乏的。但是教育有着丰富得多的历史。美洲印第安人的文明、非洲的文化、亚洲的哲学以及其他种种传统都具有各种价值，它们不但在继承这些传统的国家中成为教育体系获得启示的源泉，而且是世界教育思潮获得启示的源泉。有许多优秀的宝贵财富无疑已经失传了。在有些情况下，甚至在殖民时代以前由于内部的衰落而早已失传了；或者由于外来的行动，特别由于殖民主义，而被毁灭或被歪曲了。但是我们也要注意，许多遭受外国统治的国家（包括那些现在非常坚决地确保其独立性的国家），特别在教育领域内，已经足以自豪地接收了在它们的艰苦时代所学到的那些学科和所谓古典文化的精华。

第二，过时的教条和习俗仍然深刻地影响着教育，而且在许多方面，年青的国家以输入模式的方式继承了教育体系不合时代的错误，而古老的国家在教育体系方面所受到的不合时代的错误的害处也不少于这些年青的国家。

虽然我们对过去历史的这种看法是片面的，教育的历史似乎为未来的教育提出了双重的任务：——教育既要复原，同时又要革新。

当代的特征

自从第二次世界大战结束以来，就全部经费[①]而言，教育已经成为世界上最重大的事业了。从预算方面来说，在全世界公共资金的支出中，教育经费占第二位，仅次于军事预算。[②]人们正在要求教育执行日益广泛而繁重的任务，这和过去所分配给它的任务是不可同日而语的。教育是人类在发展与前进过程中所作努力的一个重要组成部分，而且在制订国家政策和国际政策时占日益重要的地位。

三种新的现象 从理论和实践这两方面来看，有三种普遍流行的现象值得特别注意。

教育先行 第一点所要讲的是，多少世纪以来，特别在发动产业革命的欧洲国家，教育的发展一般是在经济增长之后发生的。现在，教育在全世界的发展正倾向先于经济的发展，这在人类历史上大概还是第一次。

---

① "如果我们的教育概念是广义的，我们就只能了解一个国家在这方面努力的程度，并在同一基础上进行国际间的比较。我们只有集中注意国家的教育预算，才能了解这种努力的情况，这样尤其可以不从时间上和空间上去进行比较了，因为预算的内容和它所包括的地区，在各国之间是互不相同的，而且由于政治与行政上的原因，即使在一国之内，各个时期也是互不相同的"（黎成科：《教育事业》，第 39 页，巴黎，子夜出版社，1961 年）。

② 关于教育与国防在财政分配上的比例，是一个有争议的问题。1968 年全世界的军费开支高达 1,820 亿美元。教育支出，包括教育部门的公共费用（单这一项在同一年内就达到了 1,320 亿美元），加上其他部门的训练经费，在大众通讯的教育计划方面的费用以及私立学校的开支等等，其数字就更大了（关于这一点，还可参见本书第 72 页）。

特别值得注意的是，教育费用增加的比率（百分比）比军事开支高；军事支出：+10.4(1965—1966)，+10.7(1966—1967)，+6.1(1967—1968)，+0.2(1968—1969)；而国家的教育支出：+11(1965—1966)，+11.3(1966—1967)，+10.5(1967—1968)，(1968—1969 数字缺)（此处数字根据瑞典国际和平研究所和联合国教科文组织统计办公室）。

这种倾向首先大胆地和成功地出现在诸如日本、苏联和美国这些国家。许多别的国家,特别是发展中国家,在过去几年中,[①]不顾由此带来的沉重牺牲[②]和一切困难,也选择了这条道路。

教育预见 按照社会学的顺序,对于未来同样重要的另一事实是,现在,教育在历史上第一次为一个尚未存在的社会培养着新人。

这就为教育体系提出了一项崭新的任务,因为自古以来教育的功能只是再现当代的社会和现有的社会关系。如果拿过去相对稳定的社会同今天加速发展的世界相比,这种变化就很容易解释了。

当教育的使命是"替一个未知的世界培养未知的儿童"时,[③]环境的压力便要求教育工作者们刻苦思考,并在这种思考中构成一幅未来的蓝图。

有些国家,随着各种深刻的变化,并在新的社会领袖或政治领袖掌权之后,正在努力建设一个完全不同的社会,而在这些国家中我们就可以看到这种为未来培养新人的倾向。这种倾向也出现在一些掌握着大量技术资源的国家里,在没有发生政治变化的情况下,这些国家还设计了新的"人类方案"。还有一些别的国家,政治形势、内部困难和冲突,使它们对于社会的目标不易得出全面的看法。一般地说,现在所缺少的不是意愿和清晰的远见,而是必要的

---

① 如刚果人民共和国,不顾国家每人收入之低(约 220 美元),现在每四个居民中就有一个进免费小学;或者象古巴,虽然资源有限,但已迅速地向普及小学教育、成人扫盲发展,并且扩大了中等教育。

② 例如,喀麦隆从 1967 年到 1968 年把它的公共教育经费增加了 65%,同时它的国民生产总值只增加了 10%多一点。

③ "我们必须把未来置于一个男女老少的共同体中,置于我们之中,好象未生的胎儿在母亲的子宫里一样。它已经在这儿了,已经需要哺育、援助和保护,已经需要许多的东西。如果这些东西在他出生以前还没有准备好,那就嫌太迟了。所以正如青年们所说的,未来就是现在"(玛格丽特·米德:《文化与业务,对时代鸿沟的研究》,纽约,道布尔戴出版社,1970 年)。

结构和资源。

社会拒绝使用学校的毕业生 第三件重要的事实是，在教育成果与社会需要之间产生了矛盾。在过去，社会的进展是缓慢的(除了一些简单的突变之外)，因而也容易自动地吸收教育成果，至少也可以设法去适应教育的成果，但是今天的情况就不总是这样的了。

有些社会正在开始拒绝制度化教育所产生的成果，这在历史上也还是第一次。

这是一种社会现象，也是一种经济的和心理的现象。日益加快的社会发展与结构上的变化使得正常存在于基础结构与上层建筑之间的鸿沟加深了，于是产生了这种现象。这就表示教育体系多么容易变得失调。当知识变化很慢，而人们(不是说得太过分的话)又能在几年之内希望“学会”一切足以满足理智上和科学上需要的东西时，这种为少数人建立的教育体系是有效的。但是如果我们把这种教育体系运用于急剧变化时代的大众教育，而知识数量又正以前所未有的速度激增时，那末这种教育体系很快就变得过时了。社会上发生着各种各样的矛盾，诸如不平衡状态的增长，社会发展与经济发展的脱节，各种运动与反运动等等。这些矛盾对于教育都有巨大的影响。这个教育体系难以适应日益发展的社会的需要。它所教育出来的人并没有受到恰当的训练，因而不能适应社会的变化。当这种体系所授予的资格和技术不能满足社会的要求时，这些社会便拒绝接受这些毕业生。这是发展不平衡的后果。断断续续的发展使这一方面产生了平衡而在别的方面又引起了不平衡。即使如此，这个过程也不是完全消极的，虽然它所要求的再适应与变革是令人苦恼的、麻烦的。今天的教育世界就反映出这种进退两难的困境。

所以在本世纪的初期，特别在第二次世界大战结束以后，我们就感觉到有改变之必要。教育必须更好地适应社会经济的变化，必须更好地符合学习者的意愿和能力。同时，教育还必须提供更多的平等机会。

共同的倾向 还有一种现象需要讲一下。虽然在教育领域内，经验的交流还没有很好地组织起来，但教育却显示了许多共同的倾向和特征。这种倾向和特征在某些地方比较明显些，在另一些地方又比较隐晦些，但我们应该注意，它们是以各种不同的形式出现于全世界的。在各国之间、甚至在同一国家的不同地区和不同部门之间，在文化上、历史上、经济上和意识形态上都存在着各种差别。虽然如此，值得我们注意和引以自慰的是，教育事业还具有为全世界所关心的共同特性。下面我们讲一讲几个比较重要的共同倾向。

第一种共同倾向是关于教育模式的选择。这里有两种基本选择：一种是限制性的选拔学生，一种是自由开放的入学方式。当人们要在这两者中作出选择时，往往喜欢第二种方式。目前许多发达国家正力求从它们早期的高度限制性的选拔制度过渡到比较开放的政策。大部分发展中国家原先是选择开放体系的，但由于资源的缺乏和发展的要求，它们后来往往又选择多少有点严格的限制方式。这些发展中国家关心的是，一方面不要被事先安排好的经济计划所支配，另一方面又要避免放任自流的无政府状态的危险。因此，它们便采取措施，把对人的尊重和社会的需要两者协调一致起来，把教育的个人化和教育的社会化两者协调一致起来。

另一种共同倾向是趋向于技术治国的体系，这种体系基本上是为着训练工人和有资格的专业人员并促使科学和技术向前进展而设计的。虽然这种模式实质上倾向于限制教育的基础而鼓励高度的选择性，但是许多国家由于关心一般的发展而要求部分地保留开放体系，从而抵消了限制性体系的影响。

还有一种比较新近的倾向在教育政策方面引起了人们的注意。这种倾向是对于社会广大民众表示渴望自由的那种心情的反应。在经济与社会发展要求全体人民主动积极参加活动的地方，这种解放运动尤其流行。[①]

另一个主要问题是，由谁担负办教育的责任这一点已经发生了变化。一直到本世纪的初期为止，教育主要是由家庭、宗教团体、受资助的学校、学徒行会和独立的高等教育结构负责办理的。今天在世界上大多数国家里，这种办教育的责任主要放在公共团体和国家身上了。这里有三个主要原因。第一，现有一种依靠公共团体去满足社会需要的普遍趋势；第二，几乎在所有的国家里，甚至在那些鼓励私人首创精神的地方，人们都认为只有国家才能负责制订全面的教育政策；第三，有许多政府认识到教育在政治上起着日益重要的作用，因而决定要控制教育活动。

在当前教育体系结构的发展中，我们还应该注意以下一些倾向。学前教育的范围仍然受到限制，并且一般是属于学校结构以内的。初等教育的基础正在扩大，而且儿童入学年龄开始提前，在校时间正在延长。由于各种改革，初等教育与中等教育的第一年已经连接起来了。入学人数正在增加，不仅在第一阶段是如此。还有垂直的扩充，即在较高的阶段上人数也在增加。然而，随着入学人数的增加，退学和留级的学生也更多了。一般来讲，儿童入学多在教育体系的最低阶段，学生因不及格而退学的往往是在中途，但完成学业而离校的则在高级阶段。在执行教学计划过程的中途，准许入学或退学的情况目前还是很少的，但是这种办法正开始为一般学

① “……有一种体系，由于缺乏较好的表达方式，后来人们形容它为‘解放运动’。这个体系大概也可以称为‘乌托邦式’。它的基本目标是为建立一个新社会铺平道路。它的基本原则是不脱离群众。它的结构是开放的，并在各阶段上都有伸缩性；它系统地采用辅助性的教学方法；其目的在于防止各种不同的社会背景所产生的差异在教育体系中再现。选择教育内容与教学方法的指导原则是希望使每一个人都能发挥他的个性，并使每一个人都能用理智的批判的眼光看待周围社会。这种教育内容把艺术、科学和政治都融合在一起；这种教学方法，无论从个人来讲，或从集体来讲，都要在一定程度上依靠中小学生和大学生的首创性和他们潜在的能动性”（雅克·富尼埃：《教育政策》，第 172 页，巴黎，瑟伊出版社，1971 年）。

校所采纳。[①]有些批评者要求更多注意解除最贫困的社会集团所遭受的不利条件。这些批评者对于那种严格的限制性的体系是否合理，已经产生怀疑。

学校的课程，不顾人们的坚决反对，正在开始减轻负担。前面我们讲过，不同的小学有不同的教学计划，而这种差别往往是社会歧视的反映。这种差别也正在迅速地消逝。用祖国的语言进行教学的情况越来越多。[②] 现在有一种趋向，要提高选择专业的年龄，而又不妨碍技术教育和职业教育的多样化，以适应现代工业生产中不断增加的种种职位。[③]各种类型的教育之间的联系日益增加，例如在普通教育与技术教育之间，在多价的文化课程与专业的训练之间，以及那种在人文科学、自然科学和逐渐成为普通教育特点的技术科学之间的联系，都在逐渐增加。

高等教育方面，传统结构正处于转变之中，所有中等以上的教育则正在扩充和多样化。这种多样化采取了两条相反的途径。一条途径是把看起来有矛盾的各种教学设备集中在一个较大的学校里面或置于一个集中的行政管理之下（“多科性大学”），而第二条

---

① “全世界的教育体系……都有一些共同的特点。第一，入学的人数多于最后毕业的人数。第二，由低级升入高级是由所要求的年龄和学习成绩的情况所控制的；有时因未能达到这些要求而不能升入高级阶段。第三，学生是按照下面三种格式升级的：(a)最高和最低两种学习成绩的两分法；(b)最高、中等、最低三种学习成绩的三分法；(c)成绩虽然各不相同但大家都是同等的开放制度”（乔治·Z·F·贝雷代：《世界教育论文集：供求的危机》，第98页，纽约，牛津大学出版社，1969年）。

② 例如，在苏联，它是实行用学生本族语言进行教学的原则的，所以它的教育目前是用66种民族语言进行的。

③ 在欧洲的社会主义国家，有八年制、十一年制和十二年制教学计划的单一学校，为15岁、16岁及至18岁的儿童提供学科范围较广的普通综合技术教育。在斯堪的纳维亚国家，有九年制教学计划的统一学校，把专业学习推迟到15岁或16岁的年龄，放在普通中等教育的末期。某些国家（如加拿大、联合王国、美国等）的综合性学校，依照每一个儿童的健康状况、爱好和能力，允许儿童学习各种具有多种价值的课程；但儿童接受传统教育（不论是现代的还是技术的教育）的年龄已被推迟到16岁或17岁（引自罗杰·莫兰）。

途径则是采取范围较小的、富于伸缩性的、多种多样的学校类型，以适合当地条件下特殊群众的需要。[①]高等教育在几种水平之间越来越摇摆不定。许多新的学科正在开设，而在高等教育和科学研究日益结合的同时，又发展了边缘学科的教学工作。

学生团体的扩大，科研和社会机构的需要，都对高等教育提出了新的要求，有些人呼吁把大学当作社会改革的催化剂，这样便扩大了高等教育的范围。新型的结构，新型的学生和新型的课程都要求对选修课程和评定成绩的方法作出彻底的修改。学生参加学校行政管理和参加制订教学大纲的情况已日见增加。

现在全世界的教师已组成了一个重要的社会专业团体；在某些发展中国家，教师已经成为最大的雇佣劳动者的集团。

此外，还有一个总的倾向，即把教育扩大到学校范围以外。成人扫盲运动正在取得进展，但是正规的小学教育和扫盲计划之间的差别开始有点模糊不清了。中小学和大学正被大量的校外活动或校外辅助活动所补充，有时甚至被它们所替代，并且要求在这些活动中运用长久被传统教育所忽视或只是最近才被采用的那些方法。这种发展情况发生在两个主要的领域内。第一，这种情况发生在社会—专业的环境中，在这里有一整套为提供公民训练和专业教学所设计的活动，有一种为学生的提高、再训练和补习而开设各种课程的学校和其他教育机关；也有一种无需任何条件而接收学生入学的大学。第二，这种发展情况还发生在社会—文化的环境中，在这里，通过一些比较自由而灵活的结构，为自学提供各种不同来源的新的资料和数据；提供无数休闲活动的机会；并提供各种易于促使人们参加活动和相互教育的社会计划和社区计划。

---

① “关于学校规模的大小必须规定一个范围，但在这种情况下，就必须采取一些措施，为学生们在大学以外，在家庭里、在工作场所，或在某些合适的地方中心，提供受高等教育的机会”（詹姆斯·帕金斯：《高等教育的改革：这是一个不可能的使命吗？》，纽约，国际教育发展委员会，1971 年，临时文件，2）。

人们越来越重视教育发展和其他社会经济发展之间的互相联系。[①]

教育计划这个概念(一般公认它主要限于中小学和大学)在过去10年中,已被许多政府所采用。复杂的、技术上的(有时被视为具有魔力的)和方法上的计划,在各种不同的程度上是有效的。总的来讲,这种教育计划可以帮助人们合理地利用人力和财力。最后,教育正在普遍地试图超越纯粹说教的范围,而重视充分发展人类的才能。[②]

事实上,上述这些现象大多数还只是一种倾向,而不是普遍的实践,并且时常是以各种不同的形式表现出来的。但重要的是,即使在这种共同的倾向尚未出现的地方,或者即使当这种共同倾向已经产生各种不同结果的时候,这些共同倾向很少遇到相反潮流的反抗,而且丝毫也没有暗示它们在将来会采取其他不同的进程。

这并不是说,在其他发展的阶段上没有巨大的分歧,甚至对立的运动。教育是遵循着各种有机途径发展的。有些国家倾向于集中,倾向于国家控制和一个全球性的体系。[③]另一些国家则倾向于分散、放松政府的控制和较大的多样化。

事实仍然如此:许多发展显示出一种普遍的一致性,这种一致性产生于各种极不相同的见解、批评和抗拒,所以它就格外显著。这些极不相同的见解、批评和抗拒运动可以归纳成为四种主要

---

① 关于这件事情,本委员会的委员A·V·彼得罗夫斯基曾提请人们特别注意中亚各苏维埃共和国的教育发展,“这些国家在短期内在国民教育方面取得了惊人的进步”。

② “学校的使命不再是纯粹简单地传授一定数量的知识了(如过去它曾经做的那样)。一所基础学校的根本目的,尤其是指导教学的根本目的,在于使每一个人有可能自由地发展他的才能和爱好”(瑞典教育与文化事务大臣英格瓦·卡尔森)

③ 如在苏联,关于这个题目,本委员会委员A·V·彼得罗夫斯基曾用以下的话描述过苏联教育体系的基本原则:“公共教育的国家控制和集中管理;义务教育的普及;各个教育阶段开放入学;免费教育;各种类型教育之间的统一性与连续性。”

的倾向。

教育改革 第一种倾向是改革和改组现有的教育结构并使教学方法现代化。不管在社会经济方面有没有附带的结构变化，这种教育上的改革几乎到处都已提到议事日程上来了。政府当局、许多科学团体和教育工作者们已经明显地或含蓄地采取了措施和首创性活动，为国家进行重要的革新铺平道路。[①]在发展中国家，[②]已经发生了许多变化，这大半是由于中央政府发挥了首创精神的结果，虽然资力的缺乏和官僚主义惰性有时伤害了革新的热忱并使人倾向于等待别的地方实验取得成功。在一些具有巨大智力与财力资源的国家中，问题的深度和它的严重性(以及它们到现在为止遇到的失败)，已经为那些强调零星的措施没有效果而主张彻底改革的人们提供了有力的论证。

结构上的变化 有些国家近来遭受到一些社会动乱和政治骚扰。在这些国家里，教育领域往往也发生了深刻的结构变化，影响到学生的基础，影响到各个阶段的学生招收和修改课程，并在较小范围内影响到方法的现代化。[③]有些国家把教育视为广泛的群众运动，而每一个受过教育的人都有公民的义务去教育那些被剥夺了学习机会的人们。[④]在这些国家里面，最优先要做的事情就是要

---

① 我们可以在许多国家里找到全部体系的改革和显著的革新情况，例如，在美国和加拿大。在那里，有些地方发动的改革和进行的实验，特别是在课程的现代化和利用最先进的技术方面，使人留下深刻的印象；在德意志联邦共和国，改革的建议集中在民主化与实行综合中等教育上；在哥斯达黎加、芬兰、日本、墨西哥、荷兰、菲律宾、瑞典(在高等教育方面)、捷克(在职业教育方面)等国家里面，有些改革已在进行，有些改革已可预见；法国于 1968 年提出的教育政策大部分是有关高等教育方面的，但在其他部分也有反应。

② 例如，在玻利维亚、巴西、埃及、伊朗、卢旺达、突尼斯和委内瑞拉。

③ 智利、印度、印度尼西亚、秘鲁和坦桑尼亚，在不同的方式下，把这些方面当作促进它们进行改革的目标。

④ 古巴就是这种情况，特别它的扫盲运动的过程就是这样的。越南民主共和国的人民教育实验也是这样的情况。

把学校和它们的环境紧密地结合起来。有些国家企图把教育社会化而把开办教育事业当作与教育有关的人们的直接主动的职责，因而，把教育和国家分开了[①]，这些国家和上述国家有类似的偏见。还有一些国家认为教育非彻底革命不可，即使借助外力也在所不惜。[②]在这些国家，结构的变化是主要的。在这里，有人建议：应把教育与生产劳动完全结合起来，而学生不应再构成一个单独的社会集体。

在上述这些不同的实验中，我们应该有所区别：有些方面大部分是受现有的政治结构和特殊的意识形态所决定的；而另一些方面跟这些因素很少有直接的联系，因而能够比较广泛地加以应用。

激进的批评　第三种倾向主张教育"非制度化"，并在社会上"取消学校教育"。这种观点至今还没有实验上的根据，因而仍然处于理智的臆想阶段。[③]它们的根据是无保留地谴责"制度化的"教育，因而采取中间的方案或完全取消学校教育的激进计划。这个极端的论点是从这样一个准则发展出来的，即把教育当作每个社会

---

① 例如，在南斯拉夫，学校就是由代表教师、学生、家长和地方团体的代表委员会管理的。

② 例如，在中华人民共和国，"教育机构同社会的有力部门(从经济的意义上来讲，即生产部门；从政治的意义上来讲，即无产阶级)两者应结合起来，创造各种条件，使每一个教学单位和它所依赖的社会-经济集体能够发生完全互相依靠的关系，因而一方面用同一种精神去加速生产劳动，另一方面则有助于形成一种新的文化。关于这种互相依靠的关系的主要公式是三结合，即在每一阶段上，首先是无产阶级的革命代表，然后是政治和军事领袖，最后是教师与学生，把这三方面有机地结合起来"(L·范德米舒：《教育革命(中华人民共和国)》，第6页，巴黎，联合国教科文组织，1971年，国际教育发展委员会文献，革新汇编，13)。

③ 这个见解最著名的倡议者是I·伊利奇，他在墨西哥奎尔纳瓦卡的文献交流中心站(CIDOC)遇到其他的批评者，但在别的地方也有赞同这个主张的人。他们在他们所赞成的发展教育的各种可能性和他们所反对的教育活动的制度化之间，作了明确的区分。当伊利奇讨论到教育在未来社会中的作用时，他说：他并不反对把教育事业放在具有人性的全市居民手中，但真正的问题是"我们是以个人的成长实践(Praxis)这种形式扩充教育和教学大纲呢，还是按学校(scolac)一词的原意前进？"

中的一个独立的可变因素和社会矛盾中的直接因素。[1]学校当前在社会上的地位和它所受到的压力使学校不能再成为替人类服务的和培养"乐天派性格"[2]的真正教育工具。反之,它正在为各种受压抑的、互相隔阂的和失去人性的社会服务。因此,按照伊利奇的说法,各种机构应该予以"推翻";学校应该禁止开办,从而人们便可以恢复他们在社会上被正规的学校教育剥夺掉的自由;便可以恢复他们对机构的控制,从而可以重复获得他在教育工作中的首创精神。这种见解,就其绝对形式而言,看来并不符合世界上任何现有的社会政治范畴,但这种见解的创始人却认为,没有学校的社会迟早将会引起社会秩序的全面变化,很可能打破现有教育所陷入的恶性循环。不过即使赞同这种见解的人也认为,尽管青年人能够养成他们自己的品格,并且能够通过社会生活和实际任务的完成来学习,但这种学习还是需要某种形式的学校教育的。虽然如此,这些新的理论(近似青年知识界的其他运动)仍然使人感到兴趣,一方面因为它们激起了争论并发挥了思考作用,另一方面因为它们是以生动活泼的方式提出问题的。它们也帮助我们看到还有其他可能的(即使是极不相同的)体系。

抗议　第四种倾向由于学生本人的抗议而高涨起来。有些国家的政治家们、教育工作者们、科学研究者们与哲学家们,和学生本人与一般公众一样,都在不断地关心教育,在这些国家中便出现了这种倾向。

工人阶级由于面对这个僵硬的教育体系而发生了各种反应:

---

① "你的论述的新颖之处在于把教育当作社会中一个独立的可变因素,一个构成事物原因的要素,而不是具有依赖性和反射性的因素……在某些时候……政治理论与教育理论一起发生作用,好象一直是共同存在似的,所以教育理论看起来始终是一个有依赖性的可变因素,即教育体系的作用就是迎合社会需要"(在奎尔纳瓦卡与伊利奇的谈话摘要)。

② 所谓"乐天派性格",伊利奇是指个人具有与别人、与环境建立独立而有创造性关系的天赋能力。

家长们看到了子女的消极反应，学生们对于提供给他们的那些教育体系的价值表示了怀疑。人们对于这些反应的分析已经产生了有用的结果。学校体系仍然只是替知识界的杰出人才而保留的。学校体系仍然是创立这种体系并控制其法规与道德价值的资产阶级的产物。因而在这种过时的教育和客观现实之间便出现了脱节的现象，学生们对此感到迷惑不解。他们变得心灰意懒，把他们的精力白白地浪费掉，或者把他们的希望寄托到别的事情上去。

当广泛流传的批评渗入到壁垒森严的教育堡垒时，学生的抗议运动也为它本身在历史上创造了一定的地位。尽管学生的抗议有时具有模糊而天真的特征，尽管它的激进主义是两重性的，但这种抗议打开了一个缺口。而另外有些学生抱着漠不关心的态度，这是以其独特的方式，表示另一种形式的抗议。有许多国家的学生表示不满和缺乏热忱。这无疑也是抵制这种过时的教育体系的一个标志。①

人们对于教育的兴趣从来没有象现在这么高。在党派之间、在各个世代之间、在集团之间，教育已经成为一个争论的课题，而这个争论的课题往往具有政治斗争或意识形态斗争的性质。在富有实际意义的和科学意义的社会评论中教育已经成为特别惹人喜爱的主题之一。不象过去那样由少数开明人士向社会的权威人士客气地提出挑战，现在是由一群忿怒的，甚至是造反的学生大规模地提出挑战。在这里，我们就不难看出，当这种挑战发生时，为什么这些权威人士就会大吃一惊。目前科学研究所得出的许多结论都在

① “通过学生的行动，他们在教育保守主义的城垛上突破了一个不小的缺口；通过这个缺口，突然爆发了一连串久已存在的、不可避免的争论，而这些争论由于增加新的争论而扩大了；又由于缺乏耐性和新的希望而加剧了。正如在贫困、压迫和不公平的情况下所发生的事情一样，在这里受害人不再屈服于他的命运了。那些仍然接受有缺点和不完全的教育并把它当作自然秩序的结果的人越来越少了”（保罗·伦格兰德：《终身教育概论》第35页，巴黎，联合国教科文组织，1970年）。

破坏着一度认为不可动摇的某些准则的基础，但人们对于这些结论采取谨慎的态度，也是可以理解的。我们认为，当人们正在为未来岁月制订教育政策和策略时，所有这些形式的抗议，无论是明显的还是隐晦的，无论是和平的还是暴力的，无论是改良的还是激进的，都是值得我们想方设法加以考虑的。

那末在这许多分散而又同时存在的倾向中，在各种不同的方法、大量涌现的观点和善意的心愿之中，我们将在什么地方去发现当前时代的特征呢？

20多年来，人们始终只注意到几个主要问题——如何在数量上扩充教育事业；如何能使教育民主化；如何使教育体系的结构多样化；如何使教学内容和方法现代化。

几年前又发生了一个新的问题。[①]实质上，它可归结为三个问题：学校体系能否符合全世界对教育的要求？我们是否能够供给学校体系所需要的巨大资源？简言之，教育是否可能沿着我们所制订的路线，按照我们目前发展的速度继续前进？

为了比较充分地说明这个影响人类未来发展的问题的各个侧面，除了上述那些迫切有关的问题以外，还必须增加另一些不同的问题。

在目前事态之下，我们能够而且必须探讨教育在当前世界中的深刻意义，并且重新估计教育对于那些要为明日世界作好准备的新生一代所应负的责任。我们必须探讨教育的力量和理想，它的前景和目的。

---

① 关于世界教育危机的国际会议于1967年10月5日至9日在弗吉尼亚州威廉斯堡举行。作为这个会议工作底稿的一个文件说：世界教育问题来源于历史上同时发生的以下几个因素：学生人数增加，严重缺乏资源，费用飞涨，不能适应变化的结果，惰性与工作的低效能等（菲利普·H·库姆斯：《世界教育危机》，纽约，牛津大学出版社，1968年）。

在结论中，我们希望：负责教育的政府当局将利用国际组织所提供的帮助，认识到把教育问题置于一个全面的背景中的必要性，并且对下面这个最重要的问题作出答复——我们现在所设想的这个教育机器是否真正满足了我们时代个人的与社会的需要和愿望？

第二章　进步与极限

世界教育的现状是许多因素的结果。这些因素有：过去遗留下来的传统与结构，包括这些传统与结构所获得的知识与经验财富，以及附带而来的一些负担；当前情况对教育所提出的新要求和由这些要求所引起的一系列的思想、首创行为和实验；近年来学校发展方面的努力所产生的种种结果（虽然这些结果是互相矛盾的）。

数据是模糊不清的。统计数字揭示出两幅图景：一幅图景表明，人们对知识的要求和希望入学（或应该入学）的人数不断增加以及近几十年来教育活动的空前扩展；另一幅图景则描绘出，这种扩展似乎已经达到了极限以及可利用的教育资源在地理上的分布和社会上的分配显然不平等的情况。

重要的是，在求得进一步的结论以前，我们要强调对于统计必须采取谨慎的态度。我们要考虑这些统计数字对于我们进行比较分析是否可靠，是否准确。

一切统计必然意味着有所选择，而任何选择本来就是主观的。此外，统计是用来表达总数和平均数的，而这种总数和平均数就必然掩盖了其中的差别和差距，这种差别和差距也许是很大的。不管统计是多么客观，它们的价值只不过是供那些提出统计和研究统计的人们使用而已。

有关教育的统计的两个主要来源是：教育机构和人口调查。教育机构是受严密监督的行政系统的一部分，因而它们所提供的数据可以认为是可靠的。这种数据可以经得起考验，而且，经过一段时间以后，可以进行修改以保证其可靠性。但是在国际间进行比较时，这种数据仍不免有错误，而且这种错误还可能是严重的。至于人口调查所作的有关扫盲、入学人数等方面的报道就更不可靠了。由于这些数字不是从客观的访问中得到的，而通常是在不容许核对的情况下提出的，所以这些报道就更不准确了。

在为了比较而作出统计时，数据的不准确不是引起错误的唯一根源。对于各种类型数据的定义，也象统计技术一样，各国之间是各不相同的。这方面的情况再加上各种教育体系的结构之间的区别，这就意味着，需要比较的几套数字在许多情况下是不能互相比较的。而许多发展中国家又缺少合格的人员、技术设备和足够的财力去设置可靠的统计服务部门。①

最后，我们也不能忽视这样一个事实，即如果公共教育方面的进步能带来政治上的声誉，那末有关当局为了某种国内或国际的目的，总是过于夸张数字的含义。

如果我们保持一种谨慎和保留的态度，我们仍然可以从手头可用的统计材料进行数量上的分析，作出某种结论。

需要与要求

定义　教育需要和教育要求是需要明确定义的两个术语。现在我们来说明它们的意义。

每个社会都需要一定数量有教养的公民，他们多少具有一定

① 在统计学的定义中，这类名词如扫盲、初等学校教育、合格教师、经常开支、农村学校、技术教育、高等教育、社会科学等等，都有不同的解释。在报道方面也有差别；例如，关于入学人数可以在开学时报道，也可以在学年结束时报道，这时候的人数往往就要少些，而平均入学人数也许还要少些。强迫教育可能是四年、五年、六年乃至十年之久；在某些国家几乎全部学校都是政府办的，而在另一些国家则有大量私立学校。所以开支的数据容易引起误解。在有些国家学生是自动升级的，而在另一些国家学生就可能留级。任何分析教育效率的人都要考虑到这一点。在某些大学里学生在开学时并不要求立刻决定他的研究领域并可自由转入另一大学，在另一些大学里学生必须立即作出决定。当我们比较学生的流动情况时，就不能不考虑到这一点。

程度的专门资历，并对前景具有一定的看法，包括对结构变化的前景的看法。一般地讲，这种需要首先来源于经济，但也可能出于各种其他的根源，其中包括政府本身，因为它必须充实行政人员，并且在推动教育发展方面还可能有多方面的政治动机。在这些动机中最积极的动机是提高人民的文化水平和增进人民的觉悟，而这种动机是由于关心为更多的群众参加民主过程创造条件。

然后就有了教育的要求。这种要求，虽然是由个人（包括家长）提出来的，但成了一种集体的事情。

四点说明　在我们对教育发展的这些组成部分作更严密的分析之前，我们必须先作下列四点一般性的说明。

第一，需要和要求之间的相互关系并不总是自然地和谐一致的。

第二，在这两方面都可能发生不均衡的状态。事实上，在许多国家，需要先于要求并超过要求。但在其他许多国家，则要求大于需要。

第三，在许多部门，在大多数国家中，这两个因素是不相符合的（即使在需要与要求之间似乎存在着普遍平衡的地方，情况也是如此）。有这样一种似非而是的现象，即当教育体系想赶上经济波动时，这种不一致的情况就更为显著。有些国家在初步努力满足经济需要之后，就不再机械地使教育仅适应于这种形势，而开始给予教育更广泛、更复杂的任务。那种不一致的情况在这些国家就不那么尖锐了。

第四，教育需要和教育要求，无论其各自的增长率如何不平衡，无论其结果如何不一致，这两方面都正在日益猛增。这种教育需要与要求增加的影响几乎在全世界都可以见到。影响的形式是：入学人数的大量增加；学习时间的持续延长；扩大对校外教育的支援；国家资源以空前的份额分配给教育事业。

在教育扩充的许多原因中，有人口的增加、经济的发展、人类知识的增加、社会的改革和心理上的动机，每种原因都是重要的，但最有决定性的似乎是社会—经济的原因。因此，教育的扩展就可能受到政治上的选择和意愿的影响，并部分地为它们所控制。

人口的因素 但是人口的增长是一个根本原因。那种大加宣传而往往令人害怕的"人口爆炸"本身就包含有更可怕的"学生爆炸"。人口问题是当前科学上、社会学上、政治上、意识形态上、哲学上，甚至道德上争论非常热烈的课题。但是这里不是阐述人口问题的场合，更不是讨论它的解决办法的场合。

有两件事实足以说明这个课题的各个方面。①

1. 从 1960 年到 1968 年第一个"联合国发展十年"中，世界人口从略少于 30 亿增加到差不多 35 亿人。在 8 年内猛增了 17%，每年的增长率略低于 2%(见图 1)。

2. 就在这 8 年内，世界学龄(从 5 岁到 19 岁)人口的总数，大约从 9.55 亿增加到 11.5 亿，或将近增加 20%，每年增长率为 2.35%，比世界人口增长率差不多高 20%。

在本世纪余下的几十年里，预计普通学校和大学年龄的人数将增加 10 亿以上。这表明每年可能平均增加 3600 万中小学和大专院校的学生。

这些数字甚至还掩盖着问题的严重性，因为这些涉及全世界的数字把工业化国家和发展中国家的数字混在一起，因而就掩盖了世界大部分地区的真实情况。

人口的增长(不仅包括出生率的增加，而且包括死亡率的下

---

① 本章所用的一切统计数字均由联合国教科文组织统计办公室提供。这些教育数据不包括中华人民共和国、朝鲜民主主义人民共和国和越南民主共和国的统计数字。但在单独提到人口数据和扫盲统计数字时，这些国家都是包括在内的。在表格里作为分开的一类所提出的阿拉伯国家的数字，则用括弧加以表明，因为这些数字已部分地包括在非洲和部分地包括在亚洲的项目之下，对所包括的国家和材料来源进一步的说明，请参看附录 5，"教育统计，注释"。

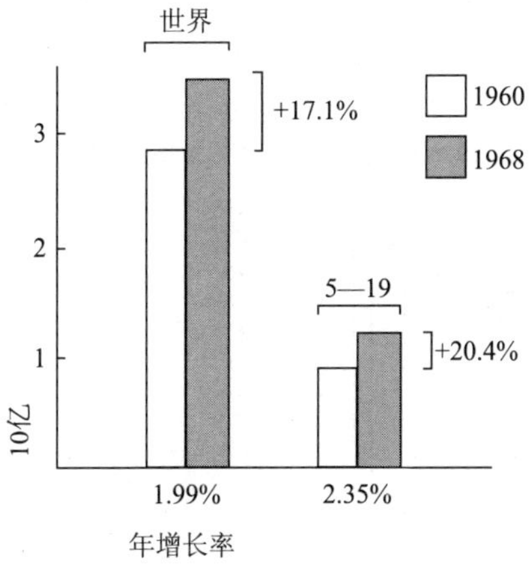

图 1　1960—1968 年人口增长：世界总人数和 5—19 岁年龄组

降，因而也包括平均估计寿命的延长）在各个国家并不一样。它所造成的问题在某些地区远比其他地区更为尖锐（见图 2）。有四个地区的增长率已经超过世界每年平均增长率的 1.99%，特别是这些地区人口增长率仍倾向于上升到更高的程度，而在那些增长率接近于或低于平均数的地区，其增长率的速度则正趋于缓慢。

经济发展的要求　教育扩展的另一明显原因来源于经济的发展。更多的男女直接参加到日益复杂的经济活动中去。经济扩充了，就需要更多的技术工人，而且技术上的变革改变着传统的行业或增加了新的职业，因而要求大规模的训练或再训练。任何着眼于刺激国家经济的活动事先也要在教育方面作出相应的努力。此外，迄今停滞不前的农村传统经济也产生了新的要求。这就使得青年人和成人，特别是那些迄今被排斥在有组织的教育之外而处于不利地位的人们对教育提出了迫切的要求。

从早期的工场到产业革命，从明治维新到第一个苏维埃五年计划，巨大的经济运动总是伴随着教育上的扩展的。今天的许多事实证明,经济发展的要求和新的就业机会的出现强烈地激起了教育上的扩张。

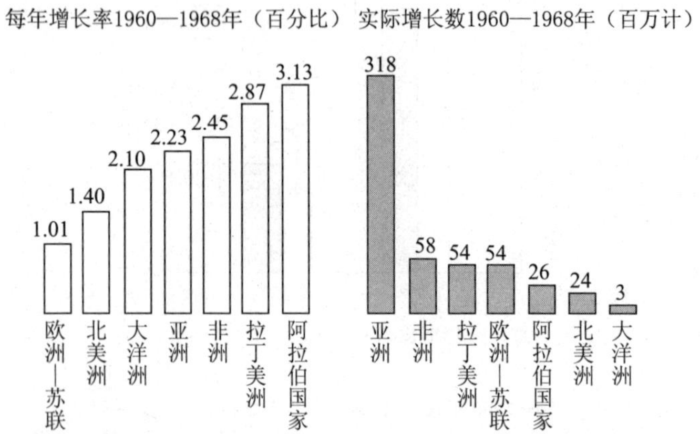

图 2 各地区人口增长:人口总数

从经济和就业的角度来看,主要有五类人给教育带来了特别严重的问题。头两类人是那些从未进过学校而实际上缺乏任何工作准备的青年和那些离开学校过早而很难说有较好工作准备的人们。其他三类人的情况引起了人们的另一种关注。其中有一类是青年人,这些人已经在相当高的阶段上成功地完成了正规学习,但他们的训练却不适应经济上的需要;还有一类是成人,他们所从事的职业是他们过去从未受到训练过的;再有一类是专业人员,他们过去所受的专业训练已不符合当前技术发展的要求。这五类人的数目最近几年都有了增加。这种情况表明,教育常常是同经济动向和社会广大部门的需要不协调的。因此,在许多情况下,尽管教育经费不断增加,而事实上却在培育着越来越多不合用的人。

70 年代的发展目标将更为广阔而复杂。经济目标越来越难以同社会目标分开,教育政策必须更多地考虑到它们之间的密切配合。60 年代仍为发展的两极化思想所支配，这种思想，从技术统治论的观点来看，是过高估计了建立工业化“小岛”的效果。今后几年的一些主要特点将着重致力于更显著的经济发展，采取强有力的行动支援农业和一般农村地区，形成更加开明的舆论，争取大部分人民的积极参加。

前 10 年，人们的兴趣主要集中于规定数量标准、训练专业和行政人员，以及建立行政管理机构。但目前的 10 年，人们全神贯注的多半是业已引人注目的失业问题和改革社会结构的需要。如果经济发展的结果没有废除特权和促使人类更为公平，那末这种经济发展是没有意义的。①

过去，社会容易满足于（象德尔凯姆所说的那样）“不断更新它本身存在的条件”。但是在目前社会—经济、科学技术发生变革的年代里，社会就不能再这样了。社会需要教育人们能够适应变化，乃至促进变化。②

---

① “发展的最后目标必须是使个人生活不断得到改善并使全体人民都得到利益。如果特权、过度的财富和社会上不公平的现象继续存在，那末发展就失去它的意义了。这就要求发达国家和发展中国家在经济和社会生活的各个方面，即在工业与农业、商业与财政、就业与教育、健康与住房、科学与技术等各方面，采取联合而集中的行动，并在此基础上制订一个全球发展的策略”（1970 年联合国大会：“联合国第二个发展十年的国际发展策略”）。

② 换句话说，“如果在 70 年代人们把教育视为达到较大范围的经济与社会目标的一个手段，那末教育体系之是否有效就要涉及到较大范围的一系列目标。把这个问题换一个方式来说，即教育如何利用资源，以实现社会为它所确立的目标？”（国际合作与发展组织，1970 年）。两位苏联专家下列的言论具有类似的意义：“预测教育发展（尤其数量上的发展）的一个主要困难是，在这个领域内所用的基本方法是一种推测的方法。当然，如果我们指望在一个稳定的经济社会条件中能有一个平稳渐进的教育发展的话，那末从过去和现在的最主要的倾向中作出推测，就将是研究未来的一种理想的方法。但是我们并没有可靠的根据来设想这种情况的存在。因此，我们不可能把预测教育发展当作一个孤立的问题。对教育发展的预测只是各国或各个国家集团预测社会经济发展的一个部分，虽然是一个很重要的部分”（A·I·马科基维奇和 A·V·彼得罗夫斯基：《教育往何处去》，巴黎，联合国教科文组织，1971 年国际教育发展委员会，意见汇编，4）。

政治上的考虑　由于我们较为明确而审慎的考虑，我们还留心到其他一些情况。这些情况也有助于我们说明何以政府目前对教育的兴趣不断增长。在许多国家里，教育，特别是扫除文盲，看来是加速和保证国家统一的最好方法。就新独立的国家来说，迅速的教育发展是民族解放的一种形式，是整个非殖民化过程的一个重要方面。借助于改变教育体系的某些已确定的特点，政府当局可以尽力削弱社会特权集团的统治权，并为提高生活质量而创造或重新创造某些基本条件，使一个贫困的民族能够同一些物质上富裕的民族作有效的比较。①

人民压力的影响　政府推动教育的发展也许有多种动机。教育的发展也从另一端得到进一步的刺激——即来自家长方面的和来自现有的与未来的学生方面的压力。无论这种压力采取的形式是要求、抗议乃至政治的敌对状态，它的效果和官方扩充教育的政策所产生的效果是一致的。

社会对教育的要求正在不断增加。某个阶段的学生要争取升到更高的阶段。家长们一般希望他们的子女得到比他们自己更高程度的教育。即使教育所开辟的广阔前景实际上是虚幻的，人们仍是把教育视为促使社会变动的基本手段。在发展中国家，大学学位和文凭往往取代了古代封建社会通常承认的头衔和特权，尽管朝代改变了，它们的许多社会结构还依然存在。这种对于声誉和形式

---

① “现代教育的实质在于追求良好的生活质量，这就为贫困的而在物质上落后的社会提供了新的希望和机会。如果一个发展中国家具有正确的教育，它就可以得到满足、和谐和互相了解，而这些方面是一个比较富裕的共同体所不理解的。的确，在最终缩小富裕与贫穷的差距上，教育可能是最有力的因素，而现在这种贫富差距按每人的收入来说，扩大得非常惊人。虽然在短时间内教育还不能使穷人和富人的现金收入平等，但在提高他们的生活质量方面，教育确能贡献很大的力量。影响一个人内心精神状态的教育革命，堪与人类在外界空间的那些眼花缭乱的成就相比。如何把科学和精神结合起来，这是对那些追求更新教育的人们所提出的主要挑战”（普雷姆·柯帕耳：“南亚教育的现代化：质量上的研究”，《国际教育评论》，第 17 期，1971 年）。

的考虑有时强烈地影响着教育体系的方向和分配给各学科的资源。

社会学对教育的要求 因此，教育要求的增长，虽然基本上仍然为经济发展的需要所决定，但同时这种增长还要符合社会学特有的逻辑，所以劳动市场的供求法则至少在短时期内远不是直接发生作用的因素。要懂得为什么教育要求的增加还要遵循社会学本身的法则，我们仍然免不了需要对社会—经济方面的发展进行分析，而并不需要为荒谬的动机强词辩护。人们之所以要这样做的确也有他们的道理。一个人为了获得学位而从事学习，他不仅是着眼于明天，而且着眼于他的整个一生——他的一生可能在2000年左右达到高峰。如果他相信(即使是无意识地相信)，经济发展将会加快，就业的机会将会增多，对于资格的要求将会逐步提高，因此他要获得学位，将来可能得到好的职业；如果他认为，这样的希望即使不是他自己的权利，至少也应该是他子女的权利，对于这种想法我们又怎能加以责备呢？

有人企图直接按照人力的预测与经济发展的规划来培养合格人员，使学校体系的组织合理化。但是这种想法却首先受到家长们的反对，因为这样一来，他们的子女可能得不到现代经济部门所要求的那种教育，因而就没有机会求得这些部门的职业，特别是当它吸收人员的能力有限的情况下。结果，政治当局充分考虑到家长的希望而经常施加压力，要求教育体系在一种职业尚未出现之前就为这种职业培养人才。这些毫无根据的希望以及随之而来的失望至少还有一点好处，它使人们能够经常敏感地觉察到教育体系方面的某些真正的缺点并鼓励公共舆论发表评论，这可能会产生有益的效果。

把这些需要和兴趣结合起来，就说明了为什么会有一种空前的压力要求各个阶段的和各种形式的教育。

教育要求的地区分布 这种压力虽然到处都有，但世界各地所感受到的这种压力的程度并不一样，因为24岁以下的人在各地的分布不平衡，学校各阶段入学人数不同以及社会—经济的条件各异（见图3和表1）。

发展中国家对于教育的潜在要求在小学和中学阶段仍然最大——这两个阶段的学生人数最多。

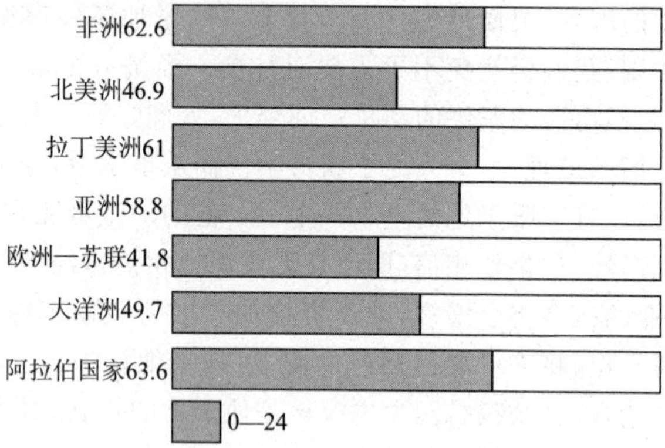

图3 1968年各地区0—24岁年龄的人数占总人数的百分比

表1 1967/1968年入学率（百分比）

地区	初等学校学龄儿童（在任何阶段）	中等学校学龄儿童（在任何阶段）	高等学校注册学生（20—24岁的青年）
北美洲	98	92	44.5
欧洲和苏联	97	65	16.7
大洋洲	95	60	15.0
拉丁美洲	75	35	5.0
亚洲	55	30	4.7
阿拉伯国家	(50)	(25)	(3.1)
非洲	40	15	1.3

在发达的地区(北美洲、苏联、欧洲、日本和大洋洲的一部分[①]),对教育日益增长的要求集中在中学和大学阶段。图 4 表明:在发达地区小学入学人数的比例占所有学生总数的 54%到 68%,而其他地方的入学比例仍然是 80%左右。

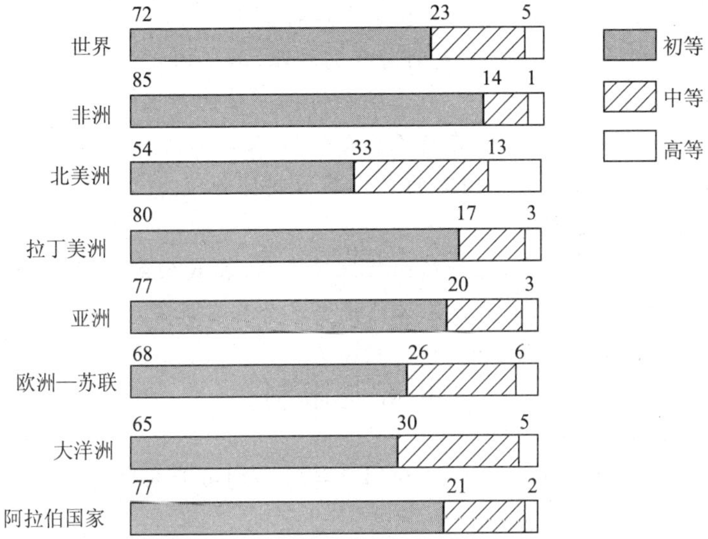

图 4　1968 年各教育阶段学生分布(百分比)

在有些发展中国家和工业化国家,普及小学教育实际上已经实现了。工业化国家的中学入学率已经超过 70%,最先进的国家则已经达到了 90%。可是发展中地区全部人口的一半以上尚未进过学校,这些地区的青年进中学的不满 30%,升高等学校的不满 5%。

根据上述事项,我们知道,各种政治的、社会的、人口的和经济的因素近年来对于教育需要和教育要求在数量上的发展曾发生过

① 澳大利亚和新西兰。

巨大的影响，而且在质量上也有着同样突出而集中的效果，尽管还有它们的矛盾的方面。这些因素不仅使社会和政府当局而且（就其全体而言）使个人对教育的态度都发生了决定性的变化，因而我们可以说，从现在起，即使教育还没有在全体人民中取得它应有的地位，它至少已为每一个人作出了一定的贡献。

对于教育的要求是我们时代的特征，其范围之广和力量之大是空前的。这种演进——由于种种协调一致的原因——正在世界所有地区发生着，无论其经济发展水平、人口增长率、人口密度、技术进步的程度和每个国家的文化政治制度如何。这是一个无可争辩的普遍历史现象。

一切迹象表明，这种倾向将继续高涨。在我们看来，这是不可逆转的。将来制订教育政策必须根据这个基本事实。

扩充与限制

大多数政府已经宣布：它们准备尽一切可能来满足这些要求和需要。

扩充的加快 从 1960 年到 1968 年这 8 年间，入学总人数从 3.25 亿左右上升到 4.6 亿左右（见图 5）。增加了 1.35 亿人，也就是说，增加了 40%以上，每年平均增加 4.5%，即高于相应的入学年龄人数增加率的 100%和世界人口增长率的 135%。

此外，学校教育的扩展，就世界范围而言，大概还高于联合国教科文组织所公布的数字。虽然我们得不到有关中华人民共和国、朝鲜民主主义人民共和国和越南民主共和国教育发展的确切数字，但估计这 3 个国家的入学总人数接近 1.5 亿，这就使得上述全世界的数字增加三分之一左右。如果我们再把进入学前儿童教育机构的大约 4000 万儿童包括进去，我们可以颇有把握地说，全世界接受正规的、制度化教育的人数已接近 6.5 亿。

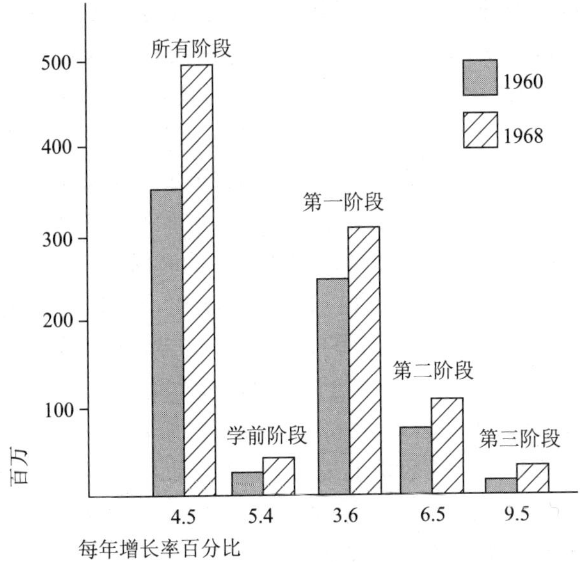

图 5　1960—1968 年入学人数

趋向于普及学校教育　整个世界现正走向同一目标:普及学校教育,这件事正在引起人们的注意。普及教育在有些国家还没有用法律规定下来,或已有法律规定但尚未实行。在这些国家中,它们的目标是普及初等教育。在有些国家中,已经完成了或正在完成基础教育,在这种情况下,它们普及的目标是"初等学校的高年级"或中等教育水平(见附录 9)。无可置疑,许多国家在较早时期就延长了某些传统形式的或宗教形式的基础教育,因而上述普及教育的事实就更为显著了,因为给予每个儿童以初等教育的这个原则,仅仅在一百年前,而在大部分地区,仅仅在几十年或几年以前才提出。在这样的短时间内取得这样巨大的进步,这主要是由于发展中国家努力的结果;当然,那些至今尚未规定强迫教育的国家(总数有 20 个)也不一定就是这方面用力最少的国家。

在这一类的活动中，法律不一定就会成为事实。决定和计划是不容易变成现实的。有许多国家，在它们的短期的或长期的规划中，在它们的法律条文中，在它们庄严的宣言中，乃至在它们的宪法中，都确定了它们的教育目标，但无可否认，它们并没有达到它们的目标（从官方数字本身，我们就可以看到——如我们在上面已经注意到的——这些数字也不一定保证它们在客观上是真实的）。

当初等教育入学人数增加到相当多的时候，高等教育、中等教育和学前教育在世界范围内的进展甚至比小学教育的进展还要快。中等教育的进展比小学教育要快一倍半，高等教育要快两倍多。在 1960—1968 年的 8 年间，各阶段教育增进的百分比如下：高等教育，＋107；中等教育，＋65；学前教育，＋45；小学教育，＋33。

教师的补充 从数量上说，为了教育的扩展而补充教师的问题大体上已经解决了。尽管在 1960—1968 年的 8 年间，学校入学人数的比率每年平均增加了 4.5％，但师资力量的增加不仅等于这个比率，而且还超过了它，即每年平均增加 4.7％。教师的人数从 1260 万增加到 1820 万，普遍增加了 50％。

校外的潜力 要对全球的教育情况有一个全面的看法，我们还必须在上述学校的增长之外，加上大量增加的校外活动。这些校外活动包括：教育广播、电视广播（公共的和私人的广播）、成年识字计划、人民大学、函授课程、各种文化活动、学术研究等等。此外，主要在工业化国家中，还有各种各样职业方面的教育活动：学徒培训计划、工人的提高课程、高级训练与改装训练课程、管理训练计划和研究班课程等等。①有许多媒体，从它的广义讲来，可以或可能用于教育目的，但并不限于严格的教育活动和教育方法，它们的

① 例如，在德意志联邦共和国，工业界本身就管理着 90％的工业训练。在美国，工业界用于技术职业训练方面的费用估计等于公共教育总开支的三分之一（或超过 100 亿美元）。

发展也可以包括在教育扩展的范围以内。这类媒体有：报刊（适合一般兴趣的日报有 7,980 种，总印数为 35,000 万份，再加上 61,500万份期刊）；书籍（1968 年出版了 487,000 种）；图书馆（国立的、公立的、普通学校的、大学的和专门机构的图书馆共有 798,297所），拥有图书 500,000 万卷；14,374 所博物馆，每年有千千万万的人前去参观；67,400 万架无线电收音机，从 18,850 个转播站收听节目；大约 25,000 万架电视接收机，收看 13,140 个电视台的节目；以及许许多多影片，分配给由 252,000 家电影院组成的电影网。

部分不可靠的数字　乍看起来人们对上述提到的增长率和数字是感到满意的，但下面两项事实却大大地降低了这种满意的心情。

首先，从 1960 年到 1968 年，年龄在 5 岁至 14 岁之间的不能上学的儿童的绝对数字增加了 1700 万。这意味着，每年近 200 万儿童被剥夺了受教育的权利。

其次，这里把全世界的各种统计都混在一起计算，这便造成了特别不可靠的幻想。在 4 个远远落后于其他地区的地区内，结果显然比需要或希望要差得多。事实上，在上述的 8 年中，进入初等学校或中等学校的学龄儿童的总人数在非洲只增加了 4%，在亚洲不超过 9%，在拉丁美洲和阿拉伯国家不超过 10%。

如果我们设想人口增长率和入学人数，按照过去 10 年的速度继续发展下去，结果必然是：到 1980 年，学龄在 5 岁至 14 岁之间而未能入学的儿童人数将接近 2.3 亿人。

扫盲和文盲　如果没有关于成人文盲的统计，任何关于世界教育的情况报道都将是不全面的。表 2，就表明这种有关成人文盲的统计。

表 2 世界文盲的统计

年份	世界(15 岁以上)成年人口(单位百万)			文盲比率(百分比)
	总数	识字人数	文盲人数	
1950	1,579	879	700	44.3
1960	1,869	1,134	735	39.3
1970	2,287	1,504	783	34.2

文盲的百分比是缩小了,但文盲的人数还在继续增加。然而在这种初看令人失望的结果中,却有一件无可怀疑的事实:如果识字人数按照前 20 年同样的比率增加,成年文盲在 1970 年应上升到 8.1 亿人;但事实并非如此,成年文盲人数比这个数字少了 2700 万。这是第一次把过去增长的势头倒转过来了,因而这可以看作是一个转折点。

然而,如果我们只粗略地看一下世界统计之后,就对发展中世界广大地区真实扫盲的情况抱太多的幻想,那将是错误的。因为在工业化国家里文盲的最后堡垒已被征服或被摧毁,所以这些统计数字反映实际识字的情况就越来越不正确了。根据 1970 年的估计,在非洲和阿拉伯国家,15 岁以上的每 4 个成人中只有 1 个能读能写,在亚洲成人中不到一半人是识字的。在绝对数字上,估计拉丁美洲有 4000 万文盲,在阿拉伯国家有 5000 万文盲,在非洲有 1.43 亿,而在亚洲则有 5 亿文盲。

至于将来,根据教育统计专家初步估计,预料 70 年代的结果实际上将比 60 年代所记载的人数更多。这个预测是以小学入学人数的增加,扫盲计划的实行和人的年龄日高等情况合并起来所期望达到的结果为根据的。假定预测 70 年代末世界成年人口为 28.23亿,并假定那时候约有 5 亿人能读会写,那末到 1980 年仍会有成年文盲 8.2 亿人,世界成年文盲的比率为 29%。

从扫盲运动中吸取的教训 这个问题还有它另一个不同的方面。扫盲运动似乎在有些地区正在产生结果,但这种结果往往是纯属形式上的，对于教育发展并无任何真正有意义的结果。总起来说，扫盲运动并没有达到今天普遍认可的与文盲作斗争的真正目标。扫盲的目的并不是单纯使一个不识字的人能够识得几个字，而是要使他更好地同他的环境协调一致，更好地理解生活的真正意义，提高他个人的尊严，接近他认为有益的知识源泉，掌握他走向美好生活所需要的实际知识和技术。但是许多国家过去在这个运动方面动用了巨大的（这个字眼我们用得并不过分）人力，而它们所获得的结果比较起来则十分微小。有些国家曾经发布公告，说明它们在这方面已经取得巨大成功，并从而获得了国际上和政治上的声誉，然而这些公告却往往是言过其实的。当我们考虑到这些情况的时候，我们很可以把这种令人失望的经验当作及时的警告，以防止发生危害当前学校扩展运动的情况。

许多国家并没有能够达到它们的目标，而许多政府又曾作了不可能实现的许诺。家长和青年人怀有很多的希望，这些希望或是产生得过早，或是根本还没有条件提出来；这些希望继续受到挫伤。当我们觉察到这些失望的情况时，我们就应该对许多问题重新予以考虑，并小心不要把值得称赞的意愿和现实混为一谈。否则，我们就会冒造成不利情况的危险和在这个特别微妙的社会活动领域内遭受指责的危险，指责我们屈从于蛊惑人心的宣传。

但是智慧不只是使计划、许诺和希望去适应所采用的手段。智慧还涉及到不仅要寻求更多的手段，而且要寻求其他的手段，以便可以用一种新尺度去扩大范围。

记住这一点，我们就可以用以下的话来作结论了：

自从第二次世界大战结束以来，我们已经作出巨大的努力以增加儿童和青年入学的人数并同成年文盲作斗争。这已产生了相当大的成果。然而，即使这种努力已经达到了它的极度，如果我们所采用的手段仍然和过去一样，这种努力也决不能满足可预见的未来需要，这一点正变得越来越明显了。

因而便产生了这样一个问题：我们应否仅仅依靠现有的教育体系来实现当前的任务呢？当今世界的特点表现在以下几个方面：人口爆炸、经济发展与向饥饿作斗争的迫切要求、科学与技术革命、知识增多、群众崛起、民主思想所产生的后果和所出现的新表现、情报与通讯传播的扩大和激增等等。这个世界正在和将要对教育提出许多新的要求。如果要使教育的任务不致遭受失败，还有什么新的手段可供教育使用和必须为教育所使用呢？

资源与手段

教育的扩展，要求并将不断地要求大量增加开支。

全世界的教育开支　1968年公共教育开支上升到大约1,320亿美元，与1960年到1961年的544亿美元相比，仅仅在8年之内就增加了将近150%。[①]

这些数字并不包括中华人民共和国、朝鲜民主主义人民共和国和越南民主共和国的开支。这些数字也不包括许多国家分配给私人教育事业的信用贷款，或各个政府机关如劳工部、农业部、国防部为教育活动所付出的开支，或各个公共团体如广播站或电视台等广播教育节目的费用。这些数字也不包括许多国家用于无数校外的、非政府的教育活动的费用，或家庭用于学生的饮食、衣服、

① 估计全世界教育开支的任何尝试都要遇到很大的困难。这不仅因为可获得的数据是零星片断的，而且因为把各国的货币换成一种汇兑本位的货币（美元）会产生一些根本性的问题。因为缺乏完全的和可靠的情报，此处所提出的数值只能视为接近于总的估计。按时价所表示的开支，其增加在某种程序上（约为5%—6%），应归之于通货膨胀的影响。（虽然1960—1968年间，某些拉丁美洲国家和亚洲国家的通货膨胀远远大于其他国家，但是把各国货币换成美元，就大大地弥补了这个差距，因为所采用的汇兑率把各国货币根据美元估价而实际出现的贬值也计算在内了。按照常价计算开支一定会遇到技术上的困难，我们不妨抛开这种困难，而以时价进行估计，看来更适合我们的论点，因为这主要是根据教育开支和各国资源的总量之间的比较，或是根据这两方面的增加率和其他按时价表示的指数之间的比较。）

装备和交通方面的大量费用。[1]如果把这些方面的开支都计算进去,作一全面的估计,全世界每年用于教育上的开支或许要超过2,000亿美元。

预算的开支 单就政府财政而论,教育经费在国家预算中的比例正在普遍上升。按地区来说,1960—1965年的增加比例如下:非洲,从14.5%到16.4%;北美洲,从15.6%到17.6%;拉丁美洲,从12.2%到15.4%;亚洲,从11.8%到13.2%;欧洲和苏联,从13.5%到15%;大洋洲,从10.4%到15.7%。以全世界而论,国家预算为教育开支所提出的比例从1960年的13.5%上升到1965年的15.5%;现在大概是16%。1967年18个国家分配给教育的经费,占全部预算的20%以上,而在1960年只有6个国家是这样分配的。

教育开支与国民生产总值 一个更为重要的事实是,世界范围内,各国政府平均支出的教育经费比世界平均国民生产总值(这里不包括中华人民共和国)增加得快,因为教育费用在1960年占世界平均国民生产总值的3.02%,而在1968年则占到4.24%了(见图6)。在各地区,教育经费比例是在3.6%(拉丁美洲)和5.9%(北美洲)之间。

教育费用的相对增加 如果我们把全世界传统的学校体系中三个教育阶段上入学人数的增加和用于这些教育阶段的费用的增加比较一下,我们就看到:从1960年到1968年这段时期的入学人数,每年上升4.5%,而每年教育费用的相对增加则是11.7%。各个地区在同一时期的增加比例见表3。

学校的浪费 增加教育经费并没有阻止传统教育体系显示出

---

① 这种时常被忽视的开支是大量的。最近一项研究(皮埃尔·多玛德:《法国教育经费》,巴黎,1969年)说明,在1964年,一个家庭直接用于有关子女上学的费用平均每人1,180法郎——总数为770,000万法郎,相当于公共教育开支总数的44%(1,740,000万法郎)。

其严重无效的病征。这些病征中最显著的一种就是浪费的程度，也就是学生重读或停学的比例（见表 4）。联合国教科文组织于 1969 年对 1960—1961 年和 1967—1968 年的情况作过一次调查研究。这个研究曾把这个问题的各个方面作为典型提出来过。

表 3　1960—1968 年入学人数与教育经费每年增加的百分比

地区	所有三阶段入学人数	分配给教育的经费
非洲	6.2	10
北美洲	3.0	12.1
拉丁美洲	6.2	11.3
亚洲	5.6	14.1
欧洲、苏联	3.0	11.0
大洋洲	3.7	11.7
阿拉伯国家	(6.6)	(8.5)

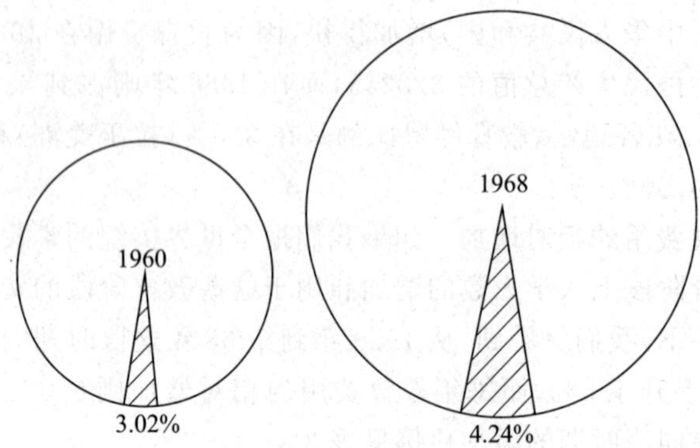

国民生产总值：
18, 000亿美元
教育经费：
544亿美元

国民生产总值：
31, 000亿美元
教育经费：
1, 316亿美元

图 6　1960 年与 1968 年教育经费与世界国民生产总值的百分比

表 4　各地区第一阶段教育中学校浪费值

地区	各地区国家的投资/产品比率的最大值	投资/产品比率的平均值
非洲	1.24—3.55	2.00
拉丁美洲	1.53—2.42	1.90
亚洲	1.00—2.48	1.31
欧洲	1.00—1.56	1.20

1. 浪费的费用，从非货币的方面来讲，是用每个完成学习的毕业生"所用的学习年限"和这个教育阶段或教育周期持续时间之间的关系来表达的。这就产生了用来衡量内在效率的一种投资/产品的比率。这种比率对于在最适宜的条件下起作用的体系必等于 1；浪费的"费用"就用这个比率数字和 1 之间的差额来衡量。本表数字是根据从 18 个非洲国家、13 个拉丁美洲国家、13 个亚洲国家和 11 个欧洲国家所收到的数据计算出来的。

在世界半数国家中，有一半的入学儿童没有完成初等教育。即使我们仅仅考虑在第一、第二或第三年离校的学生——即大部分没有获得一点真正好处的人——事实上许多国家在他们身上已经花去了占国家教育预算总数的 20%到 40%的钱。

因此，从数量上讲，这种浪费是一种极其严重的现象。但是它却有一种进一步诊断的作用，它说明：产生这种浪费现象的教育体系是没有效用的和不完善的；而且也清楚地说明：经常所引述的教育经费名义上的增加同教育活动实际所得结果较少之间的矛盾主要是由于质量上的原因。

财政资源的分配　要从教育开支上求得更大的收获，财政资源的总量并不是唯一的决定因素。在许多方面，如何分配财源的方式更为重要。从这个观点来看，国家的教育开支仍然继续集中用于制度化的教学机构，留给上学的儿童和青年人。[①]

这样编造预算，尽管具有常说的意图，仍然表示它是按照常规进行的，它总是按照中小学生和大学生的特殊利益来分配大部分的国家经费的。这反映一个旧观念，认为学校教育乃是唯一有效的教育而学习的时间仅仅限于传统的入学年龄。

学校的特别财政开支 在大多数国家里（因而也对大部分人民），这个狭隘的观念，这种片面分配经费的办法，从根本上说来是不公平的，这一点越来越明显了。对世界亿万文盲来说，学校并没有什么帮助。在发展中国家，今天，近乎半数的小学学龄儿童，不管怎么样，都注定没有上过一节课。即使我们承认，系统的、严格的学校教育在教学和教导上是具有优越性的。但是一方面人们关心各方面平衡发展，另一方面社会与经济发展又提出了许多要求，而这两方面结合起来，似乎有必要提供一种更为直接、更为实际、更为广泛和更为生动的非传统的教育方式，以避免当代每两人中有一人不能入学，和在未来的几代中，有更多的人不能入学的情况。就每一单位的费用来说，我们可以用比现体系较少的开支，来达到这一点，因为我们的目的在于尽可能广泛和迅速地使无数从未上过学的或离开学校过早的青年不再感到他们已被遗弃，并进一步为广大的成人文盲提供继续学习的机会。

这是否说，要逐步地重新分配财源，减少分配给学校教育的款项而把节余下来的钱拨给校外活动呢？当然不是这样。但是既然事实上国家教育经费逐年都在增加，那末我们就必须在这个增加

---

① 以下列数字（百分比）为例，表明3个国家的预算分类，证明教育经费分配不平衡：（甲国），初等教育39，中等教育18.1，大学18.1，私立学校津贴4，其他项目6.8，一般行政10，其他政府机构4；（乙国），初等教育46.8，中等教育13.1，高等教育15.8，技术与专业教育10.2，师范教育5.7，行政及其他项目（如分配到推广事业与文化活动的费用）8.4；（丙国），初等教育50，普通中等教育31，中等技术教育6，专业教育6，其他项目7。

的数额中决定，多少应该用于发展和改善正规的学校制度，多少应该划归其他方面的需要，特别是，多少应该划归成人教育、学前教育和教育技术的发展。有利于后一方面的分配是通过重新编造预算和增加款项的办法决定的，它将开始逐渐修正教育预算的内部结构。

较慢的增加率 这件事越来越迫切了，因为有一项检查教育开支普遍倾向的结果表明：尽管经费的增加仍然相当大，但在过去几年中这种增加开始缓慢下来了(见表5)。(然而很难确定，至少一般地讲，这种发展在多大程度上是入学增长率同时减慢的原因，而在多大程度上又是它的结果。)教育开支的增加从1960年到1965年间的平均数12.1%下降到1967—1968年的10.5%(入学人数的增加从1960—1965年的5%降低到最近的3.6%)。更为详细的分析已经表明，在考虑中的7个地区中有5个地区已经发生了这种现象。

表5 世界公共教育开支增加的比率(百分比)

地区	平均每年增加比率 1960—1968年	增加比率 1967—1968年
非洲	10.0	9.2
北美洲	12.1	13.2
拉丁美洲	11.3	10.8
亚洲	14.1	12.6
欧洲与苏联	11.0	7.9
大洋洲	11.7	3.6
阿拉伯国家	8.5	10.7

这并不是说，教育经费不会再增加了。在这种增加开始放慢的地方，一般地说来，这种增加看来还没有达到最高限度。

然而，许多国家看来开始感觉到：仅仅根据传统学校体系中所增加的入学人数来计算国家教育预算的增加，是不恰当的。被召集来评价这些事情的官方机关更需要解决财政上的问题。[①]事实上，就传统式的教育活动所花费的代价而论，人们对于这种活动的低成就所作的批评是合理的，但这种批评容易制止目前教育资源的扩充，除非在经费的分配和运用方面进行重大的改革，从而使整个社会为这个目的而作出牺牲的要求合理化。

标准：固定的还是可变的？ 那末，这是不是说，我们可以有一个预先确定的标准呢？根据这个标准我们就可以从数学上为教育经费规定一个"合理的"比率（适合于所有的条件和任何国家），而且我们必须坚持这种标准，否则，超越这种标准就会有危险。我们根本不相信这一点，我们也不相信任何国际团体（包括本委员会在内）在这件事情上，有权要求规定许多法则。我们感到在这一点上有权可说的话，可以概述如下：

每一个国家在一定的时期显然为这个国家规定了一些限制，超过了这个"不可逾越的阈限"，教育费用的负担就可能破坏经济上的平衡。至于预算开支到底要用多少款项以及应如何分配，这不是属于教育政策（从这个字的严格意义来讲）和预算技术范围的问题。正如以数量来表达的教育成果只能从社会—经济的角度来衡量（但这并不否认，它也可以从文化、民主和个人权利的角度来衡量它的质量），同样，教育的费用也不仅仅限于可计算的开支的总和。从劳动、投资、重点等方面来考虑，教育还耗费了大量社会的和经济的力量。如果我们不把这些因素也包括在教育费用中，我们就会冒这种危险，即不根据社会所期望的结果去正确地计算这个社会应为它的教育体系所付的代价，而只根据这个教育体系本身的内在需要去计算这个社会所付出的代价。

---

① 参看印度教育委员会的报告（《教育与国家的发展》，1964—1966 年教育委员会会报，1966 年，新德里，教育部），其结论是：教育的直线增加只会导致失败。参看墨西哥教育委员会的报告（《教育问题的研究》，1971 年，墨西哥公共教育部）和其他的许多报告。

根据这许多考虑，各国按照它本身的情况可以作出十分不同的选择。如果一个国家依靠在第二或第三经济部门投入大量人力以取得大部分国家收入，而另一个国家则靠输出原料维持生活，那末这两个国家即使在预算方面也必然会采取不同的政策。因此，有可能产生这样的情况：一个国家已经把预算的四分之一的经费用于教育，但为了促进技术进步和公用事业的发展，决定进一步增加教育经费；而另一个国家在教育方面原来就只用了相当小的一部分资源，但如果再大量增加教育经费的话，它就会冒财政经济上的巨大危险，可能造成通货膨胀或(和)牺牲其他方面的投资。

开支结构的改革　我们已经习惯于听到把政治上对于教育的讨论归结为这样一个问题：即如何合理地和可能地增加本年度或计划年度分配给学校教育的款项。我们还听到，作为一个附加条款，还要考虑一个问题：对于这些已经议定或表决的款项，应该把多少份额分别配给从小学到大学的各个阶段。

然而这种辩论正在发生变化。到现在为止，因为按照行政当局、家长和青年的共同愿望，学校体系已经扩大了；又因为社会为了它本身的利益所作出的牺牲也日益增加了，所以学校作为一个机构和一个象征，已经提高了它的声誉，巩固了它的地位。但是，现在人们对学校也正在提出大量的要求。有的人为了要求更公平地分享现有的教育潜力而发出强烈的呼声。有些人因从未受过教育或害怕永远受不到教育而更加坚持这种要求。这种呼声和要求看来正在引起人们对教育界中那种最高的或号称最高的霸权地位重新加以评价。难以理解的是：国家怎么能够为了某一种教育活动而安然拨出一大笔款项，而这种教育活动依然不顾一切地继续限于为一小部分人所享受，而不企图设计另一种教育形式，以保证它们所花的钱可以获得较好的结果。[1]全面教育(校内的和校外的教育)和终身教育(终身的和儿童青年时期的教育),这种概念正在作为一种自觉的愿望而明显地出现了。这种概念是对多方面所提出的要求的一种反应,这些要求有时是那些经济停滞的国家提出来的;有时是一些欣欣向荣的国家提出来的。逻辑的推论看来是,每当政府在学校规划上遇到困难和发生矛盾时,它就会在不久的将来去适应它的教育体系,或者对这种教育体系的结构进行实质上的改革,以顺应这个潮流(正如一切能够产生历史变化的社会运动一样,这种潮流既由于挫折,也由于希望而有所加强)。

一般讲来,为了满足教育的要求,有必要作出财政上的牺牲,这是大家都广泛赞同的。这种财政上的代价,甚至比学生人数增加得更迅速。

就教育经费而论,没有什么理论上的"最高限度"或"最低限度"。为了求得这种费用的"最理想的"标准,我们应该较少地根据可能获得的财源总量,而应较多地应用国家与社会的基本政治决策和经济决策来作出决定,即使对于迄今视为不可侵犯的公共教育也应如此。

在这一方面,财源的增加,无论它如何必要,也不是唯一可能的解决办法。另一种同样有效的办法,特别在使用分配给教育的补充

① "当一个国家达到了必须修改其教育预算的大部分的地步时,而且当这种教育只能养成少数有文凭的和更少的具有生产能力的公民时,它就不能再满足于仅仅为了改进学校的教学'质量'或为了加强教师训练,甚至为了使专业训练符合就业要求而设计的解决办法了。这样的国家就被迫去开发新的、不再按预算项目来计算的资源,因为按定义来说,预算上的资源已经用尽了。这时候,'教育资源'便具有了新的意义;从此以后,社会的全部手段都可为全体社会成员所用了。即使从教育部以外的各部去邀请官员、即使把学生和自费生也吸收进来,再加上通讯媒体、运输、住宿,也必须把一切人力和物力都罗致起来,使之尽量完善,更好地为这个社会的最后目的服务"(西尔万·洛里在国际教育发展委员会第四次会议上的发言,巴黎,联合国教科文组织,1971 年 10 月 6 日)。

资源方面进行改革，也会使预算上的选择更为明智，并能以富有成效的方式使用力量和手段。

除了少数可能的例外，许多政府都面临着一种进退两难的困境。一方面，直接按照学校教育的全部要求成正比例地动用财政资源，这已是不可能的了，或者终将变得不可能的，或者至少是不合理的了。另一方面，对于教育的要求已经比传统教育体系所能处理的（即使在最高水平上所能处理的）范围大得多了。在这种情况下，政府便不能不考虑：是试图通过现有的教育体系和预算单独地满足这种要求，还是运用其他形式和其他手段更为恰当。

不平衡与不平等

工业化国家与发展中国家之间日益扩大的差距已经形成了当代世界一件根本的富于戏剧性的事情。

当然，这种差距部分是由于文化、价值、目标和途径的不同而产生的，但这种差距并不含有“前进的”或“落后的”意义。处理这个问题的一个良好而明智的办法就是把“落在后面”和“赶上去”这类词语从人们的词汇中排除出去。即使在“发达国家”和“发展中国家”这类表达方式中，也包含有一种逻辑上的框框，因为这种表达方式暗示：“第三世界”国家所向往的东西，从定义上讲来，就是今天在所谓发达国家中所能找到的那些东西，似乎发达国家并不包括在继续发展的过程之中。①

无论一个国家对它自己的未来有怎样的想法，事实是，它会预见到，它的自然资源和人力资源将有丰富的发展。工业化社会的历

---

① 在这两个国家集团之间根据它们的发展水平作出那种世界范围的区别，无论如何，是过于简单化了，因为人们不能从这种区别，擅自作出这样一个绝对的推论，认为这个国家或那个国家对于别的国家应该承担怎样的责任；或者认为，在当前情况下，为了表明团结，它应该承担多大程度的责任等等。

史表明，科学和技术对于这种发展曾作出了巨大的贡献。实质上，这里客观上存在着一种消极而有害的不平衡状态，因为有些国家享有丰富的财富，而另一些国家则遭受贫困。而且我们很难看出，如果我们不把聚积在人类共同体一端的科学和技术重新进行平均分配，把它有组织地和合理地从这一端转移到另一端，我们怎么能克服这种不平衡的状态。

显然，教育，作为传递知识的媒介，在这里起着重要的作用。防止这种差别继续扩大的基本条件之一，就是为世界各国人们消除在获得教育权方面的根本差别。但是发生的情况恰恰相反。

地区上的不平等　1968 年发达国家的教育经费上升到 1,200 亿美元以上，而发展中国家的教育经费则少于 120 亿美元。工业化国家人口约占世界人口的三分之一，而青年只有世界的四分之一，但它们用于教育的经费比发展中国家要多 10 倍以上。

这种巨大差别最严重的地方还在于它仍在不断地扩大。从 1960 年到 1968 年，工业化国家的教育开支从其国民生产总值的 3.52％增加到 4.8％，其国民生产总值在同一时期增加了 78％。发展中国家的教育开支也占去了它们的国民生产总值较大的百分比(然而增加的速度较慢，其数字从 2.73％上升到 3.91％)，但它们的税收本身仅仅增加了 62％。结果，工业化地区教育开支增加了 145％，而发展中国家的教育开支只增加了 130％(见图 7)。

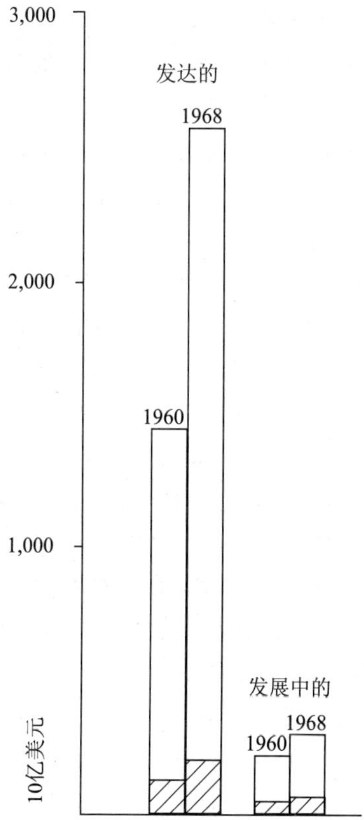

图 7　1960—1968 年发达的地区和发展中地区
作为全部国民生产总值一部分的教育开支

换句话说，发展中国家在绝对的教育开支方面虽有增加，但它们分配给教育的经费，就世界范围来说，所占百分比却正在逐渐减少(1960 年是 9％；1968 年是 8.6％)。

这就是说，大规模的努力、财政上的牺牲和可观的成果——教育上的竞赛正象经济上的进步一样——都未能阻止工业化国家与发展中国家的差别继续扩大。

在这个时期，发达国家入学人数约占世界入学人数的一半，而在那里入学年龄（从5岁到24岁）的入学人数只占世界这个年龄组总数的四分之一。

相反，发展中国家人口比发达国家人口多出两倍，其儿童与青年的人数等于发达国家儿童青年的三倍，[①]而入学儿童人数还不到世界学生人数的一半。

在欧洲、苏联和北美洲，1960年和1968年之间中小学入学人数的增加同5岁至19岁之间年青人口的增加是平行的。在发展中国家，这个年龄组的人口增加比入学人数的增加多3600万。[②]

有关高等教育的数字表明，在北美洲，在到达中学毕业年龄的人们中将近一半的人（44.5%）事实上在那个阶段已上了大学。在欧洲，入学率显然较低些，但仍然相当高（15%）。至于拉丁美洲和亚洲，这个比率就大大地降低了（大约少10倍），而非洲比较起来就更低了（要少34倍）。总而言之，在欧洲和北美洲的高等教育体系中，有比全世界其他地区合起来的总数还要多约两倍半的学生。在北美洲，8个学生中有1个在高等院校上学，而在欧洲则是20个学生中有1个。在发展中地区是：亚洲，38个学生中有1个；阿拉伯国家，45个中有1个；拉丁美洲，49个中有1个；非洲，90个中有1个。

---

① 15岁以下的世界儿童，有22%在发达国家，而有78%在发展中国家。

② 我们必须记住隐蔽在地区平均数里面的巨大差别。例如，在非洲，小学入学人数的平均百分比是46%，但按国家排列起来，是从8.7%到92%；中等学校每年的平均增长率徘徊于0.3%到11.8%之间；在1967年，各国教育预算的分配，按照可以得到的数字来说，徘徊于11.3%到23%之间，而国民生产总值的变动则徘徊于1.4%到6.7%；初等教育单位费用则从某一国的18美元到另一国的126美元。在亚洲，1968年国家教育开支合计为这个地区国民生产总值的3.7%：其中1个国家的经费少于1%；3个国家的经费在1%和2%之间；2个国家的经费在2%和3%之间；6个国家的经费在3%和4%之间；2个国家的经费在4%和5%之间；3个国家的经费则超过5%。这些差别使我们看清：地区的平均数和预算只有相对的价值，而各国的策略和预见则更加重要了。

教师的分布情况 条件优厚的国家和条件较差的国家，在教师人数上也显示出同样的差距，即使不考虑小学教师之间职业训练水平的差别。发展中国家比欧洲和北美洲要多6500万小学生，但教师的人数大约相等。按地区说，初等学校教师分配情况如下：欧洲和苏联，25个学生有1位教师；北美洲，26个学生1位教师；拉丁美洲，32个学生1位教师；亚洲，36个学生1位教师；阿拉伯国家，38个学生1位教师；非洲，40个学生1位教师。

女孩和妇女的教育 此外，在女孩和妇女教育上的差别也是很显著的。在北美洲、欧洲和拉丁美洲，小学与中学阶段男女学生的入学人数大致相等。但是如果把亚洲和阿拉伯国家放在一起计算，我们就发现，小学的男孩比女孩要多50％，在中学要多100％。世界文盲的数字进一步表明了妇女处于不利的程度。据估计妇女文盲约有40％，而男子文盲则只有28％。

信息媒体 同样显著的是，校外情报和通讯媒体的资源也是分布得不平等的。通讯媒体对教育活动来说已经成为越来越重要的工具。在这方面，发展中国家一开始就处于不利地位。在非洲，每1000个居民中只有11份报纸，而在南亚和阿拉伯国家，每1000人中有18份，但这个数字仅约为欧洲和美洲数字的二十分之一。同样，在非洲，每1000人中只有45架收音机，南亚有33架，而在北美，每1000人则有1,339架，收音机比人数还要多。全世界共有25,000万架电视机，而在非洲、南亚和阿拉伯国家的电视机总数还不到500万架。显然，如果大众通讯媒体要真正成为群众交流信息的工具，那就需要大大地扩大它的阵地。

挫折 在60年代，联合国教科文组织曾经召集许多国家的教育部长举行了一系列的地区性会议。①这些会议在许多方面已经达到了它们的目的。这些会议使人敏锐地觉察到人类的需要，使人能更好地运用他们的精力去发展和改进学校体系，更好地帮助人们去建立一种具有伟大的理论价值和实际价值的学说体系。这些会议也为各地区雄心勃勃期望达到的入学人数的目标勾画了一个轮廓。②

尽管成就很大，在某些情况下甚至超过了预期的结果，但是我们必须承认，在其他情况下，所得结果距离这些目标还很远。1960年在卡拉奇举行的第一次亚洲会议上一致同意的目标是，在1980年普及强迫的小学教育。到1970年，已经调整的1至5年级学生入学人数比率，计算起来还只达到83.2％。1961年在亚的斯亚贝巴非洲国家教育会议上也一致同意到1980年要达到100％的入学人数的目标，而以1970年达到71％作为一个中间阶段。到了1965年，距报告最近的一年，只达到44％，而这一年的目标应是47％。1962年在圣地亚哥会议上曾号召拉丁美洲国家到1970年小学入学人数要达到100％。这个目标在这个地区虽然有许多国家已经达到了，但某些国家低于这个比率的程度仍然相当大。1966年在的黎波里，阿拉伯国家确定，1980年所有小学年龄儿童都要入学，但这仍然只是一个目标，到1967年，它们仍然只达到62.1％。

这些数字证明，在达到所规定的目标方面，它们已经有了显著

---

① 卡拉奇(1960年)，贝鲁特(1960年)，亚的斯亚贝巴(1961年)，圣地亚哥(1962年)，东京(1962年)，阿比让(1964年)，曼谷(1965年)，的黎波里(1966年)，布宜诺斯艾利斯(1966年)，维也纳(1967年)，内罗毕(1968年)，马拉喀什(1970年)。

② 在部长会议上所规定的小学入学人数指标是根据调整过的入学比率，用符合于相应学习进程年龄组的人口去除所有年龄入学人数而计算出来的。因此，例如在亚洲，用1至5年级所有的入学人数被6－10岁的人口去除，就产生了1至5年级入学人数比率；在非洲、阿拉伯国家和拉丁美洲，小学1至5年级所有年龄入学人数被6－11岁人口去除，即得小学入学人数比率。

的成绩，但我们必须指出，在这些成绩里面，掩盖着严重的缺点。如果我们只把那些符合政府规定的小学教育时期年龄组[1]的儿童包括在入学的人数之内，并指出这些地区还有许多儿童没有受到所规定的学校教育，这就提出了一幅十分暗淡的图景。在这个基础上计算出来的入学人数比率表明：1968 年，在非洲 10 个小学年龄儿童中只有 4 个人上学。在阿拉伯国家只有一半的儿童上学。45％的亚洲儿童和 25％的拉丁美洲儿童都同样还没有入学。

在社会主义国家和西方的工业化国家中，60 年代早期所规定的数量上的目标已经达到了。例如，在经济合作与发展组织的成员国中，许多数字证实：教育经费已经大大地增加。这项经费的增加，在所研究的国家中，有半数超过了 10％；而只有 4 个国家所记载的比率还低于 70％。[2]

业已很先进的国家所取得的数量上的进展，同发展中国家不可避免的缓慢步伐对比起来，是十分重要的，因为这种进展加深了世界上现有的不平衡状态。

尽管大约在 20 年前，人们曾抱有过许多希望，但迄今教育已无例外地受到我们时代冷酷的规律的支配；这个规律就是世界财富和资源分配不平等的状况趋向于扩大。

因为教育是传播科学与技术必不可少的工具，而科学与技术又是发展中国家当前争取成功的基础，这个不平等状况加深的问题就更加严重了。

为了帮助那些处于不利地位的人们，人们正在从国家一级上

---

① 这样就不包括超龄学童，如果把这些儿童也计算在内，那就会出现统计上一种反常现象，即某些国家报道的入学人数多于 100％。

② 经济合作与发展组织的一个文件指出：就其成员国关心的事情来说，这种进展显然已经超过了 1961 年华盛顿会议上的预测（《1950 年以来经济合作与发展组织中教育经费及其倾向的比较研究》，巴黎，教育发展政策会议，背景研究 2。）

制订教育规划。我们要问：这个国际共同体是否应该同时更有力地努力消灭世界各国之间在教育方面的这种坚固的和日益恶化的差距呢？

第三章　教育与社会

扩充教育体系是一项紧迫的任务，教育计划者们把力量主要集中于教育活动的数量方面，集中于克服障碍和纠正不平衡状态。但是我们正在觉察到，根本的问题——实质的问题——乃是涉及教育与社会之间、教育与学习者之间、教育与知识之间的关系；涉及公开宣布的目标和实际达到的目标之间的关系。

教育本身就是一个世界，同时也是整个世界的反映。当教育在为社会的目的作出贡献时，它是服从于社会的，特别是当它在保证发展社会所需要的人力资源时，它帮助社会调动它的生产力。比较一般地说，教育一方面服从于环境条件，同时另一方面即使仅仅通过教育所产生的关于环境的知识，它也必然会影响这些环境条件。因此，教育有助于产生它本身转变和前进的客观条件。

当我们透过足够的远景去看历史时，我们就有理由说，教育具有从原因到结果，又有由结果到原因的这种关系，而这种辩证的过程，以及对这个辩证过程的乐观看法，应该是十分清楚的。

然而在社会现象方面还有更清楚的事情。这就是说，直到现在，通过持续了若干年代的各种社会形式，我们获得了教育，这种教育一直是我们有效地用以维持现有价值和保持力量平衡的一种精选的工具，而且这个辩证过程对于国家命运和历史进程既有其积极的作用，也有其消极的意义。

就教师、学生和家长的个人经验而言，教育实践的社会功能，从它的许多教学形式和它在各种不同的关系中实际发生的情况来看，是非常复杂的。教育实践既显示出教育的解放力，又表明了它的局限性、缺点及其具有压抑性的后果。

教育与社会:四个学派 在这种情境中这些基本事实的矛盾性质有助于说明为什么人们对于教育与社会的关系会有十分不同的意见。广泛地来讲,这些意见可以分为四个学派:

唯心主义认为:教育是为它本身而独立存在的。

唯意志论深信:教育,不受社会结构可能发生的任何变化的影响,能够而且必须改变世界。

机械决定论主张:教育的形式和前途直接为周围环境中与之同时发生的各种因素所控制。

最后,从这三个学派派生出来的学说假定:教育必然重演,甚至加深和延续社会上遗留下来的坏事,而这些坏事目前正在受到这个学派的拥护者极其尖锐的批评。他们主张:不彻底改变社会,就不可能解救教育。不过显然和这个主张矛盾的是,他们又认为,教育世界可用它本身内部的革命为以后的社会革命铺平道路。

上述每一学派,根据这种或那种理由,至少是具有某些逻辑上的道理的。但是我们看来,没有一个学派能够对现实情况提出一套完整的说明,或能够充分激起十分具体而明确的行动。

照我们的看法,社会—经济的变化和教育活动的结构与形式之间存在着密切的相互关系。在这种关系中两者是同时发生的或是先后发生的。我们认为,这种相互关系曾经对历史运动有过功能上的作用。此外,在我们看来,教育是在环境中进行的,因而它提供了有关环境的知识,于是教育便可以运用这种知识,帮助社会觉察到它的问题,而且如果人们集中力量培养"完善的人",而这种人又会自觉地争取他们个人和集体的解放,那末,教育就可以对改变社会和使社会具有人性作出巨大贡献。

传统与约束

社会与教育之间的相互关系和相互作用十分复杂,因而简单的解释不可能恰当地说明它们。从教育指定社会的任务和社会指定教育的任务这两方面来讲，这种说法都是正确的。而且就这种任务所要达到的目标而言，这种说法也是正确的。对于这些目标，如同别的地方讨论发展目标问题一样，我们应该注意到，我们不能用过去 10 年中用来表达目标时所使用的那种简单的修辞术语来表达这些目标。现成的解决办法今天对我们已经没有什么帮助了。

当我们判断目前各种形式的教育与社会之间的关系时，这种判断也不能用简单化的方式表达出来，因为用一般言词所发表的批评，只有应用于某一特殊情境时才有意义。

教育自我保存的功能 教育能使自己再现，也能使自己更新。然而人们时常责备它是固定不变的。当然，教育并不是遭到这种谴责的唯一机构。事实上，教育的基本功能之一就是重复，重复地把上一代从祖先那里继承下来的知识传给每一代。因此，和过去一样，教育体系负有传递传统价值的职责，这是正常的事情。这就说明了为什么教育体系倾向于构成一种时间上和空间上密封的体系，为什么它们主要关心它们自己的生存和成功。①

因此，体系看起来是内向的和后退的。这种看法有助于巩固现有的结构并促使个人按照现有的社会从事生活。所以教育本身是保守的，我们这样说并不含有蔑视的意思。

公民训练的用处和滥用 从家庭教育开始，所有的教育都有使儿童和青年社会化的任务。学校继续和将要继续贯彻执行公民训练的职责（特别是在那些近来要求恢复或已经恢复了它们的民

---

① “教育体系能够在何种程度上和以怎样的速度使它们本身适应于变化的环境？教育体系具有相当大的惯性。如果我们认为，教学的功能是使社会再生，那末我们就不应该忘记，从遗传学上来说，一种再生体系的原始性质是尽可能确切地和忠实地再生它的类型，并保证‘再生的生物不变性’，以助长种类的生存，如一位生物学家所说的那样”（皮埃尔·贝尔托：《影响教育发展的因素》，第 7 页，巴黎，联合国教科文组织，1971 年，国际教育发展委员会文件，意见汇编，11）。

族特性的国家里)和意识形态训练的职责(在那些革命领袖认为他们的职责是改造人的思想和推翻一切过去的堡垒的国家里)。重要之处不是这种训练在教育上的地位而是它的目的,至少是它的含蓄的目的。这种训练是用一种健全的世界观鼓励个人的自我实现呢,还是用以控制个人,使他模仿既定的榜样,变得容易被统治?这种训练是鼓励人民发挥独立思考和敏锐批判的能力呢,还是培养人们对等级制度盲目地尊重?事实上,如果我们要使我们的好奇心和首创精神不受挫折(这种好奇心和首创精神乃是人类原始的基本才能),那末在许多情况中,儿童和青年就需要具有超过一般水平的力量,需要有一种克服困难的特殊能力,乃至需要养成一种不可动摇的坚强性格。

等级 等级,无论是官方的或是残余的(根据不同的社会而定),在教育结构中是很明显的。象"初等"、"中等"、"高等"、"专业的"、"技术的"或"科学的"这一类字眼都带有区别的意味。教学职业也是有等级的。人们时常认为,一个教师的级别和地位是按照他所教的学生的年龄和智力水平来衡量的。一位给18岁青年教古典文学的校长比一位在技术学校教15岁少年的教师受到较大的尊敬。教数学比教蹒跚学步的幼儿读写当然享受较高的声望。而称雄的,当然就是大学教授了。

最后,在教师和学生之间也有一种十分死板的等级关系。[①]当这种关系变得过于死板时,它就会使学生感觉不到他自己应有的

① 当然,许多人为相反的论点进行辩护并提出不同的解释。伦敦大学教育研究所所长对于这个问题曾以强有力的语言表达了他自己的看法:"反对古老的权威主义的斗争已使我们忽视了教师必须发挥积极作用,并使我们处于一种贫乏的精神状态去处理我们时代的完全不同的一个问题。我们的问题不是对青年的指导太多了,而是太少了。这一点是带有关键性的。我们可能对所谓'权威主义'产生恐惧心理,但这种恐惧心理不能否认我们的这种说法"(莱昂内尔·埃尔文,"社会与教师的积极作用",载R·S·彼得斯主编:《关于普洛登的前景》,第87页,伦敦,劳特利吉与基根·保罗出版公司,1969年)。

责任，并使他不能作出他可能作出的积极而自由的反应。

杰出人才论　“杰出人才论”这个术语是描绘这种情况的一个很蹩脚的名称。从理论上讲，它并不意味着，或不再意味着，第一等的教育应为某一特殊阶层所保留。实际上，它是把社会上的“精华”同其余的人区分开来。它是这样一种体系，其目的不是根据一个人的社会背景去排斥他或挑选他，而是按照现有的杰出人才这个概念去挑选“最优秀的人”。因此，学校担负着一种筛子的任务，从小学各年级开始，一直进行到以后各个教育阶段，为挑选未来的杰出人才而进行筛滤。如果社会照例重视有优越的社会文化背景出身的儿童在学业上的成就，我们就必须理解，这是这个体系的后果而不是它的目的。此外，杰出人才一词意味着少数的人。但是这个体系不仅仅因为它的人数增加就不再是杰出人才论了。决定的因素是选择原则，根据现有杰出人才论所规定的标准，虽然许多人被选上了，但其他所有的人都被排斥在外了。而且这种标准不断地把这些限制规定得越来越严了。①

封闭的社会　通过教育促进社会的进展，这在封闭的社会里是具有典型性的。②这种封闭社会的唯一目的就是谋求它本身永远存在下去。但是通过教育促进社会的进展也影响着演进中的社会，这一点，在发展中国家和工业化国家，都是如此。现有的杰出人物具有一种方便的和表面上看来似乎平等的方法，一代接一代地来吸收他的承继人，也就是他可以从他自己的后代中挑选大部分（能这样做是很合心意的事情），同时又从处于不利地位的阶层中

---

① 例如，10 年前在大部分的非洲国家，为了成为一个杰出人才，中学阶段肄业就够了；5 年前，大学学位已成为必不可少的了；而今天则把大学毕业后的研究工作视为唯一的条件了。增加享受教育的机会，是没有用的，因为这并不一定使大家都有均等的机会。由于要求的标准逐步提高，这种标准就永远是群众所达不到的。

② “这种封闭社会产生一个封闭的教育体系，而这个教育体系又对青年强加制约，因而又反过来保持并延续这个封闭社会”（路易斯·鲁伦，1970 年）。

挑选少数的人。这个方法有三个好处。它为社会提供了一个安全阀；它使统治阶级于心无愧；它为杰出人才补充了新鲜血液。这个方法，较之其他不是基于竞争性的考试而是基于种族的、民族的或意识形态的差异的挑选制度，其丑恶的程度的确要少一些。首先，我们不能因为在封闭社会里杰出人才论出现过一些缺点而断定一个健全的杰出人才论和教育民主化是互不相容的。只有当我们根据非民主的标准去挑选所谓杰出人才集团时，这两方面才是冲突的。有一种杰出人才论，认为在这个体系中，阶级就是权力，这种杰出人才论将妨碍真正杰出人才的出现。用民主的方法扩大教育的基础，使得所有个人的才能都能得到实现，这样便促进了"天然的"杰出人才的产生。但是，事实上，即使一个具有广泛基础的杰出人才论的体系，同一个真正的民主体系仍然是不同的。我们时代的一项重要任务，就是要寻求一种根本的、非歧视性的模式。这种寻求到处会碰到政治上和经济上的阻碍、心理上的抵制，而最重要的是会碰到社会上严格分等的现象。只有在一个由于普遍消除了社会障碍而达到了一体化的社会中，这种担任挑选和分配工作的教育任务才会丧失其消极的筛滤作用，而具备促进人类成就的积极的特征。

教育作为一种想象 教育是附属于社会的一个体系，它必然反映着那个社会的主要特征。在一个不公平的社会里，希望有合理的、人道的教育，这将是徒劳的。一个官僚主义的、惯常脱离生活的体系会感到难于接受这样的想法，即学校是为儿童而设立的，而不是儿童为学校而生存的。上面发号施令，下面唯命是听，建筑在这样的基础上的政权，不可能发展自由教育。在工作一般处于隔绝状态的社会经济条件下，要想培养学生爱好创造性的工作，这将是困难的。人们又如何能够想象由特权和歧视所构成的社会可能产生民主的教育体系呢？

教育更新 这并不是说，因为教育本身不能改变和纠正社会条件，所以它就必须始终是这种社会条件的消极产物。教育对社会经济体系来说是从属的关系，但这并不是说，教育就不可能起反作用了，即使它不在整个复杂的结构上起作用，它至少也可以在这个或那个特殊方面起作用。对教育施加压力，是为了更新教育的结构和内容，使这个结构和内容对于社会的变化多少作出一些直接的贡献。如果我们对于社会有一种清晰的形象，并根据这种形象制订出教育目标，由教育直接推动社会变化就不是不可能的了。我们愿意看到，这种能动的态度将广泛地为人们所接受。

事实证明，社会体系中的各种矛盾和教育体系的相对无能这两方面是相互关联的。社会的主要目标和指定给教育的目的之间也是紧密相联的。要想打破教育发展中不发达和不平等的这种恶性循环，而不把这两个问题同时加以解决的话，那几乎是不可能的。

从上我们可以得出两个结论。第一，教育改革要有社会的和经济的发展目标，这一点在今天比过去任何时候都更加必要。

第二，我们很难想象，没有教育的更新，社会也会发展。这一点对所有的社会都是正确的，不管这种社会是属于哪一种类型的，不管这种社会有什么样的主要学说，也不管它们如何设想其未来——不管是改良主义的，还是革命的。

方法与内容

教育内容和教育方法几乎在全世界都受到指责。教育内容受到批评，因为它不符合个人的需要，因为它阻碍了科学进步和社会发展，或者因为它和当前的问题脱了节。教育方法受到批评，因为它们忽视了教育过程的复杂性，不是通过科学研究进行学习，也没有充分地对思想和态度的训练作出指导。

文化的交流　然而，这里发生的第一个问题（而且我们将看到，这个问题是适宜于争辩的）就是对于交流知识的各种媒体如何选择和利用的问题——这些媒体有口头语言、书面文字和视觉形象。事实上，媒体制约着方法而且在一定程度上制约着教育的特性和内容。

口头语言 在印刷术发明之前，语言在交流方面曾经是很重要的，而现在它又正在重新显示出它的某些重要性。大量的信息是通过大众媒体即收音机和电视机所用的语言传递的。在世界上文盲仍然普遍存在的辽阔地区，口头语言仍然是基本的交流工具。使用口头语言的职业在数量上正在不断增加。而且在从前属于殖民地的人民中，恢复本民族的语言是重新维护个性的一种手段，这种个性过去已被外来书面文字的统治所窒息。①

书面语言 大力恢复口语表达的方式并不意味着书面语言正在衰亡。随着更多的儿童进入学校和成人识字计划的发展，越来越多的人已经学会运用书面语言表达他们的思想，进行交流。此外，当知识必须加以组织和整理，或资料必须加以汇集，以组成一种方便而持久的形式以供参考时，书面文字就成为必不可少的了。最后，口语交流本身也要大量地利用书面材料。

但是书面表达比口头表达容易陷于抽象的危险。通过印刷文字去理解世界，容易遗漏它的具体内容而变成一套观念和符号。我们深知"书本"知识所造成的危害，这种文化养成一种通过印刷的书本和报纸来理解世界的习惯，并造成了现实与其说明之间难于连接的鸿沟。

过去包含"纯文学"知识的那种"高贵的"专业和实际上不用这

---

① "这种殖民地文化，用它自己的方式'称呼'这个世界，代替殖民地人民所迫切需要的'文字'，以表达他们自己的世界，并用它作为统治的工具。在大多数国家里，学校反映了一种殖民地关系而不是真正交流语言的中心，不是在教师与学生之间交流真正的语言，以促进世界更好地互相了解。教师作为无可争辩的知识权威和知识源泉，把知识'存放'在学生那里，就象投资者把钱放在银行里一样"（M·马德简）。

种知识的手工职业之间的区别正在渐趋消灭。除极少专业外，不断增加的活动要求人们具有文化（按照“文化”这个词的确切意义），但这已不再是一种以口头语言为主的文化了。科学技术的普及正在使这些人的队伍不断增加，这些人在他们的专业活动过程中必须象对待文字一样，和事物打交道。这就在语言之外，还要求有一整套新的工具。技术训练必然既要运用语言，也要运用其他的方法，诸如演示、实验、实践活动以及常规、反射和技能的获得等等。重要的是我们要认识到：现代人的这部分训练，如同传统的“文字文明”一样，也是他的文化的一部分。

图画　通过图画进行交流，已经发展到空前的规模。一切视觉的表达方式正在侵入每一个人的世界，正在渗透到所有的现代生活方式。今天，形象，无论作为知识的媒介物，或者作为娱乐，或者作为科学研究的工具，在文化经验的各个阶段上，都表现了出来。

误用媒体　在一个具有强大的大众通讯工具的世界里，已经能够把行星上最遥远的地区都掌握在人们手中，这就有必要一方面要防止完全只用语言和视觉形象这样的诱惑，另一方面也要避免系统地贬低口语和图画，而美化书面文字。

更有建议意义的是，不是让各种方法彼此对立，而是把这些方法所提供的资源排列起来，然后系统地决定在怎样的情况之下这些方法可以用来互相补充。

这个问题适用于各种类型和各个阶段的教学工作，但是它特别与千千万万既不能读书，也不会写字的人们有关。我们不是不要把书面文字介绍给广大的人民群众，因为我们首先注意到，在世界遥远而不易到达的地区，识字运动开展很慢，因而视觉形象和口语便成为交流知识的一条捷径，不利用这条捷径就是一种浪费。的确，今天的群众识字运动，在实践中，经常存在着这样的倾向，即采取一种无结果的“非此即彼”的立场。人们或者完全放弃那些粗糙的、传统的教学方法，而代之以现代的直观教具；或者就用粉笔与笔记本去进行读写的教学而完全不用强有力的新式媒体。但是，事实上，视听方法除了能够产生直接的好处以外，它们还能通过传递实际知识和激励社会行为，为提高文化意识铺平道路，为刺激学习欲望和获取其他通讯方式(包括书面的表达方式)铺平道路。

关于这个问题，我们完全同意联合国教科文组织总干事的话，①他说：我们不应该把文字和形象对立起来，因为真正的现代教育，从小学的识字训练阶段到高等教育的最高阶段，都应该把文字、声音和形象三者结合起来。

把各种传递文化与教育的手段加以区别地分成若干等级，这和对传递的内容所作的同样消极的分等是联系在一起的。

学科的等级　主要是由于历史的原因，传统课程计划里的各个学科所具有的价值和它们在教育上或社会上的用处常常是没有什么联系的。文学与历史一般讲来比地理或经济学享有较高的声誉，而研究古典著作又比学习当代世界更为重要。甚至科学整个来说也受到这种偏见的影响：纯科学往往比应用科学受到更高的重视。

教学大纲中的时代错误和遗漏　了解世界是教育的主要目标之一。然而这种关切多半是用抽象的解释，即所谓普遍原则，或者是用一种狭隘的功利主义的观点表达出来的，但是这两方面都不能满意地答复青年们对于现实所提出的问题或对于他们自己的前

---

① “在手段和目的之间，或在实现同一目的的各种手段之间，是不能够有矛盾的。如果我们千方百计考虑把教育完全建立在视听手段的基础上，那就会有矛盾。让我们把这种对现代主义的荒谬冥想留给‘形象领域’的空想家吧。文字至少应该同广播的、电视的、表演的或模拟的教学互相连续，或者最好是互相结合或互相支持，而在任何情况之下，都应该并行不悖。真正的现代教育并不是使形象和文字相互竞争，而是为了训练思想的同一目的在一个综合过程中把这两者结合起来，而这个综合过程具有从一种体系经常过渡到另一体系的特征。……这是保证人类不致失去其统一性的唯一方法，而不是要把人类分为受过教育者、文字的唯一监护人和‘有知识的’或受制约的人这样一些集团”(勒内・马厄：《普遍的文明》，第104页，巴黎，拉丰・戈蒂埃公司，1966年)。

途所产生的疑惑。[①]

过时的课程计划 事实上，许多学校的教学大纲都不能为人们提供有关真实世界的知识，如现在一代人所见到的那样。也不能帮助人们解决他们今天所面临的各种问题[②]：例如，军事的、社会的和民族的矛盾，世界性的饥馑、污染，青年与妇女的地位以及少数民族的环境条件等等。教育工作者们时常感到，他们缺少有关这些问题的确切知识或适当的教材。对于一些棘手的问题，即使他们不是坦率地拒绝，也是害怕去处理。的确，还有这样的困难，即有些课题涉及许多学科，而这些学科又难以包括到以严格分科为基础的课程中去。

功利主义的态度是把科学技术的传播当作达到短期物质目标的一种手段。它忽视了科学的其他方面，科学技术的传播也是获得客观知识以帮助人们决定取舍的一种手段——即使在实用科学方面也是如此。这种功利主义态度使一个人同他的环境对立起来，把

---

① “儿童不仅不再感觉到知识的统一性，而且他也许不再能很好理解他为什么要受教育，为什么要求他在学校里花掉这样长的时间。教学是抽象的、理论性的，是受某种知识概念所制约的，而且是同现实脱节的，正如学校是同它的环境脱节一样。学校生活的后果已经看不到了，而且人们也忘了：学校的基本职能是准备一个人去生活——以一种特殊的方式形成他的性格。但是教育也不明白到底它所要培养的是哪一种人；因而它也不把注意力集中到它的目的——儿童身上了……学科的分门别类和学校与生活的脱离，这两者显然是同时发生的，正如知识的分裂和学校与环境不相结合的事实这两者是同时并行的一样”（摘自联合国教科文组织研究班关于通过科际制培训教师，并把这个制度应用于学校的报告，象牙海岸，布瓦凯，1970 年 3 月 24 日到 4 月4 日）。

② “我们必须教学生如何利用知识来源训练他们自己以及如何使用某些工具达到这个目的：这就完全改变了传递知识的结构和权威式的教学态度。因为这种传递知识的结构和权威式的态度乃是以法律上把独立负责的成人和具有依赖性而不承担责任的青年分成等级的办法为基础的。我们应该避免这种划分等级的办法。学校是同一些受人尊重的准则和它本身内在的目的相联系的。我们不能把这个教育世界和具体的宇宙分隔开来，在这个具体的宇宙之中，工作的要求、个人的义务和责任，都不允许人们试图处于高高在上和神圣不可侵犯的地位”（阿曼德·比安切里：《教学法的革新》，教育形成与研究中心，圣克劳德高等师范学校，1970 年）。

人当作自然的主人和最高统治者，而不是把他放在他的环境以内，并与环境处于一种和谐均衡的状态。

社会教育 学校的课程计划往往对社会科学采取粗暴的态度。但我们要注意，一个人的社会地位应该高于他作为生产者和消费者的地位。我们应该使他了解：他能够而且必须在社会生活中发挥民主作用；他作为个人或集体的一员，能够把社会变得更好些或更坏些。我们应该使儿童养成一种世界观，使他按照这个世界观生活，使他能够决定他的未来前途。

科学教育 传统的科学教学很少致力于把课堂知识和科学实践联系起来，在教学中不是传授假说，而是检验假说，不是学习定律而是寻找定律。这种旧的课程计划很难启发科学活动中的创造性、直观、想象、激动与怀疑的态度。而观察、搜集数据、归类以及证明结论的能力都不应看成只是科学家的任务。科学的非神秘化和科学实践的通俗化不应看成是一种倒退，而应看成是走向正确方向的一个步骤。①

教育上的两分法把科学分成精密科学、自然科学与人文科学、社会科学，这种两分法鼓励了把课堂教学与科学实践分开的这种态度。这和现在已被遗忘的人文主义研究方法是直接相反的。关于这一点，马克思曾经说过："自然科学往后将包括关于人的科学，正象关于人的科学包括自然科学一样，这将是一门科学。"

人们往往特别会忽视人文科学。一般讲来，大多数教育体系并不是有助于受教育者——无论他们是青年还是成人——去认识他

---

① 遗憾的是上述批评在多数事例中是千真万确的。这些批评由于一些国家，纵非大多数国家，力图纠正这种情况而显得更为明显了。这些改革涉及到科学教育的目的、方法和内容。这种改革比较强调了解原则和分析概念，而不是学习公式和死记事实。较多地利用实验和新的教学方法。现在有人正在试图把科学教学和学生的生活环境联系起来。有些实验确实富有革新的精神，如哈佛的物理学设计或美国物理科学研究委员会的工作，或英国纳菲尔德基金会的科学教学设计，或法国在中学阶段就采用了现代数学。但这种首创性还是不多见的。

们自己，去理解他们个性中的有意识的和无意识的组成部分，去理解大脑机制、智力活动、支配身体发展的规律、梦想和抱负的意义、他们互相之间的关系以及他们和整个共同体的关系。因此，教育忽视了教人如何在社会中生活、热爱生活并从事工作的基本职责；而人们必须创造这个社会，作为他们理想的体现。

技术教育 科学教学的一个基本目标是强调知识与行为相互依赖的关系。强调这种相互依赖的关系就应促使科学教学与技术教学两相结合，就应突出科学研究与实际发展及其应用之间的关系。但是当前发生的情况恰恰与此相反，教育体系往往引起了这两者之间的严重分离——这种分离既损害科学研究，又损害实际发展。在普通教育方面，课程计划过分倾向于重视科学，而忽视技术。割断科学与实践的联系之后，一部分科学便在有特殊威望的借口下被禁锢起来。结果，科学也就失去了它作为教育工具的作用。

懂得技术，在现代世界上是十分重要的，而且必须成为基本教育的一部分。如果一个人不懂得技术方法，那末他在日常生活中就会越来越依赖别人，就会减少他就业的机会，而且会增添这样的危险，即过度地应用技术所产生的潜在的有害影响最终会变得猛烈起来（如个人之间的疏远和环境污染等）。大多数人只是消极地得到技术的好处，或者不懂得技术而屈从于技术。所以他们不能控制技术。技术教育在它的理论阶段应使人懂得改变环境的各种方法。

在实践阶段上，人们初步理解技术以后就能够评价、选择和比较如何有效地利用技术成果。

在目前的普通教育中，人们并没有系统地从理论上学习技术。人们也没有试图了解技术对个人、社会或整个世界的用处。

为了掌握技术，我们可以把技术视为一个改造原材料的过程，而这总是需要精力和知识的。在这以后，我们就要用统一的探讨方式去分析所有简单的或复杂的工序所依据的各种原理，并指出：人改变世界时总是离不开技术的。

艺术教育 在创造艺术形式和美的感觉的过程中我们获得了美感经验。这种美感经验和科学经验是我们感知这个万古长青的世界的两条道路。如同清晰思考的能力一样，一个人的想象力也必须得到发展，因为想象力既是艺术创造的源泉，也是科学发明的源泉。任何教育，如果由于理智的原因，集中努力去教授所谓客观事实，而不激发创造的欲望，这是和艾伯特·爱因斯坦所经历的结果背道而驰的。爱因斯坦说："我们所能经验到的最美妙的事物乃是一种神秘的东西。这是一切真正艺术和科学的根源。"

从教育观点来看，艺术活动的有形结果不是我们唯一所关心的事情。精神状态以及由它所产生的爱好也是重要的。真正重要的是要唤起创造的热忱，帮助人们提高到一个更高的生活水平。从这个意义讲来，在"纯粹艺术"和"普通艺术"之间的那种传统的区别就没有任何意义了，因而也就消失了。

我们个性中的一个根本而必要的部分是对美的兴趣，是领悟美并把美吸收到性格中去的能力。然而，艺术教育能够而且应该还有另外一种功能：它是我们和自然环境与社会环境相互沟通的一种手段；它是了解环境的一种手段，而且当某种情况发生时，它又是对抗环境的一种手段。但这个因素在教育实践中至今还没有受到应有的重视。

职业训练 传统教育的课程内容，一般地说，同职业上的需要很少联系。人文科学在中学生或大学生选择道路上仍然有特别的影响，虽然大多数发展中国家需要应用科学方面的专家和技术员。

为生计作准备的思想正在发生变化。根据技术进步的速度，许多人在一生的工作过程中将有几种不同的职业或经常变换工作地点。在有些国家中，靠工资生活的人目前所担任的职业，有半数在本世纪初期还未出现。

教育很少帮助个人适应变化、适应未知的事物。在这个世界上，人们还没有广泛地采用这个原则：在中学教育阶段就应该进行普遍综合技术教育——这种教育可以保证职业的流动性并将引向终身教育[①]。

至于教育对劳动市场的作用和责任，我们必须在人力的供求之间区别两种不同的不平衡状态。一种是在整个数量上的不平衡，一种是在结构上的不平衡。第二种不平衡状态的意思是说，虽然在数量上的供应是符合需要的，但所提供的职业不适合那些求业人的能力、要求和爱好。虽然与一般人的意见相反，教育，特别在农村地区，的确有助于纠正整个不平衡状态，但是这种不平衡主要是属于结构方面的。要做到这一点，就要看教育是否努力适应于经济需要，是否符合个人的愿望、态度和希望，而这些方面大部分是和职业生活的真正条件无关的。

这些问题表明了学校的双重任务。学校的任务不仅是发现人的才能，训练它们和推重它们。学校的任务尤其要培养性格和态度。这些问题是所有国家所共有的，但在发展中国家特别尖锐，因为这些国家的工资标准往往助长人们去谋求（或等待）那些供过于求或者与发展无关的职业。在公共服务事业方面尤其如此，因为在这里，传统上认为行政职位总是高于技术职业的。

手工教育　在发展中国家，和在工业化国家一样，许多社会的教育体系仍然助长和继续保持智力训练和实践训练之间的区别，把体力劳动视为一种灾难而且必须不惜任何代价通过教育加以逃避。课程计划经常这样划分等级，把体力劳动训练留给天资较差的学生。

体育　体育基本上是关于肌肉、神经和反射作用的训练。但是体育应该越出这个范围，这一点大家是容易同意的。但是人们一般

---

① 尽管在采用这个教育原则的许多情况下，似乎已经产生了积极的效果，但是人们采用这个原则还是有保留的，特别在高度工业化国家如美国和德意志联邦共和国以及大多数社会主义国家。

还把重点放在竞争精神的价值以及体力训练与品德修养的关系上，这一点人们经常是肯定的，但未曾表现出来。实质上，人们的身体是个性的基础，因此，人们应该学习如何充分地适应他们的身体。体育并不是在理论上有什么不足之处，而是受损于人们对它的漠不关心，这种不关心体育的现象实际上仍然是非常普遍的。

人们忽视或轻视教育计划中某些因素，课程计划中存在着某些缺陷和不平衡状态，在我们看来这乃是毛病中最严重的病症，而教育既是这种疾病的受害者，也是它发生的原因。把教育中智力的、体力的、美感的、道德的和社会的组成部分加以分隔，这是人类互相疏远、轻视和支离破碎的一种迹象。

教育的内容与学生生活经验之间的脱节，它所宣扬的价值体系与社会目标之间的差别，教育的课程计划陈旧与科学现代化之间的鸿沟等方面，从根本上使教育受到了损害。使教育与生活结合起来，把教育与具体目标联系起来，建立社会与经济的密切关系，发明或再发现一种适合于它的环境的教育体系——这肯定是求得解决的办法。

很久以来，教育的任务就是为一种刻板的职能、固定的情境、一时的生存、一种特殊行业或特定的职位作好准备。教育灌输着属于古旧范畴的传统知识。这种见解至今仍然十分流行。然而，那种想在早年时期一劳永逸地获得一套终身有用的知识或技术的想法已经过时了。传统教育的这个根本准则正在崩溃。现在不是已经到了寻求完全不同的教育体系的时候了吗？我们要学会生活，学会如何去学习，这样便可以终身吸收新的知识；要学会自由地和批判地思考；学会热爱世界并使这个世界更有人情味；学会在创造过程中并通过创造性工作促进发展。

这些话听起来似乎很抽象，但是教育是一项巨大的事业，对人类命运具有强烈的影响，因而，如果我们只根据它的结构，后勤的手段和过程去考虑教育，那将是十分有害的。对于教育的实质、教育同人类与人类发展的基本关系、教育同作为社会产物和社会因素的环境的相互作用等等，我们必须进行深刻的检查和广泛的重新考虑。

民主之路

好多年来，批评家们曾经指责学校是充满不公平、极权主义和歧视的蜂窝。这种指责引起了一些惊奇，这是可以理解的，因为这等于责备学校是社会在许多世纪内通过连续给予的指令而造成这样的。尽管这种指令可能有所不同，但一般都认为，学校应该是有等级制的和极权主义的。

然而这种猛烈的批评是能够加以说明的。起初，这种批评，和当时的气氛一致，表达了人们强烈感到的需要。这种批评也是由于许多人认为教育是虚伪的而激起的，这种虚伪就是用貌似民主的词句作为烟幕来掩盖真正的不平等。

教育民主化的进展　教育当局常常宣称，他们希望学校有助于使人人得到平等的机会，情况确实是这样。有些国家在经济上的要求，有些国家在意识形态方面的目标，世界许多地方的民族解放运动，以及在某些情况下甚至对社会不安定的恐惧等等，都助长了人们强烈要求教育更加民主化。而且也有许多迹象，表明已经取得了相当的进展。现代社会与传统社会都创造了许多条件，使更多的人能够上学。几乎所有的学校都在努力延长就学的时间。工业化国家，无论是社会主义的或资本主义的，都在继续不断地扩充中等教育和高等教育。为了评定学习的结果，人们已经开始采用普通考试、竞争性的测验和统一的评分方法。这即使还没有在法律上废除传统特权，但事实上已经做到了这一点。这是不可否认的进步，证明民主有力量改进教育的结构、范围和实践。

持久的特权　可是在这个教育世界里，不公平的现象仍然以各种不同的方式存在着。这里，我们并不是指国家之间的悬殊，而是指国家内部的不平等状态。

地区的差别可以达到很大的比例，例如，有关两个不同地区教育情况的数字，和同一项目的全国平均数相比，可以相差到50％。[①]其他不平等的事例是教育设备集中在主要城镇，因而不利于广大的农村地带。[②]甚至尤为不公平的是把这些教育设备集中于靠近城市中心，而不在贫民窟，不在棚户区（favelas）和其他贫苦地区，在那里缺乏象富裕区那样的学校。此外，无数种族上或民族上的歧视有时达到了令人难以容忍的地步，甚至在那些具有充分物质资源改善这种情境的国家，也是如此。[③]

教育某些部门的人享有高度的特权，其他则是贫苦的"农村兄弟"，这种差别是根据他们所依附的阶级的社会地位决定的。穷人的子女或那些遭受民族歧视或社会歧视的集团的儿童们，从一开始就处于困难的地位；他们或是由于缺乏儿童早期所需要的身体上或心理上的适当照顾，或者是由于缺乏学前教育。他们同那些比较富裕阶级的儿童相比，或者同那些生长在较为有利于正常成长与发展的背景中的儿童相比，都是处于不利地位的，这种不利的程度有时达到了不可挽救的地步。在学生增加很多而学校场所有限的地方，学校便采取任意挑选的办法，使得许多能够继续学习的学生不能升学。扫盲计划和校外职业训练没有得到充分的发展，因而

---

① 例如，在印度，如果我们把 6—11 岁年龄组的平均入学人数比率，和各地区入学人数比率互相比较，我们就可以看到很大的差别。全组平均入学人数比率约为 80％，而各地区入学人数比率，在那加是 121％，在安得拉是 77％，在旁遮普是 68％，在中央邦是 57％。高年级的差别更大；平均百分比为 36％（6—8 年级学生比 11—14 岁年龄组的总数），而各地区的百分比，在比哈尔是 22％，在阿萨姆是 31％，在古吉拉特是 43％，在喀拉拉是 71％。

② 例如，在一个拉丁美洲国家，66％的市区小学已经提供了足足 5 年的小学教育，但在农村地区只有 6％是这样的，而 59％的农村学校只提供两年的学校教育。

③ "1964 年，黑人学生人数仅占全国入学总人数的 5％；1969 年黑人学生人数的比例增长到 6％，虽然黑人占大学合格年龄组的 12％"（《校内骚乱》，校长委员会关于校内骚乱的报告，华盛顿，美国政府印刷局，1970 年）。

那些从一开始就失去入学机会的人们感到，当他们年龄更大时就越来越不能使自己受到教育了。

因此，同公平合理完全相反，那些最没有社会地位的人们往往享受不到普遍受教育的权利——在这方面现在文明过早地引以为荣了。在一个贫穷的社会里，他们是首先被剥夺权利的人；而在一个富裕的社会里，他们是唯一被剥夺权利的人。

可能平等受教育—受教育的机会不平等 然而，可能平等地受教育，这只是求得公平的必要条件，而不是它的充足条件。人们有可能同样受到教育，但并不是说，他们都有同等的机会。平等的机会必须包括同样成功的机会。①

相反，这种成功的机会是很不平等的。人们在教育周期的开始和末尾，对那些入学生和离校生的社会背景进行比较时，曾经系统地加以歪曲。这一点就是证明。

在家庭的经济、社会和文化地位同接受各种类型教育的机会以及以后成功的机会之间有着相反的关系。这虽是一个普遍的现象，但各国对它的重视远不一样。②就大多数的情况而论，理由是

---

① 许多研究过真正机会平等所需条件的作者们指出：如果单独使学校教育的方法平等而不考虑其他方面，事实上，这就会造成不平等的结果。"正是由于认识到这种事实，英国普洛登委员会采用了积极鉴别的原则。不过这个原则最后对教育机会平等又作了十分激进的规定。它规定，目的不在于教育的'输入'平等，而在于教育要有平等的'成果'（当然这是指集体，而不是指个人）。……科尔曼的最具有戏剧性和最有争论的发现同这个问题最有关系。学业成绩不良的原因不是由于教育设备不平等而是由于学生的品格。换言之，与成绩测验分数相关的主要是学生团体的社会阶级的风气"（A·H·哈尔西：《教育与社会变迁》，巴黎，联合国教科文组织，1972年，国际教育发展委员会文件，意见汇编，51）。

② "由于政权的变换，在所有社会主义国家中，我们可以看到入学总人数的急骤增加和学生社会阶层的深刻变化。……入学人数的增加和比较民主地吸收学生，这种非常普遍的双重运动构成了社会主义制度的一种本质的特点"（罗伯特·卡斯特尔）。然而，事实上，如匈牙利（S·费尔奇）和南斯拉夫（M·马斯蒂奇和R·苏佩克），高级行政人员、专业人员或知识分子家长的子女的平均分数远远超过了技术工人、手工劳动者或农场劳动者子女的平均分数。

很明显的。从穷苦家庭来的儿童被迫过早去做工；那些做工的学生还必须在学习之外去做工。此外，这些儿童的卫生条件差，饮食不良，住房拥挤。近来还发现了大量其他原因，这些原因虽没前面这些情况明显，但是同样重要。[①]例如文化条件，特别是语言的条件，这种条件决定着在学业上有用的学前知识的水平和内容。

这些事实也许是可悲的，但它们确实存在，而教育体系又不能消灭它们。但是教育体系至少不应该使这些情况变得更坏。

不管教育有无力量减少它自己领域内个人之间和团体之间这种不平等的现象，但是，如果要在这方面取得进步，它就必须事先采取一种坚定的社会政策，纠正教育资源和力量上分配不公平的状况。

大学阶段不平等的现象　这个悬殊不均的问题，特别是各个不同的社会阶级在中小学产生的参差不齐的程度，也很明显地反映在高等教育方面，如从表6我们所看到的那样。

治标的办法　极其复杂的社会经济过程控制着这些现象，而这些现象，在很大程度上，并不是直接由教育政策决定的。有许多措施，例如，设立大学分校，隐晦地或明显地为某些特殊集团规定大学入学人数的分配额，乃至扩大奖学金制度等等，都只是一些治标的办法，除非把这些措施同坚定的、长期的、促进文化的政策结

---

① 教育体系"……不可避免地要偏向到那些家长受过教育的子女一边，这些家长为他们的子女提供了良好的语汇和文化上丰富的环境"（库姆斯，引语见前书第32页）。"入学的机会和以后在社会上成功的机会，在来自不同背景的儿童中分布得不平等。免费教育正在普及，而且，如我们所熟悉的，小学生和大中学生人数也在日益增加。因此，我们就不能再归罪于纯经济情况的不同。社会学家正在转过来反对人们在文化遗产上的差别。学校体系就是为有继承地位的人的利益服务的，因而就支持他们。学校体系自称是维护平均主义的，但它的职能却在支持特权，以保证维护今天的社会地位。它用最完全的伪善面貌来掩饰它选择杰出人才而迫使没有特权阶级的儿童退出学校"（A·吉拉德）。"教育社会学领域中新近最重要的成就之一是它表明：如果我们不涉及作为学生来源的集团所具有的亚文化状态，我们就不能估计他们能否获得有教养的文化"（罗伯特·卡斯特尔）。

合起来，并以促进政治民主和社会民主的全面努力为后盾。

表 6　高等教育的入学人数(按选出国家中家长职业分类)

国家	自由职业与行政管理部门		工人	
	学生（总入学人数的百分比）	分组（有自立能力的总人口的百分比）	学生（总入学人数的百分比）	分组（有自立能力的总人口的百分比）
奥地利	32.4	7.4	5.5	63.7
意大利	11.6	1.7	15.4	59.6
日　本	52.8	8.7	8.7	44.2
挪　威	33.6	10.4	23.9	55.4
英　国	62.9	21.5	27.2	71.5
美　国	52.4	22.9	26.6	57.4
南斯拉夫	17.9	8.8	19.0	28.0

1. 在 1960—1966 年之间的各年之内。

来源：《学生的社会背景及其在校成功的机会》，国际教育会议第 23 次会议，日内瓦，1971 年 9 月 15—23 日（联合国教科文组织文件 ED/BIE/CONFINTED/33/3，1971 年 6 月 7 日）。

教育民主并不单单表现在增加学校，扩充各个不同阶段的入学机会，延长学习的期限等方面。把问题缩小到这一点就会忽视这样的事实：人们还可以用其他的办法来发展他们的才能，找到他们今后的道路。

教育内部的障碍　实际上，还有许多其他的问题。教育的各个分支如何互相配合起来？在青年教育与成年教育之间是否已经建立了令人满意的关系？为了得到在各种类型的结构与各个阶段的结构上下左右之间真正的灵活性，是否已经创造了条件？在教育体系内部是否有死角？这个教育体系能否使每一个人通过获得他所缺少的知识在任何时候都能“赶上去”？所有年龄的人能否随意进入学校和离开学校？他们能否根据他们的私人生活或社会生活所获得的经验进入学校，即使进得晚了一点？①

此外，如果探讨教育体系的根本方式是不民主的；如果一种教育体系，广义地来讲是开放的，但是它是被一些思想狭隘的人所管理的；如果它尽力克服社会的障碍，但是所教的教材内容却受到很大的限制而且是十分贫乏的；如果它指点给学生许多途径，但是却阻止他们去求得真理；在这种情况之下，即使这些中小学生和大学生都是在民主的基础上录取的，这种教育体系也不能算是民主的。②

如果我们成功地摆脱了传统教育学的教条；③如果在教育过程中允许自由地和持久地交换意见；如果交换意见之后又提高了个人对生活的领悟；④如果学习者被引导走上自我教育的途径，简

---

① “教育如果要成为真正民主的教育，就应该有这样一种结构，这种结构不仅使个人准备好自己将来能在社会上发挥作用，而且在社会生活中他们的才能经过考验之后仍有受教育的机会。但今天的事实恰恰相反，当社会（就整个社会而言）承认一个人已经担负了责任并在从事活动时，他的教育便停止了”（J·R·加斯，经济合作与发展组织，巴黎）。第二种说法也是属于同一类型的：“最近的研究和探讨表明：学制（包括大学）的民主化已经走进了死胡同。现在只有终身教育原则才可能使教育打破这个僵局。这个原则的目的在于帮助人们根据后来规定的更好的目标，按照他们的经过生活考验的才能和深思熟虑的动机，在有效的指导之下，可以在任何年龄重新学习……”（亨利·詹内，布鲁塞尔，1971年）。

② “放宽录取入学者的社会基础绝不是民主教育的充足标准。如果一所学校从全体居民中录取学生并且保证他们在社会上有平等的上升机会，但是它是建筑在不容异说、崇拜权力、民族沙文主义或帝国沙文主义、一种不承认别人是人的态度和种族主义的基础上的，这就不是一所民主的学校”（乔治·费里德曼：《力量与智慧》，第435页，巴黎，加利马尔出版社，1970年）。

③ “一个模范的学生，一个用来供人模仿的人，这个概念在传统教育学中占着统治地位。这类教育学的动力不是发展人格，使人不断关心他的自由、他的自我责任，而只是获得大量知识”（伯纳德·库尔库耳：“新教育学的必要”，见《教育学手册》，第26期，巴黎，1966年）。

④ “当一种积极的方法逐渐帮助一个人认识到他的问题，认识到他成为一个人、成为一个主体的条件时，他就将获得使他能够作出选择的工具。……知识不能是由自认为有知识的人‘普及到’或‘灌输给’自认为没有知识的人的；知识是通过人与宇宙的关系，通过充满变化的关系建立起来的，在这种关系中批判地解决问题，又继续促使知识发展”（保罗·弗雷尔）。

言之，如果学习者从学习对象变成了学习主体，教育的民主化才是可能的。当教育采取了自由探索、征服环境和创造事物的方式时，它就更加民主化了；而不是象往常一样是一种给予或灌输、一项礼物或一种强制的东西了。

教育上的平等，要求一种个人化的教育学，要求对个人的潜在才能进行详细的调查研究。机会平等并不等于把大家拉平。机会平等不是不惜任何代价否认个人的基本自由，攻击一个人的完整性或者滥用专家统治的、官僚主义的权力。①

给每一个人平等的机会，并不是指名义上的平等，即对每一个人一视同仁，如目前许多人所认为的那样。机会平等是要肯定每一个人都能受到适当的教育，而且这种教育的进度和方法是适合个人的特点的。

教育有两个根本弱点，往往使教育成了一个难于对付的工头。如果我们承认这两个弱点，教育学就能得到大大的改善。第一个弱点是它忽视了（不是单纯地否认）个人所具有的微妙而复杂的作用，忽视了个人所具有的各式各样的表达形式和手段。第二个弱点是它不考虑各种不同的个性、气质、期望和才能。

记分制、选拔、考试和文凭 目前人们过分重视选拔、考试和文凭，在这一点上就最清楚地显示出人们彼此缺乏了解的这种情况。这种制度奖励强者、幸运者和顺从者，而责备和惩罚不幸者、迟钝者、不能适应环境者以及那些与众不同的和感到与众不同的人们。

现在又重新确认了一种意识形态，这种意识形态是以成绩优

---

① “对青年来说，民主化已经变成了一致性和呆板性的同义语了，然而如果教育要有进步，那末根据国家的社会—专业的分类提供广阔的选择范围，改变入学的条件，公平的分配机会就应成为这种教育进步的最起码的目的”（蒂埃里·勒马雷斯基埃：《从青年的观点看教育》，第5页，巴黎，联合国教科文组织，1971年，国际教育发展委员会文件，意见汇编，46）。

劣为根据的。从历史上讲来，这种意识形态是民主的，因为这是以成绩优劣取得权利去代替过去那种以出身与幸运取得权利。其结果，使那些取得权利的人们感到问心无愧，但却掩盖了问题的另一方面。这就是说，有些人在社会文化方面具有优越的条件，善于语言和抽象思维的表达。甚至还有一些人具有超过平均水平的智商。从人道主义和道德的观点来看，这些人比他们的同伴更应该值得培养吗？

人们实际上通常是根据社会的利益选择那些最有才干的成员去担任那些困难的或负责任的工作的。关于人类的才能和个人与社会关系的这种狭隘的观念是能够和必须废除的，而且无论如何将来总是要被废除的，但同时这种观念对许多国家来讲，还是有用的，因为在这些国家里面，在经济和行政方面，还迫切需要有训练的行政人员。这就使人们以“能人统治论”为根据选拔人才。当这种选拔人才的办法堵塞了裙带关系或任人唯亲时，它就显得更有道理了。

这种选拔的方法，不仅从教育原理和教育哲学的观点来看，应该受到批评，而且从实践的观点来讲，也应该受到批评。几乎没有证据可以证明：选拔的程序能够正确地预测一个人是否具有某种特殊职业所需要的才能。一般讲来，这种选拔程序所测验的东西只限于与等级制课程有关的一个狭小的活动范围。这样的选拔方式很少考虑从社会和经济方面来的障碍，而往往把这种障碍说成是由于个人无能，作为拒绝使用的可靠理由。[①]记分制，一般来说，可

① “教育体系给学生升级，也给学生降级。那些在考试中不及格的人……就变得灰心了，因为这个体系本身使学生心灵上燃烧起来的期望没有能够实现。一个人由于他的学校教育水平提高而提高了他的社会地位。这种体系是保护杰出人才的。实行这种教育体系的结果使受教育者之间发生了不顾一切的互相竞争”（C·M·拉巴尼：《教育的目的和目标》，第4页，巴黎，联合国教科文组织，1971年，国际教育发展委员会文件，意见汇编，7）。

以使一个人的成绩和他的同伴的成绩进行比较；但记分制却很少考虑一个人的成绩和他开始时的水平相比到底进步了多少。[①]

从理论上来讲，考试的目的第一在于测量过去的成绩，第二在于评价一个人未来的才能。学校自然有资格担任第一个任务。但是，学校是否应该担负起决定谁去参加专业生活这个重要的责任呢？在学校和学校在选择过程中所进行的活动的各个方面，两者之间时常是没有什么关系的，这一事实对于学校能否有效地选拔人才，就更加可疑了。

尽管呆板的、形式主义的和丧失个性的考试制度在教育过程的每一阶段上都造成了损害，但除了极少的例外和一些临时性的实验以外，这种考试制度仍然到处都在采用。这种考试制度所产生的问题，只有遵循终身教育的路线，把教育过程的结构进行彻底改造时，才能得到真正的解决。

当教育一旦成为一个连续不断的过程时，人们对于成功与失败的看法也就不同了。如果一个人在他一生的教育的过程中在一定年龄和一定阶段上失败了，他还会有别的机会。他再也不会终身被驱逐到失败的深渊中去了。

师生关系 除了形式与方法的问题以外，我们也不在这里辩论教师在教育过程中的一般职能的问题，我们应该从根本上重新评价师生关系这个传统教育大厦的基石，特别当师生关系变成了一种统治者和被统治者的关系的时候。这种统治与被统治的关系，由于一方在年龄、知识和无上权威等方面的有利条件和另一方的低下与顺从的地位而变得根深蒂固了。在我们当代的教育界中，这种陈腐的人类关系，已经遭到了抵抗。这种抗拒浪潮的表现方式

---

① 有人曾经说过，有一种广泛流行的选拔和考试制度能尽量使每个受试者的机会“客观化”，而这个制度所依据的“原则可表述如下：‘为了对某人作出可靠的判断，主要的事情是首先不去认识他！’谁不明白这是官僚主义的一条根本规律？”（罗伯特·巴津）。

有：消极与造反、退学与反抗、独立的社区教学计划、大中小学企图自我管理的尝试等等。此外，还要加上某些教育体系所感到的所谓“权威危机”在政治上、社会上和文化上的深刻原因。

从终身教育的立场和当前人类知识的现状来看，把教师称为“师长”(Masters)(不管我们给这个名词一个什么意义)，这是越来越滥用名词。教师的职责现在已经越来越少地传递知识，而越来越多地激励思考；除了他的正式职能以外，他将越来越成为一位顾问，一位交换意见的参加者，一位帮助发现矛盾论点而不是拿出现成真理的人。他必须集中更多的时间和精力去从事那些有效果的和有创造性的活动：互相影响、讨论、激励、了解、鼓舞。

如果教师与学生之间的关系不按照这个样子发展，它就不是真正民主的教育。

共同管理与自我管理 保证人们能够充分行使他们在教育上的民主权利，这也意味着保证他们有权参加教育机构的管理和教育政策的制订。①

这和今天人们在政治和经济事务上强烈提出的要求是完全一致的。把这一点应用到教育上来，就产生了两个问题。

第一，在参加者、使用者和其他有关的人们中，谁应该享有指

---

① “教育民主化不仅要把更多的教育给与更多的人，也要有更多的人参加教育管理。传统教育已不能适应大量增加学生人数的需要。教育必须重新建立。但是谁来重新建立这种教育呢？不是教育的管理人员和官员，而是人民，全体人民。他们最了解他们自己的需要和意愿。教育民主化的问题必须交给每一个国家的人民去解决，这就是说，我们必须把各阶层的人民组织起来，或者毋宁说发动起来，进行关于教育与教学的讨论。让教育的民主化从真正的民主行动开始：让尽可能多的人民帮助重新创造教育”(由学生们在一次青年论坛的辩论会上提出的文件，日内瓦，1971 年 9 月)。“虽然克服那些与社会教育危机有关的现象，就这个过程的范围与广度而言，大半依赖每个国家的经济力量，但解决的关键必须是：完全改变教育的社会地位，完全改变那些与教育体系、发展政策、教育财政管理和教育机关的全部活动直接有关的人们的地位和作用，而且还要有那些直接与教育有关的人民的积极参加”(史特凡·贝茨丹诺夫：《不平常的教育思想》，第 5 页，巴黎，联合国教科文组织，1971 年，国际教育发展委员会文件，意见汇编，35)。

导和管理教育这个共同事业的权利？这些人中间可以包括教师和家长；科学家、教育学家、心理学家、儿童专家和其他人们；大学生和一定年龄的中小学生；行政人员和其他职员；有过某种训练的雇用人员以及各种青年组织、工会、政治团体和其他组织的代表们。

第二，究竟应该在什么阶段进行共同管理和自我管理，并且应该实行到什么程度？可能从事的活动有：规定教育政策和目标，建立和组织机构，筹措经费和分配资源，确定教材和教法等教学上的问题，聘请教师，调整薪金和制订规章制度并考核其结果。

在这里，我们现在很难预料群众参加活动和共同管理的程度将扩大到什么地步，不管许多国家进行实验的兴趣与规模有多大。但是我们可以肯定，即使变革结构和废弃陈规旧律(如这类改革所假定的)在目前世界上看来仍然是不可能实现的幻想，但这个运动仍将继续发展下去。

在报告的这一部分里，我们着重指出了我们教育体系中的一些失败、弱点和被歪曲的地方。人们也许认为过分了一些。确实我们所描绘的这幅图画也许是不公正的，因为它是不完整的而且是有意偏向于批评的一面。一项公正的估计还应该提到其他的方面。

但是我们的意图并不是要使我们成为不偏不倚、不动感情的法官，而是要说明进行尝试和采取行动是多么必要。

教育总是服从于人类事业的规律的，它总是变得衰老，逐渐枯萎。如果教育要继续成为一个生气勃勃的有机体，能够运用智慧和精力去满足个人的和社会发展的需要，那末它就必须克服自满和墨守成规的缺点。教育必须经常检查它的目标、内容和方法。

只有这样，教育才能对它本身的民主化作出贡献，同时也要记住民主化并不仅仅依赖于教育。

这是一项艰巨的任务。从概念上讲，先决条件是：我们再也不要象人们长久以来有意做的那样，把可能平等地接受教育和教育机会平等混为一谈，不要把广泛地接受教育和教育民主化混为一谈。

预见教育世界民主化即将到来，这并不是一种幻想。它也许还不是完善的民主，但这种完善的民主又在什么时候存在过呢？这种民主不是由于官僚主义者或专家统治论者的鼓励而建立起来的，也不是由某一统治阶级所批准的。它至少将是一个真实的、具体的、实际的民主。它将是生气勃勃的、富有创造性的和继续演进的。要达到这一点，我们就必须改变一些社会结构而减少我们从文化遗产中树立起来的特权。我们必须重新改造教育结构，大大地扩大选拔人才的范围并使人们能够沿着终身教育的模式前进。教材内容必须个人化；小学生和大中学生必须意识到他们的地位、权利和愿望；权威式的教学形式必须让位于以独立性、互相负责和交换意见为标志的师生关系；教师的训练必须使人了解和尊重个性的各个方面；指导必须代替选拔；那些使用教育机构的人们必须参加管理和制订政策；教育活动中的官僚主义习气必须消灭，而教育的管理必须实行分权制。

后记一　旧概念与新需要

在前几章中，我们试图表明，教育结构乃至教育概念本身都需要从根本上予以重新考虑。但是在这个领域内，同在其他领域内一样，由于普遍认为社会与经济方面已经取得巨大的进步，因而使我们对于这种需要也认识不清了。

工业化国家由于它们本身的优越条件和成就所产生的骄傲情绪和一些贫穷国家因此而引起的那种羡慕别人的钦佩心情，使这两类国家都相信：进步的道路（根据生产力的发展与国民收入的增长来估计）必然是按照主要发达国家所遵循的方向前进的。比较不发达国家唯一可以想到的目的就是忠实地、以人为加速的步伐，通过发达国家传统走过的每一阶段，"追赶上"比较先进的国家。同样，我们容易相信，社会进步普遍都是自动发生的，或者说，社会问题能够简单地通过改换政权得到解决。这就使我们低估了社会结构变化所产生的问题的范围和复杂性；使我们忽视了由收入差别与不平等现象所引起的紧张状态和反常行为的后果；使我们看不见经济的和社会的改造是解决个人间与集体间矛盾的主要途径；尤其使我们不能体会到人民直接参加发展过程和彼此积极合作必然发挥作用的极端重要性。

我们对社会进步应有一个比较正确的看法。教育在这方面所得到的教训是很多的。既然教育本身不能单独克服社会的邪恶，它就应该力求增进人民控制自己命运的能力。教育就应该努力帮助每一个人发展他自己的能力，从而实现亿万人民潜在的能力，解放群众的创造力。而且为了预防工业技术方面不合理的发展引起长期不利的影响，教育应该宣布一个人道主义性质的最终目的，从而采取步骤,防止生存逐渐失去人性的危险。

人们通常把教育经费视为一种特殊投资,而对这种投资的要求根本不同于对工农业投资的要求(即使两者不是完全互相竞争的)。然而,事实越来越清楚,任何发展计划,只有用适当的物资与人力进行投资时,才能达到它们的目的。

只要在不同的投资之间作出严格的区别,只要把这些区别视为互相竞争的和相反的,我们就不可能打破各个领域之间的障碍而采用各部分相结合的办法,把一些大计划的各个不同部分结合起来并加以平衡。

在过去10年中,比较不发达的国家已经感到技术人才的缺少,而工业化国家也在较小程度上感到技术人才缺乏。这就使人们作出这样的结论:对技术人员有无限的需要;无论如何,技术训练本身总是有用的;在劳动市场上出现人力过剩的现象是暂时的,因为任何工业化过程的经济将自动地吸收掉这种过剩的人力。但是根据目前普遍的观察,这种缺乏人力的情况已经减少了或消除了,而持有文凭的失业人数依然没有减少,有时甚至还在增加。

只要我们认为,一个人成长的速度是和他所受的教育直接有关的,我们就无法理解为什么不根据劳动市场的直接需要去设计一种职业训练体系。一个学生未来的劳动生活依靠他所学的职业课程或为了立即就业而接受的训练,而且首先依靠必不可少的一般准备,因为这是使他能适应最大的职业流动性所需要的。

教育中最没有人怀疑的教条是有关学校的说法:即教育等于学校。当然,事实上,用绝对的字眼来说,即从它在数量上的扩大和质量上的改进来说,学校是在继续不断地发挥着它们在教育体系中的重大作用。但是学校和其他各代之间的教育手段和通讯工具比较来说,它所具有的重要性不是正在增加而是正在减少。

事实上,学校与教育之间的这个等式将继续存在下去,一直到我们建成了这样一个社会为止,在这个社会里面,人们将长时间地或在一定间隔的时间内或多或少地连续地接受教育。我们必须清晰地把教育想象为一个为整个社会所设计的连续过程，这个连续过程不仅包括学校，而且还包括它的传递系统和通讯系统、它的各种通讯工具以及自由公民间那种有组织的和多样化的相互影响。

关于教育，还有一些未加批判的见解继续存在着，而且在成倍增加。有人说，教育巩固了民族与社会的统一并且使得机会平等。学校生活加强了团结与合作态度。这一切无疑是确实的，但实际上并不是那么单一、那么清楚的，而是十分模棱两可的。

即使毫无争议，许多国家借助于一种全体人民共有的教育，促进了民族统一，但同样确实的是，学校往往重视杰出人才并增加对城市的好处而对农村人口则并不如此。不错，学校通常运用最好的手段去克服农村的缺陷，禁止社会对手工劳动的侮辱，乃至允许劳动人民加入有特权的杰出人才的行列。但同样真实的是，教育体系通常有利于社会上、经济上特权阶级的成员和那些在学业上最富有秉赋的人们，因而破坏或损害了大量学生的前途。而且当学校在培养团结与合作之类的美德时，它还使用相反的一些方法，培养不健康的竞争精神。

有人仍然相信，教育过程仅限于幼儿与成人之间的这一段时间，让经过选拔的一批学生接受知识。学校的目的应该是：在学生离校时，已经为每一个学生提供了足够的知识和技能，以备他终身之用。

关于这些见解中第一个见解的真实性，当代心理学研究已经发生了怀疑。至于第二个见解，日益加速的变化已经把它完全否定了。但是，如果这些狭隘的见解还继续保留着，我们就不可能真正设想现代的方法（这些方法坚决主张教育不仅是为青年们所设计的，而且也应为丰富成人的经验提供有效的手段），学校教育过程就不一定是一个连续的过程。

但是对这类课题的讨论实际上通常总是变成一种毫无结果的

争论。无论怎样没有结果，在某种情况下，生活本身将会解决这个问题，因为陈旧的、过时的思想不可能长久地顶住新的需要。

第 二 部 分
未　　来

第四章　挑　　战

教育体系受着内部和外部两方面的压力。

内部压力来自体系内部的失灵与矛盾。如我们所看到的,目前的教育僵局使我们有必要在未来的教育发展过程中改变策略和重作选择。然而过去的经验表明:这些内部压力和紧张状态本身还不足以激起教育结构上的变化。

外部压力在我们这个时代特别坚强有力。这种压力正在采取新的形式,开始无规则地向前演进,时而又回过来重新安排基本情况。现在看来很明显,我们不能再继续沿着过去走过的这条老路前进。但人们对于他们将选择哪条道路却仍在犹豫不决。未来行动的方向主要将从外在因素中推演出来。

跃　　进

科学与技术从未象现在这样突出地显示出它们的威力和潜在力。在这个"20 世纪的后半期",知识正以惊人的速度向前跃进。变化正在无限地加速,正象人类的知识和科学工作者的人数迅速增加一样(整个人类历史上 90%以上的科学家与发明家都生活在我们这个时代),与此同时,研究与革新也正在制度化。同样值得注意的是,科学发现与大规模地应用这种发现之间的时间间距也正在逐渐缩短。人们把照相术原理付诸实践花了 112 年的时间。而太阳电池从发现到生产只相隔两年。图 8 表示:从 14 世纪末到 20 世纪中叶 11 种伟大的发现，从发现到应用的时间间距越来越小了。[①]

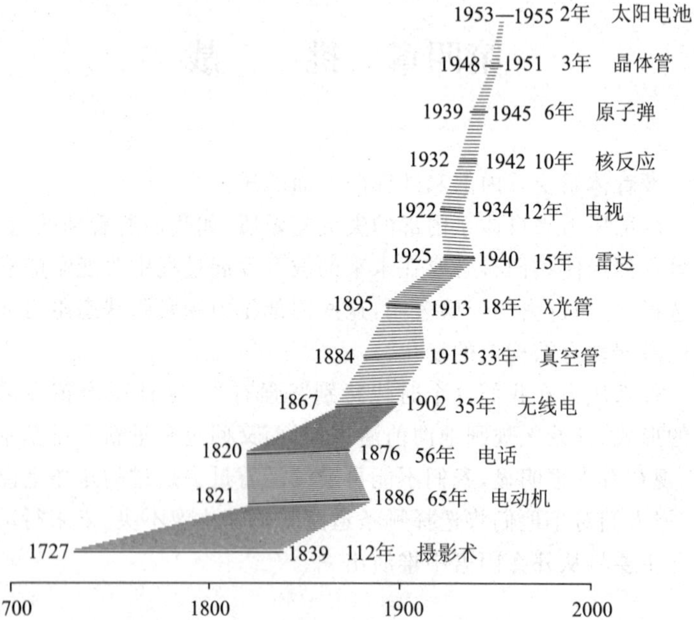

图 8 物理科学上的发现与应用之间的间隔（根据伊莱·金兹伯格：《技术与社会变革》，哥伦比亚大学出版社，1964 年）

另一图（图 9）表明在 25 万年中间，4 项世界性的活动迅猛发展的速度：旅行、通讯、杀伤和计算。[②]

人类以步行速度旅行已经经历过几千个世纪了。后来就有了车轮。到 19 世纪末，内燃发动机的发明使人们旅行的速度每小时达 140 公里。到 1945 年，喷气式飞机的速度已经超过这个速度 10

① 约翰·麦克黑尔：《未来的未来》，第 60 页，纽约，布雷泽勒公司，1969 年。

② 此图系前英国技术部部长安东尼·韦奇伍德·贝恩所提供，他曾在 1971 年 4 月 25 日在伦敦大学讲课时用过此图。

倍。今天宇宙航行员是以每小时 4 万公里的速度在空间航行的。

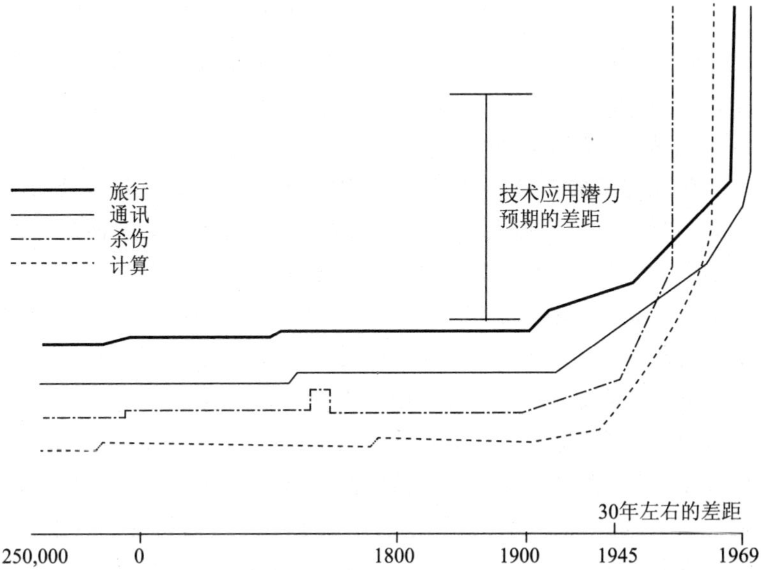

图 9　今日的世界：机器的发展

20 世纪的旅行速度和现代交通工具在全世界的运用已使旅行成为通常之事，并不把距离当作一回事了。前一世纪，普通的人很少冒险远离家乡；现代人则到处游历了。1970 年一年内，就有 1.08亿美国人作了 36,000 万次旅行，其中包括离家 100 英里以外过夜的旅行。1971 年一年内，有 100 万外国人到美国去旅行，有 150 万德国人到西班牙度假。1971 年，有 3.1 亿人乘飞机旅行了 450,000 万英里。

从农村迁移到城市，劳动力的转移，商业与旅游业——这种大规模移动的结果是巨大的。个人的平衡、社会生活和制度的稳定性以及传统价值都受到冲击，发生变化，而这种冲击和变化（无论是有益的或有害的)都要求人们能够以空前规模的变化去适应。[①]

在通讯方面,数千年来人类被局限于他自己的声音或鼓声所能达到的距离之内,或投递书信所需要的时间之内。到 20 世纪 60 年代,千百万人能够听到宇宙航行员从太空所发出的声音,并能看到他们踏上月球时的情况。

眼花缭乱的未来 我们有一切理由相信:过去 20 年人类的知识和力量是以十分惊人的速度发展着的,但这还只是这种进展的初步阶段。当所有国家的教学工作变得更加民主时,特别当发展中国家的教育进展在人类知识领域和与控制环境有关的领域内产生更多的科学研究工作者时,这种进展的势头可能还要增长。

我们还可以预料,不仅在创造发明方面,而且在产量、可靠性和质量方面,都将有进一步的质的飞跃。电子学的进步以及计算机的发明,是一种堪与发明书写相比拟的革命基础。工业生产的前景已经大大地改观了。不久以前,工业是采用天然原料的,但我们现在却在从某种微型结构,即从原子和分子中生产"合成体"。这种微型结构比传统原料更牢固、更坚韧、更轻便和更耐高温。这个革命正在把工业从依靠传统的"自然资源"中解放出来,使工业从各种有机的或无机的元素中获得它所需要的原料。

科学发现不胜枚举,而且它的影响是激动人心的。实际上,我们的物质世界和社会世界的基本条件,没有一方面不是在较短的时间内经过了改变或革新的。这个科学技术的革命毫无例外地影响到世界各国。这个革命也许比其他任何因素要更为明显地影响到当代世界,因为它促使世界各地所有的人都关心同样的关键问题和迅速增多的同样的习惯和实践。与这个革命相联的是,文化运动和艺术运动正强烈地迫使价值与伦理、信息的传递和感知、艺术

① 详细研究现代人的流动在社会上和心理上的后果,可参考阿尔文·托夫勒:《未来的冲击》,纽约,兰多姆出版社,1970 年。

创作与文化发展等各方面发生变化。所有这些运动都是同时发生的，因而人们说，这是“工业时代双重的文化革命”。这个革命的推动力来自理性与想象的结合，非理性的因素与感情的因素的结合。事实上，今天的教育家面临着一件使人着迷的任务：发现如何在理性训练与感情奔放之间求得和谐平衡。

令人兴奋而又可怕的前景 科学发展的前景是令人振奋的、感人的，同时又是可怕的。只要想一想过去25年的情况，我们就可以认识到：在这段时间内人类在物质进步方面所取得的新因素如此惊人，以致产生了这样一个问题：人类不断增长的力量和他所生产的大量丰富多彩的产品是否使他更加幸福一些了？目前，人类几乎有可能无限制地开发这个星球，甚至到某一天还有可能把人类从这个星球上解放出来，这种情况是否会给人类获得一个幸福的前景？

科学与技术既可用来造福人类，也能为害人类，这是一个常识。但是在这个常识背后却还有一个复杂的、难解的和微妙的问题。这个问题也许会变成我们时代的一个中心的道德问题。人们常常反复地说，科学技术活动的后果根本上取决于产生这些活动的社会经济政治制度，这也是一个常识。人类在有可能完全避免有害地应用科学之前，无疑还要有一段很长的时间。科学技术的复合体不仅使我们有理由希望解决人类的问题，而且它也提供了使全世界产生忧虑的原因。

在这里，发展中国家应该从工业化社会的经验中吸取教训，以避免工业化社会那种走过了头的情况。但发展中国家的问题不在于为防止误用科学而预作准备，而在于把科学价值吸收到它们自己的文化中去。

科学精神 毫无疑问，所有的国家都承认，发展是必需的，而发展意味着要具有一种科学精神。发展中国家只有把科学吸收到它们的传统文化中去，把世界思潮吸收到它们自己的民族生活中去，才能更新它们自己而又保持它们的民族特点。一个文化，只有由于它自己能够进行变革，才能生存下去。

不管我们如何理解“进步”一词，也不管我们是乐观地、悲观地或仅仅是从辞源学上去理解它，人类的未来不可避免地是跟科学进展与生产力的发展相联系的。现代人发现，科学进展与生产力的发展是不受人们支配的，它们服从它们自己的逻辑而它们的逻辑是非人性的，因而人们感到非常灰心。事实上，这些发展过程是人类自己建立起来的，而且他控制着这些过程的各个方面和根源，控制着从研究到消费的一系列决策过程：应用、承担、投资、生产和分配。但这个事实也没有改变上述的情况。

不管我们认为人类重新掌握他自己命运的能力是大还是小（这是当代思潮特别是政治思潮的一个最重要的争论点），我们只能说，合理的教育学说必须以下列准则为根据：目前的社会与未来的社会能够或将能证明科学与技术本身并不是目的，它们的真正目标是为人类服务。

科学与技术必须成为教育事业基本的组成部分；科学与技术必须同一切儿童、青年或成人的教育活动结合起来，以帮助个人既控制自然与生产的力量，也控制社会的力量，并从而控制他自己，控制他所作出的决定和行为。最后，科学和技术还必须帮助人类养成科学精神，因而使他能促进科学而不致为科学所奴役。

差　距

1961 年联合国发起了“第一个发展十年”，因此，引起全世界注意到在一小部分富裕国家和占人类三分之二的生活条件十分贫苦的国家之间日益分离的情况。

当我们开始“第二个发展十年”时，这些条件优越的国家和其余的人们之间的差距远远没有缩小。相反，这种差距还在加大。这一事实无助于缓和世界的紧张状态。

人口的增加是造成这个差距的一个原因。在非工业化国家中每年人口的增长率是2.5%。目前世界人口是30亿。如果每年人口继续按照这个增长率增加下去,那末在30年内世界人口就会增加一倍。

差距的各种原因 据我们所知,发展中国家的经济增长,尤其和人口的增加相比,是远远不够的。在1960—1968年期间每年增长数字是4.9%。在同一时期内,发达的资本主义国家的增长率是5.2%,发达的社会主义国家是6.8%,而这些国家人口的增长,总的说来,较慢得多。在发展中国家,每人每年平均收入增加率是2.4%,而这个平均数字并不能说明这样一个事实:即生活在发展中国家(不包括中华人民共和国)的人民有22%住在农村,在那里每人每年收入的增加率低于1%,而在这些国家中只有30%的人收入增加率超过2%。[①]这种差距日益扩大的情况显然是不可抗拒的(见图10)。

在世界贸易中也可见到同样的倾向。由于发展中国家的出口主要是原料,而对原料需要的增长远远赶不上对制成品需要的增长,所以这两个国家集团之间的差距看来就日益显著了。

这里有两幅颇有说服力的地图(见图11与图12),描绘出1980年两个截然不同的世界蓝图。图11中,我们是按照以百万计的居民来计算世界各国的人口的;图12中我们是根据第一个国家的岁入来计算的。

① 莱斯特·B·皮尔逊:《发展中的伙伴》,纽约,普雷格出版社,1969年。

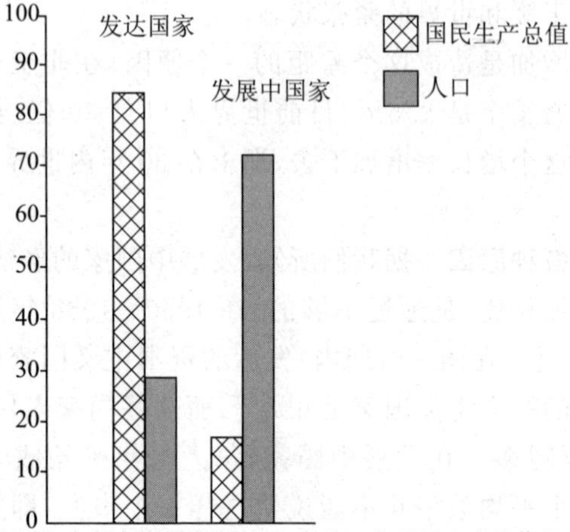

图 10　富国与穷国之间的差距：1970 年人口与国民生产总值的分布情况

图 11,12 中的数码所代表的国家：

阿富汗	(62)	埃塞俄比亚	(37)
阿根廷	(11)	法国	(20)
澳大利亚	(60)	德意志联邦共和国	(18)
奥地利	(26)	德意志民主共和国	(28)
比利时与卢森堡	(17)	希腊	(25)
巴西	(9)	香港	(54)
缅甸	(65)	印度	(65)
加拿大	(1)	印度尼西亚	(59)
锡兰	(66)	伊朗	(34)
智利	(12)	爱尔兰	(14)
中华人民共和国	(47)	以色列	(33)
中华民国①	(48)	意大利	(21)
哥伦比亚	(7)	日本	(44)
古巴	(4)	高棉共和国②	(43)

① 应为台湾省。—译者。

② 应为朗诺傀儡集团。—译者

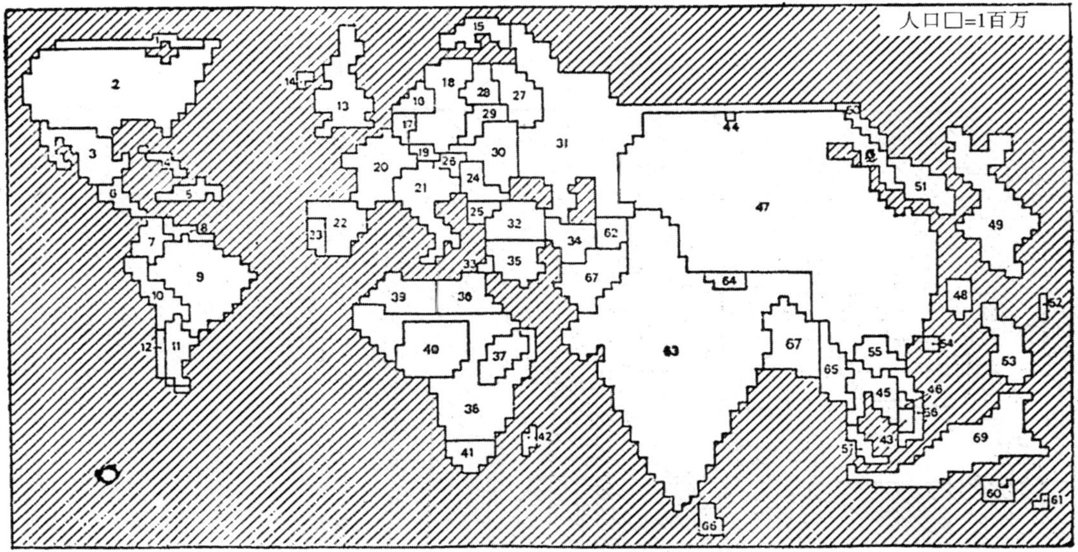

图11　根据人口（以百万计）测绘的1980年世界各国地图

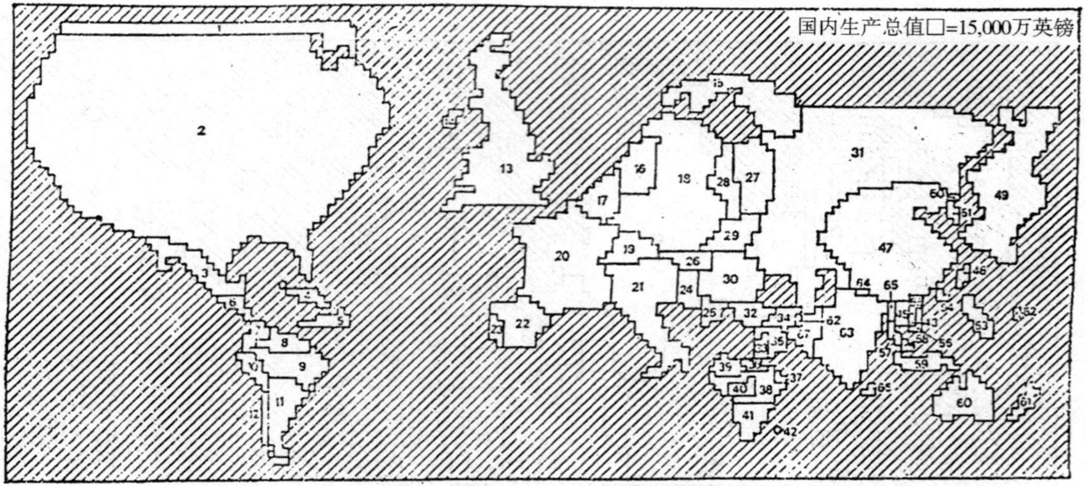

图12　根据国家岁入测绘的1980年世界各国地图

捷克斯洛伐克	(29)	朝鲜民主主义人民共和国	(50)
埃及	(36)	大韩民国①	(51)
老挝	(46)	泰国	(45)
马达加斯加	(42)	土耳其	(32)
马来西亚	(57)	苏联	(31)
墨西哥	(3)	联合王国	(13)
古	(44)	美国	(2)
尼泊尔	(64)	委内瑞拉	(8)
荷兰	(16)	越南民主共和国	(55)
新西兰	(61)	越南共和国②	(56)
尼日利亚	(40)	南斯拉夫	(24)
巴基斯坦	(67)	阿拉伯(中东)	(35)
菲律宾	(53)	大洋洲	(52)
波兰	(27)	其他非洲国家	(38)
葡萄牙	(23)	其他加勒比海国家	(5)
新加坡	(58)	其他中美国家	(6)
南非	(41)	其他东欧国家	(30)
西班牙	(22)	其他南美国家	(10)
瑞士	(19)	斯堪的纳维亚	(15)

来源:戈弗雷·N·布朗:《向21世纪教育前进——世界展望》,基尔,(联合王国),基尔大学,1970年(就职讲演)。

失业 这种情况所造成的一个特别严重的后果,就是它使得失业问题变得更加尖锐了。从1960年到1970年,发展中国家的实际人口增长和工业化国家相比是22%比12%;从1970年到1980年,这个比例预计是26%比11%。在绝对数字方面的预测指明:在这第二个10年间,发展中国家将有近2.68亿人第一次出现于劳动市场,而工业化国家,则只有5600万人。

---

① 应为南朝鲜。——译者

② 应为西贡傀儡集团。——译者

如果在这些公布的失业人数之外，再加上“隐晦的”失业者（包括那些对劳动市场的前景失望而不去寻找工作的人们和就业不足的人员，这些人员，包括公布过的和未公布的，每周工作不满 30 小时，如有机会，希望再多做点工作的），那末失业的数字可能是实际人口的 40%①。

一个十分恼人的现象是青年人的失业，其中包括那些日益增多的持有学位和毕业证书的大学毕业生。青年人中的失业人数比 25 岁以上的成人失业人数要大两三倍。这种情况对受过中小学教育的人的影响，要比对文盲的影响大一些，另一方面，也比对那些持有高等教育文凭的人的影响要大些。②

条件最差的阶层　城市与乡村之间的差距，农业劳动与非农业劳动之间的差距，越来越显著了。工业和服务性行业的发展有助于增加国家收入，但是试图最高额地增加国民生产总值，也产生了经济上的不平衡，加深了社会上的不平等。在这个过程中，那些过着最低生活水平的，乃至生活在低于最低生活水平之中的农业劳动者，是属于条件最差的阶层，他们象那些受过教育或未受教育的青年正在徒劳地寻找工作一样，要求国家在政治上、社会上和教育上采取措施。如果发展中国家实行一些必要的政策，它们充裕的劳动力是拥有大量财富的，这一点正在变得越来越清楚了。

差距正在扩大　然而，主要的问题是，对于今后几十年可能的发展过程要有一个看法。大家一致同意，如果照目前的路线继续下去，将会产生许多严重后果。在不久的将来，世界会发现它本身将处于一种停滞不前和不平衡的境地，使工业化国家和发展中国家都蒙受不利的影响。最后，即使“第二个发展十年”所规定的目标都

---

① 国际劳工组织：《世界就业规划》，第 42 页，日内瓦：《达到全部就业：—哥伦比亚的一个计划》，第 13—28 页，日内瓦，1970 年；D·特恩海姆：《不发达国家的就业问题》，第 41—70 页，巴黎，经济合作与发展组织，1971 年。

② 特恩海姆，同前书，第 48—52 页。

完全达到了，在高度工业化的国家和工业不发达的国家之间的差距仍将扩大。事实上，即使我们假定发展中国家人口增长率是1.8%—2%（即大大低于目前的增长率），而这些国家的国民生产总值达到每年增加5%—6%，即相当于平均每人增加3%（而不是目前的2.4%），并且我们进一步再假定，每一居民的生产增值率继续保持超过过去25年的记录（这一点很有可能），那末到2000年，这个差距也不会少于15%。

需要经济上的扩展 这种情况不应当使我们气馁。相反，应该激励我们继续努力。发展决不能在一天之内实现。联合王国和法国花了100年的时间实现工业化；苏联和日本花了50年。但在目前情况下，发展中国家不能花这样长的时间来扩展它们的经济。[①]实现工业化较早的国家从整个来讲无疑会有较好的经济进展，或者至少当我们看到它们的记录时，看来会是这样的。但是这些国家也许并没有遭受到我们这个时代由于世界规模的劳动分工所产生的种种问题。它们在经济上的进展也许同样是由于许多大家公认的历史法则的作用。这种情况使人们忽视了这些国家之间的差别。因此，发展中国家不应按照先进国家所提供的模式，而应该根据它们自己的特殊情境来考虑或重新考虑它们的经济政策，这是不足为奇的。

寻求解决的办法 有些分析家在分析“第二个发展十年”的前景和方向时，找它的毛病。他们的批评是循着两条思路进行的，这两条思路既是彼此矛盾的，又是互相补充的。

---

① 一个十分受人尊敬的经济学家对于这个问题所发表的尖锐意见是值得注意的。他说：“如果那些高度发达的国家花了很长的时间达到它们目前的情况，那末拉丁美洲国家为什么不应该采取同一条道路呢？时间也许还不能解决它们的问题。……仅仅时间的推移还不能弥补经济上所缺乏的动力，而且时间经历得越久，这个弱点就越难以医治，而且在社会上和政治上的代价也就越大，或简单地说，在人力上所花的代价就越大”（劳尔·普雷维什1970年4月在智利圣地亚哥向泛美开发银行所作报告，《变化与发展》）。

有些人认为,加速第三世界经济增长的速度,看来不是不可能缩小这种发展的差距的。如果这些国家的经济增长率在70年代是7%,80年代上升到8%,90年代上升到8.5%,那末这两个国家集团之间的差距就会开始缩小。在1970年工业化国家每一居民的收入比发展中国家的居民要大12倍。但是根据这个理论,到公元2000年这个差距就将只有8倍了。有些人希望在世界范围内重新分配资源并把大量财源和技术手段转移给发展中国家,运用不同于今天所使用的方法去解决问题。①还有一些人则说,解决的办法是整个地改变发展政策,大力地进行协作,彻底地改变现有的探讨方式,积极地向一种"全球均衡状态"前进。②有些拥护全球政策的人呼吁发展中国家采取措施,降低他们的生殖率。同时,他们又敦促工业化国家放慢它们的经济技术发展的速度,并改变它们那种消费的生活方式,这样就可以大量地增加对发展中国家的支援。③

---

① 作者安吉洛斯·安吉洛波洛斯赞成这个解决办法,他建议用下列方法达到这个目的:"如果我们考虑到,国民生产总值每年增加5%,我们就能够拿国民生产总值的0.5%,即少于国际组织所建议的百分比的一半,用来贯彻这个已经制订的财政计划,但有一个条件,即这种贡献是免费的。这是符合我们所推荐的新政策的,按照这个政策,发达国家应对贫穷国家采取重新分配国家收入的措施。这项收入它们原来是用来提高自己国内那些处于不利地位的人们的生活标准的"(《面对富国的第三世界》,第143页,巴黎,法国大学出版社,1970年)。

② 由一群教育家、科学家和实业家所组成的罗马俱乐部的执行委员会在一个报告中评述"梅多报告"时说:"我们承认,世界平衡,只有当许多发展中国家从绝对数字来看,并与发达国家相比,有了实质性的改进时,才能成为现实。而且我们肯定,只有通过一种全球性的策略,才能取得这种改进。如果没有全世界的努力,今天这个已经爆炸性的差距和不平衡将继续扩大。……经济发达的国家应该树立一个目标,压低它们的物质生产的增长率,同时帮助发展中国家依靠自己的努力加速经济进展"(《增长的限制》,第191页,第195页,为罗马俱乐部关于克服人类困境的设计所作的报告,纽约,波托马克协会,1972年)。

③ 例如,保罗·贝尔契写道:"从宏观经济学来说,要实现这一点,就要逐渐降低(在5年到10年内)发达国家的增长率,每人每年降低0.5%到1%,而把总产值的2%到3%转移给发展中国家,这些国家就可以利用这些附加的资源使每人的增长率达到4%至5%左右,指望在2050年前,这两个地区的经济发展水平能够相等"(《处理困境中的第三世界》,第344页,巴黎,加利马尔,1971年)。

一种世界性的探讨方式　不管人们对于这些建议有怎样的想法(我们对于这些建议,既不赞成,也不反对),这些建议看来都有从世界范围考虑问题的优点。客观的观察家们认为,这些建议都是把许多因素结合起来考虑的,而不是把发展中国家的需要作为一方面,把工业化国家给它们的协助作为另一方面,把两者分开考虑的。他们认为,这些问题应该和世界经济情况的事实联系起来,而这个世界经济情况包括所有国家的进展,这些情况尽管有其内部的复杂性和相互之间关系,但仍可把它们看作是单一的一套问题。

"差距"的新意义　然而我们要注意,迄今为止人们往往把量的数据归结成为工业化国家和发展中国家之间的差距问题,上面人们所建议的各种解决办法都是依靠这种数据。如果我们基本上从质的角度来考虑这个问题,即我们不再用国民生产总值或整个生产率作为主要的参照项目,那末这个观点就可能具有新的意义。事实上,如果某一个发展中国家利用它的资源,从而获得最大的成果,达到了这种程度,那末众所周知的"差距"就失去了它大部分的意义,而缩小到只是一个统计上的比较了。从这个观点看来,主要的标准就是看它是否在采用一种可靠的国家发展的模式,并看它是否保证全体人民都已民主地参加到这种发展活动之中了。

对教育的启示　上述一般性的考虑和其他直接有关教育的考虑之间有相似之处:

(1)如果我们同意,必须消除资源和资源利用之间的不平衡状态,那末教育发展便应在为经济进展制订的政策中发挥其空前的作用。

(2)如果社会的不平等阻碍着明天社会的前进,教育策略就必须作出坚定的努力,更广泛地传播学习的方式与方法。

(3)如果一个国家内部区域性的差别和国家与国家之间的差距阻碍着世界的发展,那末唯一合理的解决办法就是竭尽全力教育条件较差的人们,教育农村地区和条件较差国家的人民。

(4)如果国家显然需要有一个全面的政策和一个有关发展的共同哲学，那末当教育发展是建立在考虑共同利益的基础上而这种共同利益的考虑又反过来有助于制订国家政策时，这样的教育进展将是更有效的。

这就是教育所应采取的方针，因为教育不可否认地受到日益增长的社会、经济差距和不平衡状态的有害影响——但只要作出巨大的努力，教育是可以帮助克服这种差距和不平衡状态的。

处于危害中的环境

技术的发展已经使人们能够解决许多问题，但也对当代生活的许多方面产生了有害的影响。在全世界，技术发展引起了环境的恶化。

这种恶化的情况不是从昨天才开始的。在有历史记载的7000年间，人类就必须应付和控制环境。但是由于粗心或无知，人类有时把环境弄得更糟。火用来打猎和游牧，但也把森林烧得光秃秃的了。干燥地带的灌溉增加了盐硷，以致后来失去了可耕地，因为排水系统不能充分地把盐硷从灌溉地区带走。在北非和中东，这个过程把许多过去的肥沃土地变成了沙漠。

紊乱的扩展 19世纪以来，这种破坏过程由于人口增加和工业发展而加快了。在过去要花几个世纪才耗尽地力，现在只要几十年就够了。在南北美洲，象非洲一样，严重的砍伐森林，再加上覆盖在土壤上的草皮和其他植物逐渐消失，引起了侵蚀、水淹和干旱。土壤因不再受到保护而被吹走或冲走。

按照联合国的估计，“5亿公顷(123,500万英亩)可耕地因遭受侵蚀和盐硷化，已不能再耕种；世界上三分之二的森林为了生产而被砍伐；有150种鸟类和兽类因为人的破坏而绝种了；近千种的野兽现在已经很稀少或处于被灭绝的危险之中。侵蚀、土质恶化、森林毁坏、暴雨成灾、动植物生命受害等等情况现在仍在继续而且有的地方还正在加剧。”[①]

城市的兴起也加剧了这种毁灭性。在美国,每分钟内约有两公顷(5 英亩)的土地被用于建设公路,扩充城市,修建飞机场、停车场和其他“现代设施”。现在世界上的人口有 40%住在城市里。如果这个趋势继续下去,那末到 21 世纪初,大约将有四分之三的人住在城市,从而冲破现有的对他们的限制。这些城市将互相兼并而形成“特大城市”,如从波士顿扩展到华盛顿,或从东京扩展到横滨。

生态学上的不平衡 直到 19 世纪为止,城市同农村或海洋保持着直接的、相当密切的接触,使人们能够满足他们生理上和心理上的需要。随着工业化的进展,城市的发展只是经济或政治发展的必然结果,这是由于我们认为人是环境的主人而且能够从自然生物学的限制中解放出来。

我们现在已经面临这种紊乱扩展的后果——空气、土壤、湖泊和海洋的污染;生理上和心理上的失调;宁静已经消失,暴力成了经常性的威胁。噪音干扰着工作中、街道上、家庭里的居民,使他们不能专心一致,引起一种新型的疲劳,[②]并增加了职业病和失常的危险如耳聋等。当城市人口越来越拥挤,而且又互不相识时,人们就变得越来越神经过敏,行为放肆。

看来,发展中国家还得向工业化国家学习。它们容许(或恳求)来自完全不同的技术世界的因素侵入它们久已习惯的生活方

① 吴丹:《人是自然的破坏者》,联合国教科文组织的《信使报告》第 48 页,1970 年 8 月—9 月。又见《生物界的使用与保存》,巴黎,联合国教科文组织,1970 年。

② 按照康斯坦丁·斯特拉曼托夫(《寂静的缔造者》,联合国教科文组织的《信使报告》,第 10 页,1967 年 7 月)在他对邮局的研究中指出:当噪音从 75 分贝上升到 95 分贝时,生产效率立即降低 25%,邮件分类的错误增加 4 倍。然而当工作人员周围放一个防音布幕,降低噪音 10—15 分贝,生产效率就分别增加 5%到 18%。

式，以加速它们的“发展”。因此，这种发展便具有两重性。这种两重性看来正在迫使他们过着这样一种生活方式，使他们对于文化上和生态学上的不平衡状态所产生的各种危险逐渐变得麻木不仁。这种现象已经使得许多发展中国家处于这样的地步：它们的城镇受到污染，特别是它们的生气勃勃的农村无可挽回地遭到败坏的情况，正在破坏着在多少世纪以来使它们自己的文化发生演进的那种自然和谐的环境。

这不仅使人的环境受到威胁，而且在不久的将来，甚至也可能使人的真实命运受到威胁。人们现在已经开始感到正在受害。迅速的变化正在增加人民的紧张状态，加深人民的不安全感，使人民神经失常，发生反抗社会的行为，产生过失和犯罪。

技术已经产生了严重的有害结果。它已经危害着，并且仍然在破坏着人与他的环境之间、自然与社会结构之间、人的生理组织与他的个性之间的平衡状态。无可挽回的分裂状况正在威胁着人类。应付这许多危险的责任大部落在教育上面了。挽救这种局面的工作包括竭尽全力设法防止这种分裂，预防和抵制来自技术文明的危险。教育要承担这个新任务，即提醒人们去认识这种危险。虽然有许多理由说明由教育承担这个任务是十分合适的，但是人们却时常低估了这一点。

威　　胁

我们社会的前途依靠民主、发展和变革。因此，我们的社会必须培养人们去从事民主事业，促进人道主义的发展和变革。

但是历史并不是一首美妙的田园诗。要开辟一条民主的道路，就必须经历许许多多的挫折和障碍。技术的进步在某些地方已经获得了丰硕的成果，而且将来还可能产生过剩。所有这一切都为实现公平创造了条件。但是这种技术进步也是产生不公平、彼此疏远和新暴政的根源。

情报与通讯技术的进步正在为政府和私人团体提供日益广泛的方法，干预个人的生活和形成他们自己的意见。同时，目前关于大脑和学习过程的研究，为影响人类的行为提供了日益增加的可能性。

今天，人民也许比他们的前辈可能得到更多的情报和掌握更多的知识。但是这种知识却时常阻碍而不是帮助人们去感知和理解现实。大多数宪法真诚地、至少是很体面地赋予人民政治权力，但对权力的真正掌握正在日益消失。人们想要参与决策的过程，但障碍重重。

民主的繁荣与危机　在教育与情报传播方面的进展，在管理学与控制论方面的进步使民主实践从根本上发生了激烈的变化，并促使人民要求在公共生活中有更大的发言权。

这就是说，民主教育必须成为真正实行民主的准备。

民主教育和政治实践不能再分割了。民主教育必须使公民具有从事社会经济活动的坚实基础，而且必须加强他们的判断力。民主教育必须在个人关心的和努力的各个方面——政治、公共事务、工会活动、社会与文化生活等方面——使每一个人勇于负责和积极行动，并帮助他们保持自己的自由意志，作出可靠的个人选择。民主教育必须教育每一个人向滥用宣传机器作斗争，向利用大众通讯媒体到处散布消息并进行诱惑的情况展开斗争，以及向这些媒体可能带来的破坏团结和“反教育”的危害展开斗争。

个人生活的激变　不仅在公共生活和工作方面，而且在越来越多的男女日常生活中都发生了深刻的变化。休闲本身已经变成了一种复杂的现象，它既提供了新的机会，也产生了新问题。[①]人们为疑惑与怀疑，为一度珍惜过的价值的衰退，为核毁灭的潜在威胁以及由核毁灭所引起的一切情况，如宇宙的动乱、地震、堕落等等而感到苦恼。人们时常说，科学与技术、工业与组织破坏了生活与工作之间的和谐。从家庭生活和社会生活中产生的那种情绪上的满足和安全感正在失去它的重要意义，而为工厂里、行政机构里或种植园里的那种非个人之间的关系所代替。个人、城市里的群众和移民来的工人们日益感到孤立无援，"生活单调"。物质商品虽有增加，但同时也产生了人民的困难。广告不仅向消费者报道商品，而且还要不断地激起他们的需要，推动消费者去消费。个人除了在工作中和别人疏远的那种固有情况以外，在消费社会中又产生了新的人与人疏远的情况。

在我们的时代中，各种形式的反抗，特别某些国家中青年人的反抗，他们的矛头指向消费社会中那种价值"偏见"，指向环境的败坏、不公平、战争、对自由与个人意愿的侵犯(明的或暗的)等。这绝不能看作基本上是两代之间的那种传统矛盾的表现。(事实上，那种冲突，那种"两代之间的差距"，正在逐渐消逝。无论从生理上或从心理上来看，今天的人类比过去更加年轻了；世界人口的一大半都在 25 岁以下。)

青年们所提出的主张或抗议的原因和形式，都随着有关国家及其发展阶段的不同而各不相同。有人同意在现有制度范围内加以发展；有人试图改革这些制度；同时还有人，尤其是那些指责某些势力集团宁愿使千百万儿童饿死而储存原子弹，继续搞非正义

① "个人正在要求有一段空闲时间的权利，这期间他可以满足他个人的需要，他把这种权利看作是一个最终的目的，而不是把它作为承担社会给他的社会职责的一种手段。……事实上，休闲已经变成了工业化后社会的各种新价值的严峻考验，而这些新价值正在改变着工作、政治、信仰和家庭的价值。"(若弗尔·杜马叙：《对人民的文化政策和文化的彻底重新估价》，巴黎，人民与文化出版社，1972 年)。

的、毁灭性战争的人，甚至拒绝参加到这个“旧秩序”中去。许多人要求为他们在成年时期有一个跟现有社会所提供的迥然不同的社会模式。他们追求新的价值，要求在一个和平的和非暴力的世界中有一种新的生活方式，而在这样一个世界中，追求精神财富代替了物质利益方面的竞争。①

同时，有些保守主义者也在反对技术时代的各种现象，指责这个技术时代迫使人们加快了演进的步伐或引起了突然的激变。“权势集团”、传统、习俗、等级制、迷信资格、不愿放弃权力或社会地位等等都起着推迟我们时代变革的作用。

威胁越来越严重，冲突不断在加剧，同时，保守派的反应也日益强烈。如果我们不能抓住我们世界的主要矛盾，要寻求个人对世界的影响，尤其要为未来的教育行动找出必要的途径，就将比过去困难得多。

教育必须认识，它本身是为什么的。教育也许是历史和社会的产物，但它并不是历史和社会的消极产物。教育是形成未来的一个主要因素，在目前尤其如此，因为归根到底，教育必须培养人类去适应变化，这是我们时代的显著特征。

有各式各样、复杂多端的变化。这些变化在性质上差别很大，它们实际上影响着每一个人类共同体，而且它们又是模棱两可的，它们既展现新的前景，又产生新的威胁。

在这样的关系中，教育也有两个方面。教育必须为变化作好准备，使人民知道如何接受这些变化并从中得到好处，从而培养一种能动的、非顺从的、非保守的精神状态。同时，教育必须在纠正人与

① “青年人的分歧乃是一种文化现象，而不是简单的政治运动，因为这种意见上的分歧不是属于意识形态领域的问题，而是个人的良心问题。他们需要努力改革他们关于自己、别人和环境的那些最深刻的概念”（T·罗斯扎克：《一种相反的文化的形成》，纽约，道布尔戴出版社，1971 年）。

社会的缺点的过程中发挥作用。民主教育必须能够对现代世界上各种挫折、非个人化和互相疏远的情况提出补救的办法，并通过终身教育减轻人们的不安全感和增加职业的流动性。

这些方面的教育行动时常为人们所忽视，当然，指望教育做它所不能做的事情，或者要求教育单独解决我们时代的基本问题，是不合理的。

但是这丝毫也不是说，革新教育的方法和重新考虑教育的作用、职责与最终目标的努力就不重要了。相反，如果我们从这种强调人的时代背景和它的那种挑衅性的戏剧场面去看这样的努力，这种需要努力的各个方面还会加强。

第五章　发　　现

许多教育实践失灵，[①]使教育革新成为必需进行之事。社会经济的变化与科学技术的革新，[②]使教育革新成为迫切需要着手进行之事。教育科学的研究、教育技术的进步以及世界人民的不断觉醒，使教育革新成为可能之事。

在教育世界的内部和外部，有一个科学的、技术的、社会的、文化的和结构上的革新宝库，它能深刻地改变教育体系的基本条件和组织。近来对于大脑的光辉研究、信息论的进步、语言与心理技术研究机构所进行的系统工作、集体心理学和文化人类学小组所取得的成果、系统分析学者和控制论学者所创造的模式，这些都是许多发现中的新成就。这些新成就时常只需要少许适当的行政管理与情报传递，就可以增进传统教育体系的效用。

教育领域内部正在出现许多新的形式。呆板的组织正在变得较为灵活一些；教育机构正以新的方式同社会环境联系起来；内部的作用和职能正在重新进行分配；权威式的结构正在被一种容许更多人参加的结构所代替；整体的教育环境这个概念正在为人们所接受。其他方面的发展还有：个别教学、模数系统和程序学习。[③]但是这些都还只是部分的革新而且主要还在实验阶段。环境的压

① 见本书第二章与第三章。

② 见本书第四章。

③ “模数”一词是在以计算机为辅助的教学中所使用的一个字眼，它指“一堆”知识，可以结合在一个逻辑体系中构成学习者个别学习过程中的一个因素。模数链是根据学生的爱好和才能所选择出来的或强加的一系列模数。一个强加在学生身上的模数系列称为一条小道，一个由学生自己选择的模数系列称为一条大道。

力可能迫使教育体系大量采用这些东西，或者至少把它们用作示范的模式，而且这种模式可以广泛地复制，从而使资源更适当地配合各种需要，适合个人与社会的愿望。

科学技术方面的这个全面看法说明了这样一个事实：即在当代世界上，教育事业有了远远超过传统范围的新发展。当我们制订教育政策和策略或训练专业人员时，我们就不能忽视这一点。

事实上，每一个负责教育实际工作的人，或经常与日常教育问题打交道的人，都将遇到科学技术中可能发生的新情况。这样一个时期即将到来，在这个时期里，教育必须满足看来是超出它的力量之外的种种需要；教育正在接受新的工具和各方面的力量；教育正在寻求新的方法去贯彻执行它日益增长的责任。当我们拟订教育政策和策略时，如果我们不合理地考虑这些方面，那就等于我们有意识地把自己置于一种不可能存在的情境之中。

科学研究中的新发现

关于大脑的研究　近几年来我们在大脑的研究和生物化学科学方面所取得的突破已经使我们更加清楚地和更加客观地理解了人类行为、心理机制和学习过程。这些新发现显示了一个惊人的事实：人的大脑中还有很大一部分潜力未曾加以利用，而且根据某些权威多少带点武断的估计，这种未曾利用的大脑潜力竟高达90％。

大脑神经生理学，由于它阐明了人类注意心理的机制、记忆的生物化学、疲劳现象的研究以及最适宜的学习年龄等方面，为改进训练过程开辟了许多前景。我们能够通过电的作用控制大脑的状态和功能，而且我们也能利用生物化学物质直接影响某些神经机制。[①]

实验室研究目前正在探索大脑里可能存在一种“记忆分子”，它能以线性的方式储存信息，随后还在研究可能还有一些能用其他术语表达学习过程的分子模式。看来，某种形式的化学补充物能够改善缺损的或衰老的心理功能，但不能完全代替正常的智力功能。现在看来一般的意见是，化学的介入在情感上所产生的效果比在认识上的效果要大得多。因此，目前研究的目的不在于用药物治疗去代替教育活动，而只是探索生物化学对于教育的帮助。

幼儿营养不良 有些实验是研究如何减少脑细胞里面的熵，以及研究如何保证持久地巩固蛋白质作用以保持记忆功能的方式方法的。在具体实践中，关于营养不良(从质量和数量两方面来讲)对于个人心理活动，特别对于初生婴儿的心理活动的影响的研究已经取得了相当大的进步。上述这些实验提供了证据。大脑的发展有一种不可逆转的特点，即在大脑的发育过程中丧失了必要的营养，将会造成不可逆转的后果。母亲的营养不良能使婴儿的神经系统脆弱，还可能留下严重的后遗症。过早断乳会损害神经原获取髓磷脂的过程。大脑生理发展的关键时期在生后第 5 个月到第 10 个月之间，在这个时候，营养不良可以减少脑细胞增长的数量，而大脑实际上在第 2 年末期就已经完成了它的成长过程。许多国

① 过去 10 多年的研究，对核糖核酸(一种控制蛋白质合成的遗传物质)对记忆的作用，提供了有益的资料。现在我们可以在即时的或“电话式”的记忆(一种仅持续几分钟的简单电化机制)和长期记忆(一种在脑细胞结构中记载下来的化学编码的神经机制)两者之间加以区别。后一种记忆可以在脑细胞里面产生特殊的酶，这种记忆是可以促进的，乃至可以激起的。更为普遍的是，已经发现在学习的时候，脑细胞分泌出小量核糖核酸，而且看来，任何可以加速脑细胞生产核糖核酸的化学物质都可以促进学习过程。

家，特别是中非和中美国家已经进行过追踪研究，[①]这种研究表明，在生命的头4年时间内由于营养不良，儿童到达入学年龄时就会表现出智力平庸。

所以在学前时期(尤其是在4岁以前)，社会就应该采取各种有效的营养措施，这样就可以改进其教育体系。

营养不良[②](在这里，社会因素和经济因素证实了伦理上的论点)首先是由于儿童所从属的集体没有足够的资源。如果环境中还有其他缺点的话，那就是当他或她达到入学年龄时，他或她显然还要遭受其他缺陷的痛苦：如心理条件、家庭情境、不规则的上学等等。营养方面和社会经济方面的缺点还不是唯一的缺点。不良的教育，更糟的是根本缺乏教育，即使对那些生活在舒适条件下的儿童，同样会给大脑的发展带来灾难性的后果。人们已经证实，“教育的缺陷”对大脑皮层和人的成长都有不利的影响。这就会构成真正社会性的犯罪，但这一点至今还没有引起人们足够的注意：人脑是由于人的疏忽和缺少注意而受到损害的。

相反，根据大脑的生化研究的现状和大脑具有近100亿个神经细胞的潜在能力，我们有理由设想：如果人脑由于受到更加有利的条件、新型的教育活动和优良环境的影响而获得益处，那末人脑

① 这就是说，这些研究包括一个人的整个一生，或者说，在进行这项研究时，心里要记住一个人的整个历史。

② 联合国对于世界营养不良问题的关心和它对教育发展的关心是紧密联系在一起的，因为“幼年缺少蛋白质热量就会产生不可挽回的生理上和心理上的停滞。如果一个人遭受这种损害，到了成年即使耗费再多的蛋白质也不能弥补过来；而且如果这种损害在某一个国家很普遍，它就将阻碍这个国家各方面未来的发展”(吴丹，联合国秘书长)。关于这两者的相互关系(从教育策略方面讲也是很重要的)，我们是以专家们对于这个问题的特殊发现作为依据的：“在发展中国家中，缺少蛋白质营养是婴儿与儿童的死亡、身体不发育、工作效率不高、早熟和短命的主要原因。最近的研究也揭示出在婴儿与儿童早期营养不良和以后在学习与行为上的缺陷是联系在一起的。这种普遍缺少蛋白质营养的现象，特别是发展中国家的幼儿、学前儿童、孕妇和哺乳母亲缺乏蛋白质营养的现象，严重地危害着世界共同体广大地区人民的遗传潜力的充分表现”(《采取战略性措施挽救发展中国家缺乏蛋白质营养的危机》，纽约，联合国，1971年5月)。

就能把它的创造性的才能发展到不可想象的高度。

心理学的贡献　目前心理学研究对于知识的问题正在从事更彻底的探索，知识已不再被视为许多原始的、不变的形式的积累，而当作一个发展过程。心理学实验室对于学习与记忆的贡献、临床研究与认识论的探索、完形心理学研究等方面都积累了大量材料。如果我们把这些材料系统地加以整理，我们就可以革新教育的组织与方法，从而可以大大地提高学校体系的效率。

心理学研究当前正在向着下列几个有特殊意义的方向前进。

行为主义　第一个方向是属于机械论的和还原论的，这就是行为主义者的方向。它的目的不是依靠“心理的”因素来创立一种心理学。这种心理学的目标是“预测”而不是“理解”。他们的实验室研究集中力量探索刺激(或叫输入，可以随意操纵)和反应(或叫输出)之间的直接关系。行为主义的“黑箱”流派并不关心刺激与反应的“内在联系”。①研究学习过程的心理学家们，除了理论上的考虑之外，还利用周密控制下的机械设备来实施刺激。他们只对刺激进行积极的强化而不用惩罚。这个机器向“受试者”(即学习者)呈现可供选择的信息。受试者所选择的信息能证实在线型学习和直接训练中(象在程序教学系统中一样)所获得的知识，但不能证实在理解与发现的学习过程中所获得的知识。

发生的认识论　发生的认识论企图表明：理解本身从属于发明，理解是一个继续不断建设结构的过程而不是去发现已经存在的实体。从这个观点看来，智慧就是按照一种内向的、反射的方式去完成各种行动并对这些行动加以调节。这些行动，作为变化的过程，乃是一种逻辑的、数理的运算，促使人们作出判断和进行推理。知识是从行动中演化出来的；知识的产生不是经过一些简单的连

---

① 这方面，美国最近的研究倾向放弃这个“黑箱”原理，而肯定在一个物理刺激的进入和一个可以观察到的反应表现之间存在有一种心理现象。

锁反应或对某些形式的突然直觉，而是由于把现实放到一个必要的、普遍的行动坐标之中。因此，教育学的任务就是鼓励个人把现实组织到行动与思想中去，而不仅仅是描摹现实。[①]

认识过程的形成 心理教育学理论是同苏联科学家L·S·维戈斯基的名字联在一起的。他是以下列观点为根据的：工作（即运用工具的活动）激起个人作出由这种活动的性质所决定的行为，而且这种行为是间接通过为那个目的所使用的符号、词语和图形所产生出来的。人的发展就是人在学习过程中吸收各种符号系统。这就是为什么这种吸收各种符号系统的活动乃是儿童生活中组织系统的一个中心因素，而且对于他的心理发展起着决定性的作用。苏联的心理学家们就在这个基础上，制订了积极训练认识能力和培养个性的策略。他们认为，深思熟虑的能力不是天生的，而是从个人学习如何进行思考和如何从事反射活动中得来的。教育学家们必须学会扩大这种学习过程。他们不但要注意心理活动的结果，而且要重视认识过程的开展方式。从这种心理教育学系统的应用中所得到的数据，修正了我们对吸收知识有年龄限制的这种思想。例如，十分年幼的在校儿童的才能，看来就比我们过去相信的程度要大得多。这种心理教育学体系已使我们有可能大大地改善初等教育的内容和方法。

算法 数理逻辑学派反对行为主义并企图规定一套必须掌握的固定格式和规则。它用"透明箱"原理去代替"黑箱"原理，从而由一种集体行动的程序系统去指导认识活动的训练。为了达到这个

---

① 这个科学派别的创始人是让·皮亚杰。他把这个学派描述为"一个具有结构主义性质的学派"（把语言的开始归因于早先存在的感觉—运动的智力所形成的结构）。他既不承认外在的预先形成说（经验主义），也不承认内在的预先形成说（先天论），而肯定是一些连续阶段不断发展的过程。这显然是把教育的重点放在儿童活动的自发性方面（让·皮亚杰：《教育往何处去》，巴黎，联合国教科文组织，1971年，国际教育发展委员会，意见汇编，6）。

目的，这些心理学家们建议：我们应该根据识别与解决一定类型问题的公式去决定学习活动的最佳算法。解决一定问题的那种运算式的、描述性的模式是在实验中建立起来的。这种模式包括一系列基本的智力运算，而这种智力运算是人们能作出决定的功能。目的在于按照“运算—结构”的方法，教人去理解程序而不是教人去掌握结果。心理过程是按照数理逻辑的方式演进的。

结构主义学派 结构主义学派集中研究完形心理学。这个学派无论在知觉方面和智力动机与社会关系方面，都把研究同化作用放在研究联系之前。完形心理学，或格式塔心理学力求说明知觉结构的统一性和行为格式的统一性，它认为知觉结构和行为格式中的各个组成部分构成了一个互相补充的整体。结构主义心理学检查人们在目的与手段之间作出的选择。当一个人学习一样东西时，他可以紧张地进行，也可以缓慢地进行，在这两者之间随意作出选择；他甚至可以选择一条背弃自己目标的道路，即逃避现实，不去学习。完形心理学的方法论是一种以知觉为基础的直觉方法，这种方法的现代翻版就是视听教学法（或直观教学法），它运用现成的完形或已经形式化的心理活动的结果。结构主义学派按照几何学的、代数学的、动力学的心理活动模式来说明有组织的整体，即“场”。他们强调心理生活组织中的某些关系的重要性，如从属关系、连锁关系和对应关系等等。他们要在知觉机制、意识内容、神经结构和逻辑、因果形式之间规定合理的相互关系。最后，他们还试图限制行为的界限并且还要研究一个追求目标的人所采取的途径，看这个途径是直接的还是迂回的，是独立的还是相联的。

心理学研究在教育上的应用 科学研究方面的进步，特别在实验心理学研究方面的进步，和把它的成果应用于学校日常实践的落后程度，时常使人感到痛惜。一方面研究工作者不愿意把他自己的创造发明作广泛的宣传，另一方面，教师作为实际工作者往往是根据过去的经验进行教学，并且他的本性和职务又使他们不愿意改变他的教学结构与程序，因而对于新的科研成果一般抱怀疑的态度。虽然如此，科学技术的发展仍然使教育工作发生了本质的变化。视听显示与录音技术已使语言教学现代化了；发生认识论已成了新教学法的基础；行为主义实验室已经从根本上改变了学习方法；新的通讯技术已经有可能发展新的教学形式，如开放教学与自学；运筹学与差别心理学的结合正在导致个别化的教学等等。

这都是一些零零星星的应用，虽然如此，但是我们还是可以从中获得一些经验的。不过，无论我们是只想改进现有的体系，还是想发展新的学习策略，科学技术的发展对当前教育方向，即使在下列条件之下，也只能产生一点总的影响：

1. 在“教育科学”的各类研究者之间，系统地组织了边缘学科方面的联系。

2. 教育发展机关，由于考虑到策略上与后勤方面的需要，已经使新的创造发明从实验室或试行阶段转向大规模的应用。

3. 有效的通讯网，通过各种各样的、各个阶段的师资训练机关，已经把有关的情报传送到教育工作者手里了。

普通语言学与应用语言学　语言学原来是一门研究语言的学科，研究这个工具本身以及它的功能。但在过去15年多的时间内，语言学已经侵入到广大的其他知识领域：精神分析学、人类学和社会学等。教育学本身也把语言学的许多贡献吸收到日常的教学实践中去了，已经把它们应用于各种教学活动，例如：教儿童祖国语言(用以改变“语素组合”的体系)，采用口语和视听教学法进行外语教学(整个结构探讨法)，和创造能讲两国语言的方法。

语言学里面的一些基本思想尤为重要，因为它们使教育产生了新的意义。假定学习一种语言的方法不同于学习其他学科的方法，那末我们就应集中注意语言的创造性特点[①]，当儿童掌握了语

① 参阅Z·哈里斯的“转换语法”和N·乔姆斯基的“发生语法”。

言的这种特点时，他就懂得了自己语言中的各种句子，虽然这种句子的数量是无限的；然后在小学教育阶段他就会学习得很好。其他研究工作者[①]利用“转换功能的”语法在控制系统中的各种组合作为这类探讨的一部分。这种探讨还研究算法的自动综合，把它按照变化的各个领域进行分组。同时，心理语言学目前正在试图解释儿童如何学会逻辑心理运算的才能；试图明确一个讲话、听话的人的深化语法；试图评价感情的或情绪的内容，并且为了配合变化，使意识不到的非理性的因素在日常语言中找到表达方式，而设计一些新的语言结构。

除了这些学派的分歧以外，语言学这门学科给语言和语言训练在心理活动中的地位指出的方向，看来对于教育的未来具有非常重要的意义。

人类学的贡献　人类学研究从“自然”过渡到“文化”的过程，而在这个过渡过程中语言起着主要媒介的作用，因而人类学和语言学是密切相联的。人类学通过对现实世界进行性质上的和直接的探讨；对现象用形象的物理的方式进行描述；对人与社会之间各种形式的对话进行比较，因此，它对于教育学的探索也是有贡献的。

普通人类学强调知识的统一性（不过关于它在这方面的结论，许多科学家还有争论），因而它提出了有力的论据支持边缘学科教育方法的思想。它提供了进行重新评价学校教学计划的根据材料；它提出了适合于教育少数民族和不同阶级人民的课程编制；它也提出了为发展文化“多元论”与国际意识而设计的一个普遍为人们所接受的学科的定义。

---

① 苏维埃的研究工作者们，尤其指沙密恩。

文化人类学[①]，由于它记载和解释文化所传递下来的遗产，也说明了教育的功能。它描述了传递的方式方法和它使个人融合于社会之中的后果。它特别说明了教育的感情方面的、非认识方面的内容：学校的仪式、游戏、师生的相互影响（特别是学生的驯良与被动状态）、无意识地传递信息（与有目的的教学相比）的重要性以及最后对革新工作的传播等。

政治人类学研究人类原始社会的权力与冲突。经济人类学研究人类原始社会与农村经济中的生产手段与贸易状况，也研究经济学与生态学的关系。这两种人类学都为我们提供了关于学校对发展的作用的资料，以供我们思考。

人类学有助于发展中国家重新建立教育的地位，也有助于建立传递文化与援助发展的体制。人类学进一步还可以帮助国家和社区规定需要传递的教育内容或题材。[②]

总之，人类学对于重新解释教育的作用和规定教育行动的方

---

① 美国文化人类学家近来注意对学校机构功能的细致研究。劳伦斯·W·怀利曾经在一所法国小学研究演绎教育学及其社会限制（《沃克吕兹农村》，马萨诸塞州，坎布里奇，哈佛大学出版社，1957年）。理查德·L·沃伦曾经分析过一所德国农村学校被合理化了的官僚主义秩序（《里哈森的教育，一个德国农村》，纽约，霍尔，林纳哈特与温斯顿出版公司，1967年）。约翰·辛格尔顿分析了一所日本农村学校的个人化了的等级制度（尼楚：《一所日本学校》，纽约，霍尔，林纳哈特与温斯顿出版公司，1968年）。这些著作跟当前欧洲社会学中心对于教育体系和权威与阶级关系的重新出现所作的分析属于同一传统（克洛德·格里尼翁：《事物的秩序：技术教育学的社会功能》，巴黎，子夜出版社，1971年）。其他如缅甸、加纳和利比里亚等国家最近研究探讨了有文字以前的社会、家庭活动的范围、入社仪式、秘密社团对于社会的影响以及对于学校体系，乃至对发展中国家以外的学校体系的重要意义。埃里奇·弗罗姆与迈克尔·麦科比已经研究过外来文化与制度化学校对于一个墨西哥农村的居民文化生活与特性所产生的灾难性的影响（埃里奇·弗罗姆与迈克尔·麦科比：《墨西哥农村的社会特征》，纽约，普伦蒂斯·霍尔出版公司，1970年）。

② "人类学使人想起经济学在其理论效用上的局限性与西方文化对其意识形态偏见所提供的背景。世界原始民族事实上是不贫困的。他们所需要的东西也不缺少。他们的生存不限于谋求生计。人类学，象其他科学一样，必须冲破现有的框框，发明新的思想方式，以探求人类历史的深奥逻辑"（莫里斯·戈特利亚：《经济人类学》，巴黎，道纳尔出版社，1971年）。

向，作出了富有成效的贡献。

信息论 信息论正在引起教育工作者们越来越多地注意到通讯系统的分析。

这一类研究有着广泛的应用，它不仅应用于安排教学顺序和师生之间的日常交往，而且更普遍地应用于构成教育信息与图式，而不管涉及哪一类的传递手段。(这些媒体可以包括教育手册、教育无线电和电视网、视听图像、教学机器、各种语言教学法以及数学语言的编制等。)根据近来许多实验的结果，专家们强调要为一定信息数量的多余度规定一个“最高”限度；强调学生或接受者发现答案过多的后果；强调要把显示速度作为一个重要的可变因素；强调数据处理与记忆过程之间的密切关系。

信息论在教育研究方面的应用表明：最重要的准则不是传递的快慢或传递信息的媒体是否经济，而是信息的效用，即信息可理解的程度。

符号学 对于非语言的视觉通讯的研究指出了各种不同的媒体互相结合的相互关系。符号学是研究在通讯中如何利用标志的学问。街道上的交通标志、制图学、图式分析画、透视画、图解、电路设计、行政或商业体制图、标绘图、连环动画以及直观宣传，这些都象蜜蜂一样，不用“语言”过程，而是通过动作来通讯的。在这个领域内，学会如何解释和组织一套标志，具有特殊的教学意义，一则因为它们具有技术方面的内容，二则因为它们在教育过程中有很多实际用处。

控制论 信息论跟控制论是有联系的。控制论目前正在逐渐变成一门有机体的科学，一种很具体的基本的训练方法，就是说，它和数学的方法是不同的。控制论谋求确定一种自我适应整体的模式，有助于解决由于组织学习条件所产生的一些复杂的逻辑问题。控制论的教育学(在美国，尤其在苏联)既适用于可以调整的教学机器这一类自动调节的、个别化的微型系统，也适用于面对无数各不相同的学生的学校这一类宏观系统。在这一类的工作任务中，控制论的教育学便利用电子计算机显示适合于各个不同学习阶段与不同学习能力的一系列各种不同的程序单元。

生物学家、神经心理学家、语言学家、人类学家和控制论者所从事的研究工作形成了一种十分珍贵的潜力，并且证明了未来是大有希望的。但是这一类研究工作的结果大部分还是在实验阶段。

虽然如此，但在这些实验室、研究所和研究工场里，将播种和生长革新教育的最重要因素的种子。所以我们建议在这个领域内负责决策的人们要考虑：在分配教育经费时，不断地给各种科学研究工作增加比例，以便为教育学与教学法的革新开辟更多更广的途径。如果工业化国家能够安排第三世界的科学家与教育家共同从事这项研究工作，以帮助他们获得他们本国从事创造性的科研时所需要的材料，这对于工业化国家本身也是有利的。

来自科学与技术的新发展

教育学：古代艺术与现代科学　正如所有的科学一样，在我们的时代里，教育学已经发生了根本的变化，甚至教育学这个概念本身也发生了变化。一大批有关的学科加强了教育学的科学性。教育学过去一度是一种艺术——教学艺术，现在已经成了一门科学。这门科学是建立在牢固的基础上的，而且是和心理学、人类学、控制论、语言学以及许多其他科学联系在一起的。然而，教师对于教育学的应用，在很多情况之下，仍然把它当作一种艺术，而不把它当作一门科学。

教育科学的概念和它的应用范围这两方面都正在变得更加广阔。过去，教育学，按照这个字的词源学的含义，似乎仅限于对年轻人进行教学。这个概念现在已经过时了。直到当代为止，人们曾把教育学视为一切正规化知识不可缺少的辅助者。而我们今天给予教育，因而也给予教育学的意义则广泛得多，复杂得多了。教育包括培养和发展一个人全部潜能的教养过程。[①]到最近，人们一直把教育与教学混为一谈，认为教育是给人民“生活的起点”。现在教育学活动的前景已经大大地改变了。它必须预期到终身教育。

从教育作为起点训练这个观念过渡到继续教育这样一个观念，这个过渡就是现代教育学的特征。

从起点教育到继续教育 跟传统的起点教育的学校形式相反，继续教育正在转变成为一个复杂的控制系统，这个系统是以“反应—灵敏的”情境为基础的。这种“反应—灵敏的”情境包括下列因素：一个学习者，他的行为是可以评定和改正的；一个教师，从功能上讲，他就是一个教育家；有组织的知识源泉，它是呈现给学生的，或是学生自己发现的；一个特别为学习者设计的环境，在这个环境里可以获得必要的数据；各种安排，用来评定和审查学生已经改变的行为，即为学生的反应以及由这种反应所激起的新行为作出记录[②]。

① 这个概念可以导致下面这样一个有趣的结论：“教育不仅包括贯彻某些意图，实现某种理想或培养我们今天所想象的明天的人。教育是一堆困难的‘事业’，是以专门技术为基础的过程（这些技术的效用是可以计算出来的）和个人的与集体的行动（这种行动是有组织的、有计划的、受控制的和可以评价的）两方面结合起来的一个集合体。对教育学的研究要求从事这项事业的实际工作者应是专业性质的。但是我们把教育当作一门科学，把教师当作一种专业人员，这两者结合起来，只能把教育降为一种应用科学。这仅是一种虚有其名的改进。教育学不再是只认清目标而不提出具体行动手段的教育哲学了。教育学也不能局限于仅仅设想有用的技术。所以教育学必须努力谋求它本身科学上的独立性，而具这种科学性的先决条件是：它必须是一个有特定目的的、有组织的整体。我建议：大学应把一种培训人的科学称为‘终身教育学’，如有些大学业已实行的那样。这门科学之所以应该称为‘终身教育学’而不称为‘教育学’，因为教育的目的不再是训练儿童和青少年，而是使人终身受教育”（皮埃尔·弗特：《教育学的盛衰》，尼尔大学，1971 年）。

② 参阅 C·索里和 M·肖尔：《教育与计算机》，第 1 页，巴黎，联合国教科文组织，国际教育发展委员会文件，革新丛书，8。

心理教育学的几个阶段　传统的教育学并没有按照儿童不同的年龄和他们的智力发展水平，把教育内容和教育方法充分加以区别。它时常把儿童当作一个尚未长大的成人。它甚至没有识别，青春时期是一个特殊的心理阶段。

当代心理学，特别是发生心理学，关心对不同年龄的人们的特征作出区别。研究儿童发展的专家们一般都同意心理发展有几个不同的阶段。在 2 岁以前，儿童经过感觉—运动的探索而具有了因果关系的观念。在 2 岁到 7 岁之间，儿童通过游戏、画图和语言，具有了使动作内向化和"分散"的倾向，因而发展了符号的功能。到 7、8 岁，儿童便发展到第三个阶段，这时候，儿童具有了往返还原的运算能力。到 11 岁是第四阶段，这时候儿童已经掌握了根据假设进行推理的新形式(命题的推演：涵意、演绎、辨明矛盾)。将近 14、15 岁时，心理活动就具有了真正实验的性质(可以把各个因素分离开来，这些因素也可能变化，或系统地结合起来)。最后，从 15 岁到 20 岁之间，个人便开始专业化，构成反映个人才能的生活计划。①

许多心理教育学专家，特别是苏联的专家，批评这种按年龄分类的办法，因为他们认为这种办法把心理的发展视为一种脱离教育的自发过程。

早期儿童心理学　在 20 世纪前半期，心理学和精神分析学都强调和谐情绪的发展的重要性。当代教育家们几乎一致接受这个意见。在另一方面，近来关于智力发展和早期学习理性概念的研究却又走向了反面，就象一些根深蒂固的观念被人怀疑时，特别当这种问题涉及到人本身时，通常所发生的情况一样。

---

① "但不幸，研究年轻成人远比研究儿童困难，因为年轻成人的创造力已经减少，而且属于一个有组织的社会，这个社会为他们开辟了许多道路，阻止或激起他们的造反精神"(让·皮亚杰："从青年到成人的智力发展"，第三届 FONEME 国际会议"关于从青年到成人的人类成长"问题的会议记录，米兰，1970 年 9 月 9—10 日)。

然而，知识的现状似乎指出了下列情况：

（1）所有3岁以下儿童的发展商数（不要和智商相混）大致是相同的。

（2）对从一生下来到4岁儿童发生作用的影响和决定5岁到6岁儿童行为的影响是不相同的，虽然这并不是说后者是“新”的。这些影响可能在儿童很早时期就已经生了根而且已经具有一种延宕的作用。其他的影响，所有真正的新影响，在学龄时期和青年时期一直改变着人的行为，直到老死，没有一样东西是固定不变的。①

（3）从生命的第一年所发现的智商和以后1岁、3岁、6岁或12岁时所计算出来的智商相互之间很少有什么联系。近来的研究工作表明：智商是随着情绪环境和教育工作者对儿童的影响而变化的。

最近10年间，教育学的研究，特别在数学和语言学方面的研究，已经表明：在一定条件下，年龄很小的儿童，不管他们的社会文化背景如何，的确可以发展一种早熟的概念化的能力。

目前的研究看来已经证实，在社会—文化方面的缺陷和家庭的基本态度之间有密切的关联。有人对儿童在学校里造成不及格现象的原因作过研究，这种研究表明家长行为的重要性；这种不及格现象不一定是与社会环境有关，而和家长的个人因素有关，如严厉、随随便便、权威性、理解力、对话等等。

传统的教育家以生理上的成熟程度作为他们体系的根据，因而他们主张让儿童沿着他的“自然轨道”发展。这种主张和另一派的研究工作者发生了冲突。另一派主张，个人的发展主要依靠他4岁前所获得的东西。但还有一派却认为，这两派观点都走过了头，而主张在人的一生中没有一样东西是始终不变的——这一派取得

① 参阅M·布朗热·巴莱吉埃：“儿童智商的发展”，《幼儿时期》。

了有力的研究团体的支持。

成人的心理教育学 心理教育学研究很少超出青年时期的范围。成人是否可能学习，这是实际应用终身教育这个概念的关键问题。但这个问题还没有象研究儿童与青年的才能那样得到系统的研究。至今所得的研究结果和下面这个广泛接受的设想似乎是丝毫不符的。这种设想认为，教育应集中于儿童的后半期和青年期，而在这个时间范围内教育不能中断。这种设想现在正在被两个新的教育见解所代替：第一，教育应贯串于人的整个一生；第二，重新教育应该在前后相关而非继续不断的时期内进行。[①]

集体教育学与个性化 虽然一个人乃是集体的一员，但是现代教育学却重视个人，注意一个人的能力、他的心理结构以及他的兴趣、动机和需要。[②]根据这个观点，校长、教师和辅导员，虽然发挥了不少作用，但不是唯一的积极主动的人物。学生自己，这个受教育的个人在他自己的教育中日益起着积极主动的作用。

我们现在已经掌握了来自“中介”心理社会学和人类关系心理学的各种技术。人类关系心理学主张：一个集体不等于组成这个集体的许多个人的总和，但同时又是依赖这些个人之间的关系的。

集体的技术 这种探讨方式可以帮助我们改变传统学校中那种权威性的限制，而且又可以帮助学生获得有益的知识。

有些研究工作者曾经把在权威主义、民主主义和放任主义等各种不同的背景中从事学习的儿童集体加以比较。他们发现，一种随意的和自我指导的气氛将产生最好的发展结果。[③]他们也曾指出，这种气氛可以帮助集体的成员意识到在这种气氛中所产生的

---

① H·詹纳和M·L·罗杰曼：《教育体系与新需要》，第19—22页，巴黎，联合国教科文组织，1971年，国际教育发展委员会文件，意见汇编，3。

② 集体教育学的技术和个性化的教育过程丝毫也没有不一致的地方。因为事实上，一个方向正确、管理完善的集体是不会对个人施加抑制性的影响的。

③ 这是库尔特·卢因的研究。

情绪、同情和反感等内心现象，并有助于松弛紧张状态。这种技术也有利于沟通师生之间的关系，有利于发展人们相互之间多种多样的交往，反馈的制度化并促进共享社会生活的倾向。人们之间的接触就变得更加自然，更加容易了。减少了外来的干涉和压抑，随之而来的便是自我控制。个人的判断变得更加完善，批判的精神也得到了发展。集体成员也倾向于承担原来赋予集团领导者的职能（观察、分析、诊断、评价）。

制度教育学　另一些有趣的实验是关于所谓制度教育学的。制度教育学研究的出发点是对制度进行社会学的分析，特别是指近来对于官僚主义、[①]师生与行政人员间彼此疏远的情况的研究。制度教育学的目的在于把学校中“既定的”结合（即从外部强加的结合）变成“建立中”的结合（即根据个人之间自由交往而导致自我管理的结合）。制度教育学的作用是“用一种包括各项活动、各种不同的中间媒介和各种既能继续保证履行职责，又能保持集体内外往返的机构的制度，代替固定不变的行动和校长的干预”。[②]这些见解对成人教育更加重要，特别是在师范学院、退役人员中心站、住宿研究班和长期课程等方面。成人所要求的教师与学习者之间的关系不同于传统学校中流行的那种师生关系。成人有他们特殊的各种动机，而每一种动机在学习过程中都对有组织的专业内容和文化内容发生作用。因此，我们必须充分利用成人的这些特殊动机。教师应该成为“变化的诱导者”（象心理学家对他的病人一样），而集体中的成员则负责从事写入学习计划中去的研究，并为日常集体生活中所发生的问题寻找解决的办法。[③]

---

① 主要是卢卡斯、韦伯、默顿和格罗泽。

② A·瓦斯克斯和F·乌里：《走向制度教育学》，第248页，巴黎，马斯皮洛出版公司，1971年。

③ 事例见法国南锡的经济与社会合作大学中心的实验和南斯拉夫萨格拉布的工人大学。

制度教育学家强调权力结构与责任，而“无指导的”[①]教育学则建议，日常的教育实践应以“集中于病人”的心理治疗数据为根据。心理治疗家则始终保持一种中立的、“坦率的”态度，而不作任何解释。他鼓励个人表达自己。诸如“和谐”、“积极无条件的考虑”和“理解的移情作用”这一类的概念，今天特别在中等教育阶段，正被用来建立一种个人自我发展的教育学。

通讯的理论与技术　在许多国家里，通讯技术是根据分布网的性质进行分类的。通讯技术是为分布网服务的，并且在很大程度上通讯技术的利用是由分布网的性质决定的。它们主要分为惯性网和非惯性网。惯性方法包括电影和磁带录像，编制成为传播广泛、保留持久的节目(这种节目可以组合成为许多单元)。非惯性网包括无线电和电视，帮助发展组织完善、内容多样的节目，这些节目本身是容易创制和可以革新的。这种非惯性网，由于它们广播的节目成本低，[②]而有利于分散生产和广泛分布。惯性网的结构由于代价昂贵而不能分散，因为投资大，固定代价高而不能不把分布系统加以集中。

惯性网，如幻灯片，盒式录像带以及其他装置，能使教育工作者在选择节目和决定使用方式方面有极大的自由，所以这种惯性网便可以在语言与科学的视听教学、闭路电视的师资训练等方面用作教育工具。然而，接收这类节目的观众不能太多，所以它还不足以在教学体系中产生急骤的变化。

直接有线电视　通讯技术当前正朝着两个相反的方向发展：教育信息分布的个别化和大众化。

促进个别化的一个最有趣的通讯技术便是“有线的”或“用管

---

① 这是从心理治疗家卡尔·罗杰斯和他的著作中得到的启示。

② 例如，在象牙海岸，电视正用来发展农村的初等教育。又如萨尔瓦多在发展中等教育计划中，把电视用来提高教育质量和增加教育数量。在成人教育方面，加拿大的电视计划试图把系统的教学节目通过电视传播到广大观众。

子输送的"电视。[①]这种电视可以向全部用户网同时广播二十几个节目,或向一个用户从几十个节目中选播一个节目。有线广播系统意味着,教育节目可以根据特殊的需要,尤其可以按照专业训练的需要向一些集体输送。某些具有一定范围的独自经营的用户网可以为一个地区、一个城镇,或一个农村服务,使一些语言相同或文化相似的集团有表达他们自己的机会。这种用户网用一种有区别的行动代替大众通讯。

还有一些别的有选择性的、个别化的教育辅导装置,其中包括盒式或转盘录像磁带(它可以插在一个电视接收机上)和录像片(它可以和一架电视放映机结合起来运用)。这些比较廉价的辅导装置提供人们有可能迅速地、随意地收看节目或重复节目。这些因素为未来的教学法提供了多种多样的方式方法。

群众性的传播技术能使千百万儿童和成人获得教育信息。这种技术对发展中国家来说包括两个极重要的方面:无线电和卫星通讯中转站。(这两种技术对发展中国家比对许多工业化国家更为有益,因为工业化国家已倾向于改进有利于教育节目个别化的技术,而且这些国家已经得心应手地掌握了一切技术资源。)

无线电　无线电是在发展中国家中占有适当地位的唯一先进的通讯技术。在条件允许的地方,无线电都已经安装好并且在进行广泛的传播。然而在我们看来,这个实际上已经普遍使用的分布方法在教育方面还没有得到充分的利用。某些盛传具有更高效率的媒体,当它们和无线电比较时就有一个很大的缺点,那就是它在这些国家里在今后相当长的时间内还不能希望得到广泛的安装。这样的媒体常使人们不敢问津。小型半导体收音机价格低廉而且在

① 1970年,美国的私人有线电视向2400个定户网传送了节目,有500万收看者,即占全国十分之一的收看者,每年增加25%。有线电视在比利时、加拿大、日本、瑞士、英国也在实行。

各种气候中都相当可靠。这就是说，无线电广播将越来越被人们认为是一种特别适合于教育目的的媒体。

空间通讯 就在这个时候，空间通讯也在以一种惊人的速度向前发展。[①]第一颗人造地球卫星是在1957年发射上天的，5年之后，在1962年，通讯卫星射入了轨道；3年之后，第一批军用人造卫星，美国的“厄列伯德”和苏联的“摩尔尼亚”也射入了轨道。现在已经有八十几个国家参加了国际通讯卫星组织，它最近发射的国际通讯组织第Ⅳ系列的第一个通讯卫星，能够同时中转6000只电话。

有些国家面临着严重的教育困难。它们还没有明确地规定教育目标，也还没有审慎地准备好教学内容。在这种情况下，这些国家却指望发射人造卫星到轨道上去，广播教育节目。这类方案除了需要大量的费用之外，还要冒着失败的危险(无论这种失败是可以预测的，还是无法预测的)。这就是说，它将打破预算，动摇人心，以致使人们不敢再从事其他大规模的技术革新。考虑到视听工具，特别是当地的电视网和无线电网，目前还没有得到充分的发展和利用，而且在当前普遍存在着物资缺乏而必须认真调整教育计划的情况之下，要实行这个方案，看来是不相称的。

全国性的空间通讯系统只有对于语言相同的地区，对于一些

---

① 在这里，与我们有关的是人造卫星通讯中转站的两项重要技术：间接中转与直接中转。间接中转的通讯卫星是低功率的，它们的天线只有一般的定向性。它们把一些低强度的信号从转播站中转到地球上的接收中心，把它放大后再转播到各个用户。现在已经有可能把直接中转卫星发射到轨道上去，这种中转卫星可以有数百瓦特的电力，而且它的天线也有高度的定向性，这样它就可以把信息从一个中转站越过国界传播到用户的接收站。这种技术不再需要有一个中心接收站，而只要把个人的电视接收机改装一下就行了。此外，还有一种混合的系统，由一个中心站结合起来接收空间中转通讯，使信息通过通常的信道转播到通常单个的接收机，同时，这些相同的中转节目也可以通过一些特殊装置的接收机直接播送到偏僻的农村地区。

很大的国家，如印度、[①]巴西和加拿大，或者对于少数具有独特的地理外廓的国家，如印度尼西亚和日本，才是有利的。从经济上和技术上来看，要一个国家去组织这种广播计划是不合理的，而且是行不通的。所以人造卫星中转广播只能在几个国家共同举行的规模上进行。[②]从同一个来源播送信息，或从这一个国家传播到另一个国家，这就意味着在现有的经济共同体以外，还要有一个“教育共同体”，协调地运用共同资源来准备和编制电视节目。凡此种种必须以一致尊重国家主权，尊重每一国家教育体系的特点为基础，并对教育革新要有坚定不移的共同愿望。这种做法有下列几种不同的可能方式：共同决定和联合编制全国性的节目；为安插国际使用的节目规定各个国家的模数；国际模数与国家模数互相结合；在地方一级，从教育学上或语言学上调整国家节目。在准备国际节目方面也有各种不同的方法。有时，这些节目是根据共同核心的学科（地理、数学）安排的；有时，增添一个具有国家特性的因素（历史）；有时，利用适合本地条件的多价材料（科学、农村发展）。人们甚至强调要设立国际机构来决定制订节目的政策，安排时间表，而且必要时，还可以调停各种分歧的意见。采取这种制度上的措施，可以保证避免教育水平划一化的危险或全盘西化的危险，乃至可以避免以技术援助为幌子的外界压力。

---

① 对于印度模式的研究，已列入 1974 年的研究日程，它显示出宇宙通讯的两个明显的优点。第一，节省时间。在印度，按照原来装置的地面转播网，到 1980 年仍旧只能转播到 17％的地区和 25％的人口。而采用人造卫星后立刻就能使全国接收到转播的信息。第二，转播面广。传统的系统仅限于广播站所传播的地区，而这种广播站一般是设在大城市里的。一个人造卫星有可能按照社会和教育的标准而不是按照技术的和地理的标准去计划一个传播系统。一个大功率的发射装置能够传播到 100 英里直径的区域，即 3 万平方公里以上的地区。一个 500 瓦特的固定的人造卫星可以传播到角度为 9 度左右的地带，实际上大约为 1200 万平方公里的地区。而且通讯人造卫星可以使廉价的节目传播到人烟稀少的地区以及如游牧部落、流动工人和水上居民等移动的人群。

② 按照拉丁美洲文化统一计划路线，或为撒哈拉沙漠以南非洲制订的法—德“苏格拉底交响乐”计划。

这些宏伟的前景当然是适合人们的期望的，但是也不应使我们忽视当前采用的各种通讯系统。这些通讯系统已经形成了一个复杂的整体。教育策略必须利用所有这些因素，而且在结构和内容两方面都要起作用。政府当局往往采取许多方式对这些问题施加它们的影响。如果要使这种做法有成效，以后的计划和准备工作就必须和目标环境中的行动结合起来，为接收节目铺平道路。这种目标环境中的行动包括：彻底研究和改编节目内容；对任何来自观众的潜在阻力加以分析。

数据处理　数据处理的发展为教育开辟了新的道路。特别是计算机，它能够为许多方面服务，从协助行政管理和科学研究到严格地应用于教学工作。①

在教育体系和教育机构中，计算机已被广泛地用来解决行政管理方面的问题，如发放工资、控制财务、开发清单和清算帐目等等。它们也被用来最有效地组织学校交通网，解决复杂的组织问题以及制订计划和从事建筑等等。尤其在处理大量数据时，计算机就能从复杂而烦琐的资料中鉴别、评价、汇集和分析信息，并且必要时还补充信息。

计算机可以为图书馆设计分类系统，可以选择数据，指导职业（提供有关受教育和就业机会的情报），从而帮助学生进行自我教育。

计算机在教育学研究中，特别在评定和考核学生作业方面，也是很有用处的。计算机可以储存大量有关全部上学学生的情报。我

① 美国的大学和其他教育机关，据估计约有3000台计算机，即占全国所有使用的计算机的6%。在苏联，控制论的理论研究是很活跃的，而且在斯维尔德洛夫斯克大学和明斯克、基辅和里沃夫等地的理工学院都已系统地使用计算机，并且发展了阿尔法5号教学机器和考试机器。在德意志民主共和国（德累斯顿数据处理研究所）和捷克斯洛伐克布拉格都在利用计算机作实验。在日本，约有4000台计算机，其中约有200台在大学里。在联合王国几乎全部计算机都在大学里，而德意志联邦共和国的许多大学都有计算机。

们可以把许多数据组织起来，加以解释，从而为每一个学生的全部学校生活提供完整的简介，这个简介可以在结业时替代毕业考试。在整个学习过程中所积累起来的知识也可以用来改进教学方法和发展个别化教学。①

计算机辅助教学 但计算机最重要的和具有革新作用的功能还是教学过程本身表现出来的。学生与计算机之间的对话为有效地和迅速地学习创造了条件。研究工作者们近几年来已经探索到许多可能的途径，从基本工作，如进行重复的训练和集中的实践工作，②到高等教育中复杂的学科学习③和师资训练。④

计算机也肯定将被要求在终身教育方面发挥重要的作用。⑤教育学经验已经表明：计算机的教学功能并不限于简单地显示信息，使学生获得和了解一堆知识。它还能帮助学生运用概念与技术，发展智力才能。计算机使学生能够任意探索一个问题的各种可能的答案；使学生能按照他所引入的可变因素去研究对典型模式的反应；并发展他作出决定的能力。计算机为学生和机械系统之间进行对话提供了条件。

---

① 这是美国实行的“个别规定的教学”理论。

② 斯坦福大学计算机在加利福尼亚、肯塔基和密西西比的初等学校设立了300个终端，帮助2万名学生学习；有170多名教师在运用计算机。

③ 根据美国大学1970年课程一览表，美国各大学为1969—1970年度开设计算机课程制订了910种教学大纲。编程序的方法是极为多样化的。为使用计算机开设的准备课程通常有：天文学、生物学、化学、人口统计学、经济学、地理学、历史、语言（俄语与中文）、行政管理、数学、机械学、医学、音乐、哲学、心理学和统计学。

④ 西班牙政府，在联合国教科文组织和国际复兴开发银行的合作之下，正在制订一个方案，计划到1980年培养20万名中学教师，并为现有的15万工作人员开设补习课程。

⑤ “过去我们是用几代去推断一个时代，而现在我们是用几个时代去推断一代。我们相信，通过计算机进行教学，我们有可能完成终身教育，而终身教育是人们不断掌握知识所必需的。这种教学形式便于持久地获得知识的重要部分而且便于获得最新的知识。此外，随之而来的逻辑使教育学有可能进行严格的选择，而传统教学只能粗略地进行选择”（莫里斯·珀肖：《计算机辅助教学的典型策略》）。

智力革命　但这还不是计算机教育功能的界限。数据处理正在发生一场真正的智力革命。数据处理既创造了一种逻辑，也创造了一种语法。这种逻辑和语法，虽不是代替早期的逻辑和语法，但将影响旧的逻辑和语法而使它们更加完善。

计算机最大的优点是，它把人类从脑力劳动的机械活动中解放出来，使人们的思想可以专门致力于那些仍然还不能为计算机所代替的工作，如思考问题和作出决定等。

试图从这个领域内的一些零星经验中得出一般的结论，为时尚早。然而，毫无疑义，计算机在许多学科方面能够加快学习的进度，同时还能够促进和加深理解能力。我们很有理由期望，当数据处理的教学本身有了进展时，即从初级水平起一直到现代数学的研究都有了发展时，我们就会获得越来越多的积极成果。

把利用计算机这一类高级技术看作过于奢侈，这是错误的。电子装置是稀有工业产品中的一种，但它们的价格正在日益降低，同时也越来越耐用可靠。[①]一台计算机进行一次数据处理运算所费的代价比 20 年前缩小了 600 倍。降低软件的费用并不这样容易。然而，让计算机本身运用基本的算法编制某种教材(即所谓由计算机产生的程序材料)，这似乎是可能的。

此外，终端将变得比较灵活，更通人情，比较适宜于对话。成人为成人所设计的计算机终端，一般讲来，并不适于青年人的活动和尺度。由于我们现在还缺乏最低数量的必要的语言结构并还没有达到它的复杂程度，所以我们还不能在学习者和教学机器之间构成完善的对话。但这丝毫也不能说，这完全是一个空想。[②]

这里还产生了另外一个问题。教育与教学技术能在多大程度

---

①　10 年前 10 美元 1 只的半导体收音机现在已被一种集成电路所代替，其效率比 10 年前大了 50 倍，而价格仅 1 美元。

②　教小学一年级的算术需要掌握 2000 以上的词汇。

上从其他部门，尤其是从工业部门（自然是最“现代的”部门）所获得的经验和所使用的工具中得到好处呢？

人类工程学 在这方面，“人类工程学”[1]原理看来已经在许多有益的方面应用于教育了。这些有益的方面是：由许多专业人员，包括建筑师、工程师、医生、生理学家和心理学家们，所组成的专门小组，共同分析劳动条件；测定使用知觉的各种任务；分配职责；研究环境对任务与行为的作用；研究心理行为等等。[2]人类工程学的研究（例如，各工作单位之间彼此交往的形式和条件，核对与检查所产生的效果，标志这种系统失调的缺点和劳动事故之所以产生的原因等等），看来也能提供我们许多因素，使我们能够改进校内校外教育的功能。

运筹学 我们还可以指望从通常所谓运筹学所提出的程序中得到类似的教育效果。这种运筹学的程序就是把数学分析应用于工业的组织和最优发展之中的一套理论的和实验的方法（如线性程序、模拟、模式等）。事实上，在教育以外的人类活动领域里，这套方法确使我们能够觉察到一个组织的弱点，提出补救办法，注意用不同方式把这个组织的各部分重新组合或加以改变。

---

① “ergonomics”这个术语是牛津大学于1949年创造出来的，意思是指关于劳动的“法则”或“科学”，是对一种特殊行为的研究，即研究一个人为了获得一定的报酬而从事有计划的体力劳动和脑力劳动。从广义来讲，人类工程学包括劳动心理学；从严格的意义来讲，它是人与机器相结合的系统中的通讯技术。这一方面曾经发生过一个术语上的问题：讲法语的作家愿意用“ergonomie”一词，而美国作家则愿意用“人类工程学”、“工程心理学”或“系统工程学”（见《普通百科全书》）。

② 就美国与苏联10年来发展的情况看来，人类工程学的目的在于使工业劳动有一个具体的演进过程——首先注意机器，然后再集中于人——最后构成一个以系统为中心的活动，而这种活动乃是由各种因素相互作用所组成的一个整体。

系统分析 系统分析①企图用环境的力量对一个组织不断地进行调整，使之处于流动的平衡状态，从而促使这个组织具有最好的结构。许多人承认，这种过程过于复杂，难以分析，除非利用概率去进行分析，因而从理论上讲来，教育还是一个悬而未决的系统。但是系统分析显然有一个特征，它把未确定的东西吸收到日常行动中去。尽管如此，那末只要系统使我们能够把许多因素结合成为一个统一的过程，也就能得到最大可能的效率，看来，系统分析是一个理智的工具，可以用来对现有教育体系进行全面的、批判性的研究，并且还有可能提出一些用科学计算得出来的新的教育模式。

教育活动可以在各个不同的方面加以现代化：在行政管理方面，在满足各种需要方面，在教学法的选择方面，在操作结构方面，在财政方面以及其他等等。②

---

① 所谓"系统"，是指由许多独立活动而又互相联系的因素，为了达到过去所宣布的目标而结合起来的总体。所以系统不仅是那些组成这个系统的许多因素，而且是使它发生作用的各个组成部分之间的组织关系；分析的目的是根据行为的成就去确切地测量这个目标在当地范围内完成的情况，并把有限的因素统一起来，以求得合理的运筹模式。

② 例如，有的国家已经采用了总的或部分的预算程序。这种方法废除了传统的预算分类。对国家给予教育的任务和目标，即它的可以衡量的功能，作了几年的规定。这种技术可以帮助当局作出决定，特别在预算紧缩的情况之下作出抉择，因为当局知道每一次经费减少到什么程度，就会影响每个计划的最后目标。它的优点是，不按政府部门或代理机构，也不按一些不可测量的功能来替预算分类，而是按照各行政单位提供的结果来进行分类(例如，在一定年限内大学已经有了多少具有明确资格的毕业生，而这种计算是同已知的可能就业的数目结合起来进行的)。公共事业的费用同样也可以和它的效果两相比较，而且许多机构可以参加一项计划，或者一个机构可以执行几个计划。所以预算计划可以联系开支、时间、部分目标和计划中的恒常因素来选择策略。

最近的各种实验表明：许多工业体系中的新管理程序，[①]都可以实际应用于教育，不仅在全国范围可以这样做（如监督整个教育体系运行的方式），[②]而且在一个教育机构内部也可以这样做。

如果我们所应用的方法需要丰富可靠的数据并要求有专门人才的帮助，那末发展中国家在应用这些方法时肯定会遇到困难。但是这些方法的精神比它在文字上的表达更为重要，而我们虽不能把它当作灵丹妙药，但运用这些方法可以帮助我们澄清许多问题。某些技术在较低一级上似乎比较容易应用（如在学校机构与团体方面的应用），而在较高一级上（如在整个教育体系方面的应用）就不是那么容易。这种技术能把个人进步的速度记载下来，并能帮助个人采用有效的技术进行诊断和指明方向。

在当代所有重要的科学和技术学科中，没有一门学科不可以对教育现象的理解和对改进掌握传递知识与培养个性的技术作出新的贡献。除上述各个学科外，我们还可以加上：生态学，它帮助我们了解教育与环境的关系并把教育和发展的关系联系起来；医学，它有助于减少朗诵的困难和推动视听教学；心理测验，它具有新的

---

① 除了运筹学的常规程序以外，当今工业还采用了某些更先进方法。这些方法有：计划、程序、预算制度，用来决定整个计划的明确目标和作业标准。这些方法还要求设置一种机构，负责调整长期计划和规定各阶段使用资源的策略。这些方法，除其他方面以外，还有助于减少所谓“帕金森法则”效应，即防止机构的“膨胀”。人们还设计了“计划的评价与复核技术”(PERT)，事前鉴别和整理哪些是有利事件，哪些是不利事件，从而组织一系列的措施。德尔菲(Delphi)方法则是有组织地请教专家小组（他们始终是不知名的），要求他们列举各种可能发生的事件与倾向。还有一件特别先进的技术，即“相互作用的矩阵”，用来评价未来事件可能产生的干扰；他们认为，这些事件是按方式、力量和时间这三个因素的作用而变化的。我们还可提一下“剧情法”，它详细地描述怎样根据决定与选择后所发生的事件来模拟未来。各种“博弈论”也是为人们所广泛采用的。

② 毫无疑义，至少在这方面，人们将毫不迟疑地应用运筹法所启示的各种方法。例如，印度尼西亚正在联合国教科文组织帮助下进行一项实验。这项实验根据系统分析法草拟一个计划，制订了一个输入输出图，一个“参考资料”和程序设计与预算制度(PPBS)。

测量公式、调查表、测验以及其他各种措施。

各种学科之间的联系 但是这些贡献通常看起来是很零散的。现在有人把这些学科简单地罗列在一起，统统称之为“教育科学”。但是我们认为，不如把这些学科更有机地联系起来。我们主张设置全国性的和国际性的机构，促使各门平行的学科形成新的相互关系。

这种各个学科之间的联系已成为发展教育理论的一个必要条件，而且这种联系本身目前也是势在必行。

科学与技术的进步对教育产生了三个重要的后果。

改变教育行动 现在我们有资格来谈论学习过程中的变化了。学习过程现在正趋向于代替教学过程。新的学习理论①强调连续性原理，强调需要与动机的重要性以及内容的选择、学习的层次、教育内容与环境的相互关系等方面的重要性。②学习实践目前正受到各种传递知识的工具的影响。这些传递知识的工具是紊乱的，而且有时甚至是互相竞争的。所以我们就需要有多种媒体的装备系统来协调这些工具的使用和效果。

把技术吸收到教育体系中去 教育技术进步的第二个重要后果是：如不检修整个教育大厦，我们就不可能从教育技术中得到好处。问题不仅是从外部使教育现代化（虽然这是人们时常想做的事情），不仅是“简单地解决设备问题，为运用这种设备并把它穿插到传统教育活动中去制订出计划，而是要系统地运用一切可能获得的资源，来发挥个人在获得与运用知识的方法方面所应有的科学

① “Mathetic”这一术语正在被用来说明这种从教到学的转变。美国有些科研人员（吉尔伯特）和苏联的一些研究人员（列夫·兰达）目前都在使用这个术语。同时在意大利弗拉斯卡蒂的欧洲教育中心也建立了第一个小规模的“学习实验室”。这个术语来自希腊文“*mathesis*”（学习）和“*mathet*”（学习者）。因此，*Mathetics* 乃是关于学习者的学习行为的科学，而过去的教育学则关心教师的教学行为。对于这种学习者的学习过程和对它的研究正在日益引起人们的注意。

② 参阅J·L·拉罗什：“关于艺徒制的理论”，《终身教育》，巴黎，1970年第8期。

精神。目的是要把我们现在所使用的教育技术尽可能完善地协调起来，以避免经济上与财政上的浪费。”①教育技术绝不是强加于传统体系上的一堆仪器，也不是在传统的程序上增添或扩大一些什么东西。只有当教育技术真正统一到整个教育体系中去的时候，只有当教育技术促使我们重新考虑和革新这个教育体系的时候，教育技术才具有价值。

为了使技术革新有意义和有效果，我们必须在整个教育体系的联系中去考虑运用技术的涵义。

中间技术　许多“粗糙的技术”既不需要复杂的设备，也不需要大量高级技术人员。例如，“慢速度扫描”电视在发达国家只用在工业上，我们就可以把它用来为教育服务，用以大规模地及时广播一连串的静止画片。工业化国家很少考虑这种技术，因为它们已经有了其他更为精密的技术。然而，这种技术应用于发展中国家却是值得试验的。

而且，工业化国家的科研目的看来是坚定不移地发展最先进的技术，所以它们不搞这种“粗糙的”或“简单的”技术。因此，象印度或巴西这些已经掌握了一些现代技术的发展中国家，就应该把这类工作担当起来，以鼓励产生新型的通讯工具或建立技术组织。

这里又发生了一个问题，教育是否已经对这种中间技术的发展给予了应有的注意。教育技术专家们一般满足于推荐先进的工业化教育（这种教育是要以大规模地生产设备与信息为基础的），而反对个人手艺方式的教育。毫无疑问，由于发展中国家在教育的结构、组织和内容方面仍然还没有摆脱殖民地的深刻影响，因而它们在教育的进展方面还没有达到具有批判的觉悟和技术上发明的阶段。人们也经常提出利用中间技术（有时仍称为应用技术）的计划，但这也只是试图为更多的人提供工作机会，而教育的首要问

① 亚洲第三次区域性教育与经济发展部部长会议，新加坡，1971年5—6月。

题，如同建立新的教育体系一样，却是要提高现有人员的工作效率与成果。

中间技术的最终目标是促进技术上的发明创造精神以适应发展。所以这方面的努力，对所有教育工作者说来，是重要的最终教育目标。

就实践的目的来说，就是要系统地在方法上和技术上发展有组织的形式，以满足地区、国家乃至民族集团、文化集团或语言集团的需要。这些形式包括从全国或全世界范围的大规模标准化生产（如工业化国家的那些完善的工作：出版教科书，制造视听教具，使用无线电与电视网等）一直到农村教师所组织的手工生产。

最后，科学技术的进步还具有它本身内在的价值。这种内在的价值与被调动的物质资源的数量无关，因为这种进步所固有的精神，即使在现代设备得到广泛应用之前，就已经影响到教育体系。利用近来研究的成果，事实上并不是必不可少的。

"除非这些理论原则有所发展并且被应用于教育，否则中间技术就会成为发展中的死胡同，而不是一个必要的阶段。技术的创造性乃是产生新方法的基础。它将保证中间技术必要的标准化，并保证它最后实现普遍化。"[①]所以我们考虑，在发展先进技术的同时，利用某些适合于个别国家的特殊需要和可能的简单技术，是可取的。我们应该鼓励采用那些不需要大量投资的新技术和那些能够帮助发展中国家改进教育的中间技术。即使当我们在等待从先进的教育技术推演出新原理的时候（这一点远比单单用技术更为重要），我们也丝毫不应该停滞不前。

利用人民的力量 在许多国家里，引进现代技术所需要的基础结构还不存在。它们还没有必要的投资费用，也不可能在短时间

① 亨利·迪厄齐德：《教育技术学》，第13页，巴黎，联合国教科文组织，1971年，国际教育发展委员会文件，意见汇编，30。

内训练出专业人员和设置必要的设备。这种情况给应用最先进的技术制造了许多严重的障碍，以致摆在发展中国家面前，特别在教育面前的那种眼花缭乱的前景竟成了海市蜃楼，而且在今后长时间内可能还会产生很危险的幻想。

然而有一些技术落后的国家已经作了一些有创造性的实验，这些实验表明还有别的出路：这就是用新的方式把人民动员起来、组织起来，从而利用他们每一个人的创造能力。要做到这一点，我们就要号召所有的人民运用他们的力量和智慧，联合起来共同促进新型的科学技术发展，以满足国家的需要。

提高新的技术，丝毫也不是说，要排除我们时代所需要的教育基本改革中的最主要的因素，即大量地发展潜在的人力资源。

在未来的岁月里，教育技术的进步将会使那些处于有利地位而从中受益的人们获得大量的个人成就。而对新技术日益增多的利用将不限于形式教育。它将超越这个范围并在不久的将来，在教育活动的其他领域，如宣传扫盲、基础教育和公用情报等方面，借助于现代化的大众通讯媒体，而取得很大的进展。

但是调动人类潜力的前景——这一点现在还没有着手进行——远不是仅仅依赖技术手段。

群众参加社会教育事业的可能性是很大的。迄今犹被历史潮流所淹没的民族正在日益意识到他们的意志和力量。通过动员民众，通过志愿运动和自发的群众组织所挖掘出来的潜力的规模和力量，可以从50多年来许多国家的例子中看出来。

解放人民的才能，挖掘他们的创造力，在发展明天的世界教育的未来前景中，居于首位。

来自实际应用的新发明

从实践中革新 多值班级、统一学校、不分级学校、过渡课程、无墙学校、综合学校、多科学校、流动班、不分科学校、森林空地学校、哈兰比学校、社区学院、无距程大学、随到随学中学、工人大学、无形大学、装饰学校、开放大学、拉尼奇大学、开放学校、农场学校、平行学校、模数课程、自由大学、个别教学……这些不胜枚举的例子说明了过去十多年来在发达国家和发展中国家同样出现的革新浪潮。这些学校的势力和成果随着各国可能得到的资源和政治政策的不同而各不相同。

这些革新的目的旨在发展比较有效的和比较灵活的教育形式,但是这些革新,时间太短,难以估计它们的优点和影响。但它们的中心思想是重要的。

个别化的教学 许多个别化的教学形式强调对个人的判断和推行自我教育。按照每一个学生的要求和才能,给每个学生布置一个学习计划。在这个计划中包括他所要吸收的数据和他所要进行的研究和实践工作,这些工作有时在小组进行,有时一个人单独进行。学校也给了他自己考核自己作业的方法。

新的学习方法大大地增加了独立的学习程序和教育设备,① 如调查研究、资料中心站、设备库等,而且也促进了适应性技术(如

---

① 自我服务的教育体系是从下面这个概念出发的,即有效的学习不是依靠教学的科学严密性,因为这种教学已经过时,所以它的重要性在一定程度上是虚幻的。有效的学习乃是依靠学习者和知识源泉间的关系性质。当一个人选择他的学习目的时,我们可以向他提出忠告,至于他选择何种手段去达到他的目的,这就要靠学习者自己了。这些手段一般包括整套系统的单个成分或一堆成分。学习者可以到资料中心站去请教,借用、租用或购买这些学习材料。

集体考试站和教学机器)的发展。[①]

有关知识的组织与结构的观念正在发生变化。学校的教学大纲已不再是一种分成几个同等重要的章节连续进行的讲授。有人创造了一套一套可以分成许多单元的教学内容,而这些单元又是可以掉换进行的,因此学校的教学内容正在变成一些单元的体系。向学生指出的学习路线不再是直线型的。由于这些单元是可以互相掉换的,学生就可以按照不同的知识水平选择一条最适宜的途径。学习材料是多种多样的,尤其是通过教育无线电和电视节目发展起来的多种媒体途径而获得的学习材料就更加是丰富多彩的了。

学校的时间不再被分成许多划一的课时。各人的进度不同;多种多样的工作代替了整齐划一、步调一致的共同前进,学生有一定的时间按照个人进度进行学习(这种情况在美国和瑞典的中学里达到占学校时间的40%)。专门用来学习的时间,在一定程度上,根据过去的经验,可以划分成为:教学时间(个别的或大组的教学)、小组活动时间、个人消化时间、传递的时间和(个人的或集体的)考核时间。

新的主顾 教育正在接近那些通常被排斥于教育领域以外的人民,为这个体系提供新的主顾。现在全世界都感觉到需要特别为成人设置教育机关,使缺少资格的工人、专业人员和技术人员有获得教育的机会,因为政治与社会的变迁突然赋予他们一些新的职责,而这类新的职责,或是他们过去没有训练过的,或是由于技术

① 然而我们应该注意,有些原始实验是用完全不同的精神设想出来的,例如,日本和美国所用的加强系统,特别是那些为某些大公司的职员所使用的系统。学生进入"教育医院",进行比较短期的治疗(3周到3个月的时间)。这种治疗有它的特殊目的:它或者是为了重新训练,或者是为了学习一种语言,或者是为了掌握一门专门的技术。在"入院"诊断后,他必须接受严格的、反复的、大量利用条件反射过程的机制(视听显示、语言实验室)的考验,以尽量减少时间上和精力上的浪费。

上的变革而带来的。在这一方面，有些教育体系能够使许多人受到高等教育，这一点使人特别感到兴趣。[①]这类教育体系一般不要求形式上的入学标准并且能使人们获得个人学习的重要资料：计算机储存的信息，或磁带录下的资料和从分布网(无线电、电视、函授课程等)预订的接收节目。

对于传统学校里那种权威式的传授知识的方式要重新进行估价，这就是说，要减少强加在学生身上的束缚(纪律、练习、考试)。学习者可以在小组中和在互相讨论与课堂讨论中，获得知识。如"反大学"运动一样，这种情况有时可能会产生一种暴力叛逆式的合作管理形式，而这种形式与现有的任何结构都不相关。然而，有的地方，这种形式又可能是为经济因素或教育因素所决定的，例如企图更好地利用资源，企图进行更可靠的个别教育或者想要推行互相之间的教育。[②]

教师作用的变更 总的讲来，教师的作用目前正在发生变化。权威式的传递知识的办法正在通过花费更多时间判断学习者的需要，推动和鼓励学生学习，考核所获得的知识等办法加以补充。教育界正在按照医院小分队的型式开始建立教育小分队，而且还补充了不少教师和助手，主要负责一些非教学工作，如管理和评定学生以及一些行政事务。还有一种极端情况，人们正在呼吁重新考虑是否有必要在某些教育领域内设置永久性的专业教师。

改变学校的建筑物 学校的空间已没有必要再建筑那种容纳30、40人的课堂了。有许多学校的内部建筑新颖而具有创造性。带有

---

① 例如，(德意志联邦共和国的)电话学校或(日本的)全国广播协会函授与无线电结合的中等学校。当前发展到最高水平的是联合王国的开放大学，它把无线电和电视结合起来了，此外，它还利用指导手册、学习器材、函授、盒式录像机，小组讨论和暑期学校等。

② 尼日尔电视广播台于1970—1971年进行过一种"自由接收"实验，主要对象是小学生，平均年龄10—11岁，由他们自己管理这种广播。

活动隔板的可供多种目的之用的房间和分隔的小房间，可以随意供大组或小组或个人学习之用。大的地方可以用来作为开展辩论的场所。资料供应点已经有所增加。教育机构同时是俱乐部、车间、资料站、实验室和集会场所。[①]学生座位的安排、上课时间表、教职员的工作分配、仪器设备的公布等都倾向于具有灵活性。同时，学校机构也要更灵活些，以适应社会的和技术的发展。

在物资有限的国家，典型的学校建筑物已经大大地失去了它的重要性。虽然表现先进技术革新的现代建筑物，从理论上来说有许多优点，但经验告诉我们，学校设置上、设备上和建筑上的缺点，大部分可以借助于新型的师生关系，运用创造性的教育学和一般来说，树立新的教育气氛来得到补偿。在这方面，在开阔的农村里，在帐篷里上课的班级采用新教育方法或采取最简陋的手段所得到的成果，往往比那些具有高价设备而没有适当专业教师的学校或那些由于缺乏富于创造性的气氛而不能实现所预期目标的学校所获得的成果，更令人信服。[②]当我们想到那种用昂贵的校舍建筑来同其他学校最好的建筑相比美的情况时，我们看来最好劝那些发展中国家把注意力放在学校教育的非物质的方面。尤其应该避免那种在这方面跟别的国家竞争，以显示“国家威望”的想法。受这样的诱惑，不仅将加重教育方面不正当的负担，而且将使普通教育朝着不健康的方向发展。此外，我们可以采取完全相反的方法使学校

---

① 通过拨电话号码的系统或用一个字母数字键盘来领取文献资料，通过电视或耳机广泛散布数据，这样便改变了“交流”的方式。另一方面，我们现在已经有了很多可以采取的途径，并且学生又是流动的，这就要求通过图书馆、研究中心和微型索引的办法、情报中心、装配中心、磁带图书馆、记忆库，作为不断取得知识的源泉，以补偿使用无线电、电视和电话所产生的那种临时性的、瞬息即逝的缺点，利用这些，学生和教师可以共同学习。

② 伊朗的巴默贝格曾经对法尔斯地区的游牧民族部落特别是奎克部落试验过一种“无建筑物学校”。学生进这样的学校所获得的成果往往超过那些在附近正规学校上课的学生所得到的成果。

与四周环境有更令人满意的联系。

学校与社会的联系 总的来讲，学校本身内部的进步，事实上跟学校与社会业已改进的实际联系有关。一个人从小到大毕竟还是通过他的自然环境教育他自己的。看来事实表明：这种自然教育，通过生物环境和社会环境的联合效用，一直是人的意识与智慧成长的主要工具。

改进人的心灵和获得文化知识的可能性日益增加，因而社会与教育的密切关系在今天就显得特别重要了。

在这种情况下，在学校里，以努力、纪律、竞争为基础进行学习，往往比不上那些比较轻松活泼而非强制地教育青年与成人的方式。同时，在许多国家里，学校所提出的价值和大众媒体所描绘的生活方式日益矛盾，大众媒体所描绘的生活方式往往宣扬暴力、色情和侥幸，当然其中也有诗意、自然与幸福。因此，广义上来讲，把校内和校外的目的与方法互相协调起来，就感到越来越迫切需要了。①

学校向全世界开放，采取了两种方式。学校倾向于把它本身当作一个多重目的的文化中心。学校的图书馆作为公共图书馆为大众服务；大礼堂就是当地的剧院；科学实验室、车间、运动设备、无线电、电视广播室和资料供应中心都是向社区开放的，至少在放学以后和放假的时候是如此。因此，人们正试图把学校扎根于社会之中，使之摆脱孤立状态。不仅在农村，而且也在城镇中心，学校要适应社会需要（虽然很难在条件差的城市创办好的学校）。同样，在家庭方面，人们也正在试图使家长能够直接参与学校结构，共同制订教育计划，在“社区学校”和“家长学校”中尤其如此。②同样，人们

---

① 例如，在有些社会主义国家中，曾经试图使高峰收看时间的某些电视节目和学校的活动互相配合起来。许多国家的不少电视节目的目的是要解决文化落后和消除中途退学现象。

② 这类学校在老挝、利比里亚、菲律宾、塞拉利昂和其他国家中都有发展。

也正努力使学校接近劳动世界，尽管这种试图克服脑力劳动与体力劳动之间严格区别的努力是肤浅的、表面的。然而这种接触往往有助于培养儿童喜爱劳动和尊重劳动的精神，并有助于在学校与邻近工厂或农场工人之间形成一种互相了解的风气。[①]

从束缚中解放出来　生物学上、心理学上和社会科学上的进步已使伟大的传统的人道主义运动有了新的科学基础。总的讲来，这些方面的进步指明：从社会经济的和历史的枷锁中解放出来的人和生活在统治的与贫穷不堪的社会里的人，确实是完全不同的。过去的贫穷和暴力可能已经使人几乎具有了病态。虽然如此，我们还是越来越相信：人对别人并非必然是一只贪婪的狼，他的生理—心理结构使他生来就倾向于爱人和从事创造工作。如果他的深刻动机以一种消极的暴力形式与无理性的侵略行为表现出来，那是因为在他的整个历史中他都是生活在所谓人类不发达的恶性循环之中。现在他在历史上第一次面临着一条真正的出路。他已经逐渐看清了他周围的物质现实和他自己的生存条件，而且他正在开始获得以前所梦想不到的力量。

教育即解放　根据这点，过去那些教师和教育家们的创造性直觉同现实是完全吻合的。他们认为，教育能够是，而且必然是一

---

① 有许多例子说明，跟农业环境和校办工厂紧密联系着的学校，取得了当地工匠、木匠、漆匠等方面的帮助。在这里值得注意的是，在某些非洲农村地区，这种企图有时会遇到工匠们的强烈抵制。他们认为，除了举行部族入社仪式之外，铁匠和渔民的秘密不应向青年透露。

种解放，[①]他们个别地或集体地从这个观念得到了灵感。今天越来越多的人从这个观点得到启发。事例很多：A·费里埃与他的“活动学校”（瑞士）；玛丽亚·蒙特梭利的“自我教育”（意大利）；约翰·杜威的“小组作业班”（美国）；帕维尔·佩特罗维奇·布朗斯基在十月革命后不久在苏联开办的第一所“劳工学校”；德可洛利的“活的教学法”（比利时）；塞勒斯坦·弗雷纳的“新学校”运动（法国）；P·彼得森的“生活团体的学校”（德国）；P·尼尔的萨默希尔学校（联合王国）；泰·索拉林的“五月花”学校（尼日利亚）；在巴西东北部以及后来在智利，仿照保罗·弗雷尔的“良知”教学法[②]所开展的“扫盲与教育运动”；世界各地在联合国教科文组织的协作下，根据“世界扫盲计划”设计出来的“职能扫盲方案”；中华人民共和国和它处于深刻变革中的环境密切结合起来，对整个教育体系进行彻底检查时所采取的各种措施；越南民主共和国的北里飞行员农村学校和“绿色实验室”；坦桑尼亚根据“教育自力更生计划”所进行的实验；安哥拉妇女设法把扫盲运动和安哥拉的人民解放斗争事业结合起来；阿拉伯国家的“无建筑物学校”的试验；当前秘

---

① “同驯化教育相反，这种理想的、预言的和有希望的解放教育是一种认知的行动，是改造人所要认知的现实的行动手段。……在驯化教育中，不能说，人有什么可以认知的对象，而只能说，他已经具有了完整的知识。教育工作者具有这种完整的知识，并把它传递给受教育者。在解放教育中，教育工作者并没有完整的知识而只有可以认知的对象，而这种对象在认知过程中作为主体把教育者和受教育者联系起来。在驯化教育的实践中，教育工作者总是受教育者的教育者。在解放教育的实践中，教育工作者作为受教育者的教育者必须‘死去’，以便作为受教育者的受教育者重新‘诞生’。同时，他还必须向受教育者建议：他应作为教育者的受教育者而‘死去’，以便作为教育者的教育者而‘重生’。这是一个往来不绝的连续过程。这是一个谦逊的和有创造性的运动，在这里教育者与受教育者都必须参加”（保罗·弗雷尔：《不平常的教育思想》，第 7 页，巴黎，联合国教科文组织，1971 年，国际教育发展委员会文件，意见汇编，36）。

② “良知”这个术语来自巴西语 Conscientização，相当于“学会如何去感知社会的、政治的和经济的矛盾并学会如何为反对现实中难以忍受的因素而采取行动”的意思（保罗·弗雷尔：《受压抑者的教育学》，第 19 页，英译者注，纽约，赫德与赫德公司，1970 年）。

鲁、智利、古巴……等地，根据人民积极参加活动的哲学，对改革教育所作的努力等等。[①]

这些实验和其他许多实验都具体地说明了：在教育中采取解放行动有很大的可能性。当然，许多事实也同样说明，所有这种解放行动可能会遇到限制，甚至挫折，这是因为这种行动不适应于它的社会文化环境，这种社会文化环境把这种解放行动当作外来的东西而加以拒绝。

然而，在目前情况下教育的这种解放力不仅仅依靠教师的革新意志、慷慨和勇气。现代技术为了发挥它们的优点，不一定要由那些具有进步思想的教师所采用，或在一种政治变革的背景中为人们所利用。现在技术之所以发生作用，那些由它们固有的本质所决定的。大众通讯媒体，特别是无线电的深入使用，使知识能够深入到那种早期通讯方式所不能达到的环境。它固有的重大优点之一就是它们能使教师们从一心传授知识的工作中摆脱出来，使他们能够更好地致力于他作为一个教育家所应负的使命。[②]由于这个原因，大众通讯媒体大大地有助于在数量上和质量上发展个人和社会的学习机会。

---

① “教育不仅是专家的工作，而是全体组织起来的人民的工作。……（它要求）所有有关部门广泛参加这个工作并为之作出决定。……（它是）伟大斗争的果实，这种斗争，只有当我们把教育当作一个不仅影响师生而是影响我们自己的问题时，才能赢得胜利……”（摘自智利 1971 年 12 月全国教育会议报告）。“人民不仅是大量的、继续的、完整的教育的对象，而且也是它的积极参加者。这种重要事实只有在革命过程中才是可能的。群众性教育组织是一种理想的设计，以协调与组织旨在促进教育发展与解决教育问题的群众运动”（第一次全国教育与文化会议宣言，古巴，1971 年 4 月）。

② “现代技术具有最高程度的解放力，因为现代技术扩大了认识的领域和可能性，因而使得越来越多的社会集团深入文化知识‘宝库’；现代技术使个人的智慧潜力能以至今不可想象的规模得到利用；现代技术使人的智力活动能够永远不断地‘恢复元气’；最后，现代技术使任何一个人都能不断地，批判地意识到他的社会环境，从而可以精通一门日益扩充的知识领域”（G·戈扎埃：“智育与学习方法论的新技术”，见《教育学与生活》，1971 年 6—7 月）。

职能扫盲　在联合国教科文组织的协作下，目前有12个国家[①]正在按照职能扫盲的实验计划进行工作。这个职能扫盲计划乃是一个创举，它的理论和方法论，在试图革新教育体系方面和试图改进这些体系与发展的关系方面，都曾经发挥过作用。显然，当文盲是发展落后的一个方面时，识字训练就应该构成发展事业的一个有机组成部分，帮助人成为一个具有自觉性和掌握自己命运的主人。在识字训练和这种发展事业之间的相互关系便产生了职能扫盲的原理。在人们认为应该优先发展而文盲又是一个主要障碍的地区，职能扫盲就是一种教育的、社会的和经济的活动。在这里，个人的动机就成了一个出发点，以保证教学内容真正具有职能作用，这就是说，保证教学内容有利于人们从事社会经济的和文化的活动。采取的方法是根据生态学的探讨方式，为学会有用的知识而制订各种程序设计。职能扫盲的目标是对一些将要担任各种社会任务和经济任务的人们进行训练。学会读和写本身已不再是目的了。它是求得个人解放和发展的一种手段，而且是扩大个人受教育的范围的一种手段。学习内容已不再是通常的教育题材而是结合各种学科去解决具体问题。职能扫盲的目的在于：既培养一个人的技术与职业方面的才干，也发展他的智力和彼此交流的能力。职能扫盲给广泛的社会各部门赋予了教育的职责；促进了重要的经济活动可能发挥的那种塑造性格的作用；为一个一个目标、一个一个问题规定了教育的原则和实际方法；吸引了所有有关的人员而不只是文盲参加这种教育活动。

这样理解的教育行动必然会遇到各式各样的困难。这种困难既可能来自保守主义者、传统主义者的抵制，同样也可能来自技术

---

① 实验性的世界扫盲计划正在阿富汗、阿尔及利亚、厄瓜多尔、埃塞俄比亚、印度、伊朗、马里、尼日尔、苏丹、叙利亚、坦桑尼亚、委内瑞拉等国实行。在国际范围内，各国政府执行计划的情况可以用下列事实加以说明：即在1971年至少有40万成人参加了扫盲班和有8000名扫盲教师授课。

统治论者低估教育因素在发展事业中的重要性。

职能扫盲运动具有许多革新因素而且已经产生了积极的效果。所以我们可以说，它对教育体系的改革已经作出了建设性的贡献。

发展终身教育的思想 终身教育的思想在近10年来已经聚集了很大的力量，虽然还不能说它是我们时代的创见。教育过程是连续性的，这种思想并不是什么新东西。无论人类是自觉地，还是不自觉地这样做，他们总是终生不断地学习和训练他们自己。这种学习和训练主要是通过周围环境的影响，通过亲身经验改变他们的行为、他们的人生观和他们的知识内容。然而一直到现在，还没有多少机构支持这种自然动力，使它不再是一种偶然机遇而是一种深思熟虑的设计。尤其有一种偏见，认为教学只是为青年设置的并且只是在学校里进行的；这种偏见往往使人们不把终身教育当作是一种正常的教育。然而，的确只有几年的工夫，世界各地的人民就认清了这样一个事实，即大多数人还没有作好充分准备去应付20世纪后半叶这样的生活条件和社会变迁。千百万的成人需要受教育，这不仅是象过去一样为了使自己的能力日趋完善和对自己的发展有所贡献而得到幸福，而且也是因为20世纪的社会，全部社会的、经济的和文化方面的发展，都要求每一个受教育的公民尽可能地发挥他的潜力。

正如我们前面已经讲过的，教育只有在它的行动实质和空间时间方面经历了急骤的变化，简言之，只有采纳了终身教育的思想，才能变成有效的、公正的、人道的事业。

现在这种思想已经传遍全世界，终身教育也已经成为一个具有历史意义的问题，一个有关文明本身的问题了。①

全面的教育过程 最初，终身教育只不过是应用于一种较旧的教育实践即成人教育(并不是指夜校)的一个新术语。后来，逐步地把这种教育思想应用于职业教育，随后又涉及到在整个教育活动范围内发展个性的各方面，即智力的、情绪的、美感的、社会的和政治的修养。最后，到现在，终身教育这个概念，从个人和社会的观点来看，已经包括整个教育过程了。它首先关心儿童教育，帮助儿童过着他应有的生活。同时它的主要使命是培养未来的成人，使他准备去从事各种形式的自治和自学。后一种学习要求为成人发展许多范围广阔的教育结构和社会活动。这一切虽然是为了它们本身的目的而存在的，但也是改革初步教育的先决条件。

因此，终身教育就变成了由一切形式、一切表达方式和一切阶段的教学行动构成一个循环往复的关系时所使用的工具和表现方法。

从今以后，教育不能再限于那种必须吸收的固定内容，而应被视为一种人类的进程，在这一进程中人通过各种经验学会如何表现他自己，如何和别人进行交流，如何探索世界，而且学会如何继续不断地——自始至终地——完善他自己。教育不仅已经牢固地扎根于经济学与社会学，而且也扎根于心理学研究的成果。心理学研究指出：人是一个未完成的动物，并且只有通过经常地学习，才能完善他自己。如果确实是如此，那末教育就要终生进行，要在所

① “生活正在使教育学面对许多新问题，并且要求它去解决一些比过去的问题复杂得多、困难得多的问题。……学校如何才能赶上科学？如何才能赶上生活？两个不规则的、不相等的过程，如何才能互相协调：一方面，科学情报大量涌现，现代知识日益分化与综合，具有重大价值的科学技术与艺术日益丰富。另一方面，学校的教学过程受着教科书的限制，受着时间的限制，不能随意延长，正象一个正在发展的人不能无限制地发展他的潜能一样。我们今天已经充分了解这两方面脱节的情况。它将来是否消失，我们还不能作出估计；相反，这种脱节的现象，目前显然变得日益尖锐了”(P·科罗维勒夫：《苏维埃学校：它的现状和未来》)。

有现存的情况和环境中进行。这样，教育就会体现它的真正本性，即完整的和终身的教育，而超越千百年来硬加在它上面的各种机构上、程序上和方法上的限制。

加强教育的科学基础的条件已经成熟。目前的任务是要改善各学科之间的综合研究和教育发展之间的关系，把科学成就变成教育的现实而使教育机构成为充分利用技术成就的理性实体。现在我们已经可以得到生态学方面和控制论方面的新模式，这些模式是完备的、自动调节的、自动平衡的和自动革新的。因此，我们已经达到了可以预见组织教育的方法的地步，而这种组织教育的方法是以人与机器之间的对话原理为基础的。这便使广泛地实行个别学习成为可能。

教育思想与教育实践正在努力使教育成为一个把个人重新统一于社会并求得社会解放的工具。在许多情况下，每当青年人要求表达感情和反对压制的权利时，就提出许多抗议。这种情况在许多国家中看来是和上述那些科学的目的相矛盾的。

在教育体系周围出现了许多社会现象：战争与和平、政府的法统、人口节制、经济上与社会上的不公平现象、种族歧视。教育体系对于这些社会现象表现出漠不关心，这就证明了上述的那种矛盾是有道理的。科学正在致力于明确目标，使方法现代化，关心控制系统的组织与效能；政府当局正在热心为公民们制定合理的、有组织的教育体系。但科学和政府当局却面临着人们的种种要求，要求有权发挥首创精神，要求个人有权发明创造，要求有权持不同意见。人们对教育程序的合理化感到厌烦。这必然促使人们去探求新思想，而这种新思想又会和科学发展的法则产生对立。人民宣称他们有个人独创的权利，以此来抵制那种机械的统一过程。

这是一种毫无希望的形势吗？

丝毫也不是这样。我们知道，有人想要制订教育计划，管理和监督教育的职能与目标；有人又把教育问题当作永远否定社会真正目标的一个手段，在这两种人之间是有矛盾的。当我们把这种矛盾推演到它的逻辑结果时，我们就能够看出这种形势并不是毫无希望的。

教育的未来在于设计一种教育机构，这种机构要利用工业与技术上的效率去获得知识，而同时又要培养集体的创造力以促进人类关系的发展。在这种教育机构中这两方面是结合在一起的。

这两个命题是互不相容的吗？

教育活动的类型与方法的合理化、大众通讯技术的运用以及控制论原理的引进，一方面促进个人化和唤起自觉，同时另一方面也可以增长社交能力，加强学习者的独立性，更好地武装他们去追求比较公平的社会模式，去探索关于权力与权威的新观点，去掌握更为有效的进行交流与参加活动的手段。

如果我们能把批评、民主地参加活动和创造性的想象，同在行动的、科学的、理性的组织中享有的权力结合起来，以激发蕴藏在人民深处的潜在资源和潜在能力，那末，未来就是属于我们的。

第六章　目　　的

每一项教育行动都是指向某个目的的一个过程的一部分。这些目的是受普遍的和最终的目的所制约的，而这些普遍的和最终的目的基本上又是由社会确定下来的。

这是当代世界所遵循的一个模式。某种形势的客观现实必然制约着每一个国家根据其特殊背景所制定的当前的教育目的。但这种教育目的，同社会的一般目的一样，也是那些参加教育活动的个人的意志行为与主观选择的结果。[①]为教育规定某种最终目的，并不是赋予教育这种或那种职能，而只是意味着必须把那些落在教育身上的职能同教育以外的其他目的联系起来发挥它的作用。[②]

这一系列的决定因素不应看作是单纯机械的东西。正象社会形式经常落后于社会经济的现实一样，教育可能长时间地再现过去的社会状态。或者，相反，教育也可能预示某些新的社会状态并

---

① “教育目的既不能从宇宙原则推断出来，也不是柏拉图理想国里一堆永恒的绝对价值。这些教育和形而上学根本无关，但肯定是同道德哲学与价值论联系在一起的，有时它就是道德哲学与价值论的一些因素。但是如果有人试图从哲学理论中引申出教育目的，那是不会产生一套真正有生命的、有关联的原则的，除非我们把这个理论和个人与社会的经验事实有意义地联系起来；和个人的需要、兴趣、意愿联系起来；和社会的失败、成功与目标联系起来；和现有的社会的与个人的价值以及对这些价值的批评联系起来”（斯特林·M·麦克默里：“教育的革新与目的”，载《学校与社会的挑战》，纽约，麦克劳—希尔出版社，1969年）。

② “目的与目标根本不同，你能测量目标，但不能测量目的。一个最后的目的是一种哲学力量，它是我们行动的先验的本质。培养自由的人和创造思维，最大限度地挖掘每一个人的潜力，这就是最后的目的。一个目标是独立于个人而存在的”（引自A·比安切里的著作）。

加速它的变化。

我们也不应该过于简单地设想这些具有决定性的条件。当我们说，教育反映社会时，我们是说，教育反映一个复杂的现实。如果我们只把教育，乃至学校和教育体系仅仅看作是统治的社会力量（即国家）或执政的政权的体现，而排斥其他辅助性的、独立的或敌对的社会因素，这是错误的。事实上，教育世界，特别是学校，乃是不断进行辩论和斗争的舞台，而这些辩论和斗争都影响着教育目的。

这些条件不是唯一的东西，社会因素不是影响教育目标的唯一因素。个人——学习者（现有的和潜在的学习者）、教师、家长——有意无意地影响着人们去决定或改变教育的最终目的。教育学思想、哲学、教育理论与教育科学以及一般的意识形态，虽然各有各的重点与效果，对于表达教育目的的方式却都是有贡献的。

有多少种不同的社会、历史阶段和意识形态，在教育方面就能作出多少种选择。有多少种想象的和想要的未来，就能作出多少种选择。

可是，大家一致同意的意见令人信服地证明了，在人们追求的许多目标中具有一些共同倾向，这种共同倾向指明现代世界的一些主要的最终目的是一致的。

走向科学的人道主义

寻求一个新的教育秩序，是以科学的与技术的训练为基础的，而这种科学技术的训练是科学的人道主义的主要组成部分之一。

科学思想与科学语言　然而我们可以说，这是真正的人道主义，因为科学的人道主义反对任何先验的、主观的或抽象的关于人的观点。科学人道主义所指的人是指一个具体的人，一个在历史背景中的人，一个生活在一定时代的人。他要依靠客观的知识，而这种客观的知识本质上必定会导致行动，并且主要是为人类本身服务的。

人的宇宙内容已经发生了变化。无论他喜欢不喜欢，他总是要投入到钻研科学的世界中去的。自动工厂的工人或核物理实验室的技术工人是如此，进行绿色革命的印度农民也是如此。

在现代文明中，只有一个人不仅能够应用科学方法，而且能够懂得若干科学方法，他才能够参加生产。更重要的是，他还要能够正确地感知和理解他所居住的这个宇宙，他才可以掌握获得科学知识的钥匙。

掌握科学思想和科学语言，象掌握其他的思想与表达思想的手段一样，对一般人来讲，已成为必不可少的了。

但我们不能把这一点理解为积累一堆知识，而应理解为掌握基本的科学方法。

客观性的法则 科学，实质上，是培养个性的各个方面和满足个性的各种要求的决定因素。从教育的意义来讲，我们还没有完全懂得这一点。科学不是强加在个人身上的"片断知识"和理智工具的总和，如果不赋予个人这种片断知识和理智工具，他会继续坚持他的传统的态度和行为。从这个观点看来，客观性是胜过主观性的决定价值，它避开了它自己没有地位的领域，而在它自己的特殊范围内自然繁荣起来。当人们共同协力追求真理，愿意接受现实与事实，终于战胜了那种披着理性外衣的情绪冲突时，人类的关系就能获得一切好处。

我们必须明白，知识的获得是由于人类战胜了常规与惯性，战胜了现成的观点与概念，战胜了我们试图理解的对象所具有的复杂性与晦涩性。我们必须认识到，一切知识[①]都只是重新探索的出

① 这里不产生宗教意义的启示问题，因为宗教问题大多是超越于时间与批判研究之外的。

发点。我们必须承认，在我们已经获得的真理中就有我们先辈的劳动。必要时，我们必须作出决定和采取行动，但在事情尚未证实以前，不要先下判断。这些有关科学精神的格言同教条主义精神与形而上学思想是背道而驰的。

相对性与辩证思想 无论从个人自己的观点来看，或是从社会的观点来看，我们要训练一个人掌握历史各阶段之间的相对性和依赖性，这一点看来是必不可少的。辩证的思想就是通常用来这样去认识现实的工具，因为这种思想把时间、运动和思想、行为结合起来了。相对性与辩证思想看来是培育容忍种子的肥沃土壤；但这并不是说，我们要纵容别人残忍作恶；而是说，我们承认各人之间是有差别的。因此，个人应该系统地避免把自己的信仰与信念、意识形态与世界观、行为与习惯，当作是对于一切时代、一切文明、一切生活方式都能行之有效的模式或规律。

科学精神的训练 科学继续不断地演进，这就使得传统的传授科学的方法越来越不受欢迎了。我们不能希望通过填鸭式地把更多的科学事实塞到人的脑子里并把那些过时的学科从课程计划中删掉的办法去吸收迅速猛增的知识。科学不应变成一种纯粹学术性的练习。相反，科学教学应该立足于用实用主义的观点寻求解决从环境中产生的问题，不管这些问题直接是从现实中来的，或是从模式中推演出来的。

由于下面这些极为分歧而强有力的理由——从当前劳动的需要和控制现实的需要，到控制自己的需要和科学方法与伦理训练方面的需要——科学训练和培养科学精神看来乃是当代任何教育体系的主要目的之一。

培养创造性

安全与冒险 看来人类的天性一方面渴望安全，同时另一方面又喜欢冒险。因为渴望安全，人类便要寻求掩蔽之所。因为喜欢冒险，他便爱好处于危险之地。他要冒一切形式的危险：他在发现新事物时要冒危险；他在被人发现时要冒危险；他在面临生命的重大经验时也要冒险；同样他还要冒犯错误或误入迷津的危险。在这两种对立的感受中，每一种感受都要付出一定的代价。人们一般认为，人类从事创造性的工作所付出的代价无比高昂，因为在从事这种创造性的工作时，人们要拿出他的全部能力。但寻求安全的代价就比较节俭。但是发挥人的创造性并不是放任人性的自由表现。发明与发现也要遵守一种为人们自由接受的纪律，也要模仿别人所选择的模式，尤其是要反对那些矛盾的模式。否定纪律的作用和拒绝遵守一切规则，都是不可能的。虽然，从长期来看，有些纪律和规则在一个人自己的运用之中会日益完善。而这样的纪律和规则同发明创造的本能是最相一致的。

寻求新的价值　这种创造性的、叛逆的、探索性的精神，在许多国家的青年人当中特别明显。青年人（虽然并不是所有的青年人都是这样，也不是所有的青年人都同样是这样的，也并非只有青年人单独是这样的）已经意识到世界的现实性，而这个现实世界的伦理价值，在青年们自己开始对它们发生对抗之前，就已经遭受过他们前辈的嘲笑。青年人往往被邀请去共同参加对话，但是他们明白，这只是因为有人想统治社会而具有的一种自我保存的本能或者是出于家长的态度，但绝不是因为要寻求新的真理。青年人之所以不适应现实世界的伦理价值，主要是由于现实世界中发生的深刻变化同他们在社会制度中所养成的那种不平衡的、混乱的、有时不恰当的态度背道而驰的。因此，在一些国家中，这种现象已经成为一种文化的，乃至政治的问题。这时候，青年们便团结起来，组成一个统一的、自足的集体，来寻求一个具有新价值的新世界，这个新世界最后可能从“寂静的文化”和压迫中产生出来，从一切社会经济和教育的统治机制中解放出来。

揭示某些青年集团的一些表面现象，从而可以不必严肃地对待它们的那种有爆炸性的真理，这是太容易的事情了。

但对青年人正在提出的挑战，如果我们不分析它的深刻原因，要使一个长期的教育政策发挥作用，那是不可能的。

思想与行动 人们不断要求教育把所有人类意识的一切创造潜能都解放出来。但是千百万人们今天却正在发现，他们创造活动的两个组成因素（思想和行动）都已经瘫痪了。歪曲的人生观与宇宙观、愚昧、暴力、产生暴力的集体精神病、无权、受苦的和受压制的统治、害怕自由——所有这一切聚集起来，使得行动与批判的思维互相进行破坏。

人是在创造活动中并通过创造活动来完善他自己的。他的创造机能就是那种对文化最敏感的机能，就是那种最能丰富和超越成就的机能，也就是那种最容易受到压制与挫折的机能。

教育既有培养创造精神的力量，也有压抑创造精神的力量。教育在这个范围内有它复杂的任务。这些任务有：保持一个人的首创精神和创造力量而不放弃把他放在真实生活中的需要；传递文化而不用现成的模式去压抑他；鼓励他发挥他的天才、能力和个人的表达方式，而不助长他的个人主义；密切注意每一个人的独特性，而不忽视创造也是一种集体活动。认清这些任务乃是现代心理教育学研究最有成果的智力成就之一。

培养承担社会义务的态度

教育，对于准备人们去参加社会生活，并因此而直接地或间接地，明显地或隐晦地塑造他们，总是起着重要的作用。如果一个社会政治体系不能争取人们信仰某些原则、观点、某些共同关心的事情，甚至信仰某些联结一个民族的神话，那末这个社会政治体系就不能巩固它的基础。

学校发挥了强大的统一作用。教育促使儿童进入一个道德、智慧和感情融洽一致的世界。这个世界由一整套的价值、对过去的解释和对未来的希望所组成，同时教育还提供了一个思想与知识的宝库，一份共同的遗产。这个社会共同体或民族共同体越是复杂多样，这份共同的遗产就越重要。成人教育的统一作用也许较小(因为成人教育可能独立于公共教育之外而与公共教育对立)，但是它仍有助于唤醒公民精神和对社会的责任感，有利于培养关心别人并帮助别人摆脱孤立状态(无论这种孤立状态是自己选择的还是别人强加于他的)。

政治教育 然而，政治并没有占有它在教育中所应有的地位，正象民主在政治教育中没有它应有的重要性一样。人们只谈论政治教育而没有进行政治中的教育。他们把政治宣传或意识形态的灌输同对权力的性质及其构成、对制度的力量准备进行广泛而自由的思考混为一谈。训练驯服而划一的公民这种思想代替了唤起人民的政治意识和发展民主的美德。人们满足于反复灌输政治思想，而不去培养人们了解他们所处这个世界的结构，履行他们生活中的真正任务，以便不至于在一个迷惘不清的宇宙里盲目前进。

民主实践 政治教育中的主要问题不是它可能采取的形式有多么巧妙，或是多么过分，而是要在教育行为中公平地、民主地、有效地运用权力。光教人去理解政治机构是不够的。

如果一个人通过积极参加社会结构的功能活动进行学习，并于必要时在改造这些社会结构的斗争中承担个人的责任，他就会充分地实现他自己在社会各方面的潜力。

学校里的政治 无论哪个国家通过何种规则、形式和习俗应用民主的原则，观念上的争论和意见上的论战必然是民主生活的先决条件。人们愿意看到在一些校外机构中应用辩论的原则，乃至成为教学与其他活动中的一个因素。但是当他们看到中小学和大学里也发生了辩论的时候，他们就害怕起来了。人们通常宣称，学校是“城邦”的一个组成部分，而且学校与城邦之间的关系应尽可能密切。但是有人把政治从学校里排除出去，这便在原则上和在实际上否定和抵制着这种通常为人们所宣称的情况。

参与活动 教育应该通过教学、实践和社会职责为我们时代的一个典型的规划作出贡献，这个规划就是要用一种活生生的、民主的决定过程去代替那种机械的、行政式的权威统治。大量地参与社会活动，以尽自己最大的责任，这不仅保证了集体的效用，而且也是谋求个人幸福，掌握日常管理社会与控制事物的权力，走向自己决定自己命运之道的先决条件。公民的职位不再是代表他个人的权力，而是在社会的各个阶层和生命的各个阶段行使权力。

政治工作的和民政工作的目的——同滥用或独断地、狭隘地利用教育中的政治因素或意识形态上的因素相反——是任何趋向民主社会的教育事业的一个基本组成部分。

经济学的教育 同样，促进发展的因素不单单是提高劳动力的质量。我们还应该帮助每一个人都成为自觉的消费者和促进发展的开明人士。要做到这一点，他就要基本上懂得国家、地方和企业的经济生活中的法则、机构和各种错综复杂的活动。他必须了解那些内在的矛盾以及这种矛盾在内部和外部发生作用的力量。他必须领会各个经济阶段在决定如何分配社会产品，选择什么样的投资以及如何制订计划的时候所需要采取的手段。经济学不再是专家们和具有这门知识的人所独有的一门学问了。

关于经济生活的知识现在已成为适用于继续教育的一个领域。学校已经远不是进行教育的唯一机关了。工会、专业协会、政治党派、生产合作社与消费合作社和雇员联合会都参与了教育活动。出版、广告、无线电和电视广播也成了最重要的教育活动。

经济学的教育必须成为每一个人意识与文化中的一个基本因素。这种教育从学校开始并通过一切校外媒体继续下去。

国际教育 为了和平，必须发展民主主义。民主主义鼓励国与国之间互相宽容，增进友谊和进行合作。这已是老生常谈了。但是在政治与外交的错综复杂的活动中，人民的态度，特别当他们对于和平有一种现实主义和不动情感的想法时，[①]就显得十分重要了。当国家当局不得不对付多数真正的成年公民，或少数有权有势的活动分子时，他们就不能够轻易地驱使这些人走进他们所设计的陷阱，就象他们驱使那些柔顺的、愚昧的、以为是为了他们真正的利益而受骗的人们一样容易。

在教育活动中，任何用来帮助人过着和平生活的因素，任何能使他脱离不愉快和孤独寂寞之境的因素，同时也能帮助各民族之间和谐相处。对别人持敌对态度，破坏捣乱的欲念，是同挫折、失败和自卑感密切相联的。一个有自卑感的人总是颂扬民族主义，把自己局限于地方性文化的圈子里，拒不了解和认识他自己局限的范围以外的民族生活、思想或价值。他总是找机会争取同胞的支持，相信他自己优越于外国人，维护他自己的高大形象。

教育要有助于促进个人及其人格的充分发展，以消除这种自暴自弃的态度。然后根据逻辑推论，教育将能在一切人类中为每个地方、每一个人培养热爱和平的深厚感情，使人们能随时准备抵抗侵略战争和尊重邻国的独立。

教育有一个使命，就是帮助人们不把外国人当作抽象的人，而

---

① “树立正确的和平思想是极端重要的，同时要消除那些经常戴着假面具的、歪曲的假和平思想。”我们要告诉青年，和平不是生活的一种静止状态。和平既不是一种尽善尽美的状态，也不是一个死亡的绝境。因为生命就是运动、成长、工作、努力、征服。……和平是否也是这样？是的，因为和平就是人之至善，是这个世界的游客。善是永远不会完结的，永远不会被征服的，永远不断地更新的，所以和平是最积极的活动背后的中心推动力。

“但是毫无问题，和平和力量是一致的。我们特别可以对领袖人物这样说，因为领袖们有兴趣，也有责任把一群人联结成为一个体系（家庭、学校、公司、社区、社会阶级、城市、国家）。但他们经常不得不用力量，维持表面的和平来巩固这种体系。但这时候这个生活的共同体中那种模糊状态就变成了心理上的苦痛和挫折”（引自教皇保罗六世在庆祝和平日的讲话，1972 年 1 月 1 日）。

把他们看作具体的人，他们有他们自己的理性，有他们自己的苦痛，也有他们自己的快乐；教育的使命就是帮助人们在各个不同的民族中找出共同的人性。

培养完人

为一个新世界培养新人！有人也许会抗议说，这是对“人”这个字的滥用，因为他们持有人是永恒的人这个观点。他们会辩论说，这个未来的新人和过去的类人猿一样，总是按照同一种本能和动机行动的；这个未来新人的苦恼，失望，有限的生存条件和求生的需要，爱情和想要超出自己的本能——总之，他的人生状况——始终是一样的。因此，讲新人是错误的，虚构的。

人的力量 现在正在出现的人是这样一种人，他的知识和行动手段已经发展到如此地步，以致他认为可能开发的新领域是无限的。而且事实上，现在的人由于掌握了知识和科学法则而开始能够控制自然过程并且能够对它们担负起责任。①

一个人由于认识到自己的力量，从而进一步认识到他自己的意识。在这以前，他不能说明他自己内心世界的秘密。而当他认识到大脑的机制和自己行为的意识根源与无意识根源后，他就能够解释他自己和别人的一些不合理的行为。

过去，无知和无能注定使人们对于外界影响（无论这种影响是来自自然界的，来自其他人的或来自一般社会的）作出的反应，不是逆来顺受，便是神经过敏。今天的新人已经在领会、认知和理解②这个世界了；他已经具有了必要的技术，可以根据他自己的利

---

① “他（人）所起的作用，不管愿意不愿意，乃是要当地球上进化过程的领导者，而他的任务是指导这个进化过程向着日渐改进的方向前进”（朱利安·赫胥黎爵士）。

② “关于这个世界最不可理解的事情，就是这个世界是可以理解的”（艾伯特·爱因斯坦）。

益合理地影响这个世界。然后他又用物质产品和技术结构丰富这个世界。所有这一切都说明，人已经成为他自己命运的潜在主人。但我们说，人还只是潜在的主人，因为要使这种潜在变成现实，还需要消除那些使人遭受暴力与暴政之害的情况。

如果人类心理有什么固定特点的话，那末最突出的特点也许就是：人要排除令人苦恼的矛盾；他不能容忍过度的紧张；他努力追求理智上的融贯性；他所寻求的快乐不是机械地满足欲望，而是具体地实现他的潜能和认为他自己和他的命运是协调一致的想法——总之，把自己视为一个完善的人。

人的分裂 当然在大多数现代社会中，指望培养出这样一个完人，是不现实的。他在各方面都遇到分裂、紧张和不协调状态。有些社会结构蔑视一切有关公正与和谐的规律。这不可能不影响到他生存的各个领域。社会分成各个阶级；人与工作的脱离以及工作的零星杂乱；体力劳动与脑力劳动之间人为的对立；意识形态上的危机；人们所信仰的神话的崩溃；身心之间或物质价值与精神价值之间分为两端——人们周围的这些情况看来都在促使一个人的人格产生分裂。

目前教育青年人的方式，对于青年人的训练，人们接收的大量信息——这一切都有助于人格的分裂。为了训练的目的，一个人的理智认识方面已经被分割得支离破碎，而其他的方面不是被遗忘，就是被忽视；不是被还原到一种胚胎状态，就是随它在无政府状态下发展。为了科学研究和专门化的需要，对许多青年人原来应该进行的充分而全面的培养被弄得残缺不全。[①]为从事某种内容分得很细或者某种效率不高的工作而进行的训练，过高地估计了

---

① 某一著名学者曾警告大学不要狭隘的专业化："如果专家受过广泛的教育，那末必要时他就能通过自学来掌握新的科学而无需学习新课程。所以大学应反对过于专业化的倾向，但事实上这却是整个当代科学发展的特点"（皮奥曲·利奥尼杜维奇·卡佩沙博士）。

提高技术才能的重要性而损害了其他更有人性的品质。

完人的几个方面　这并不是说，获得知识，掌握研究与表达思想的工具，在人的发展中是不重要的。人的好奇心是这类活动和其他活动的根源。其他的活动还有：一个人的观察、试验和对经验与知识进行分类的能力；在讨论过程中表达自己和听取别人意见的能力；从事系统怀疑的能力；不断进行阅读的能力；把科学精神和诗情意境两相结合以探索世界的能力。①

如果一个人按照他自己及其同伴所应该发展的方面去发展，那末尊重人格的各个方面，在教育中，特别在学校中，就是非常重要的。复合态度是使人格的各组成部分保持平衡发展所不可缺少的因素。因此，我们必须鼓励这种复合态度并在一个人的教育过程中养成这种态度。②

教育的一个特定目的就是要培养感情方面的品质，特别是在人和人的关系中的感情品质。系统的训练有助于人们学会彼此如何交往，如何在共同的任务中彼此合作。教育由于人文科学的许多发明而得到了加强。这种教育也有责任消除各种思想障碍，这些思想障碍是由于无知，或是由于早期训练不良或训练不足而产生的。

个人表现的另一个重要方面是美感活动。然而，对美的兴趣，

---

① 当列宁讲到想象力在科学与艺术两者中都是必要的时候，他说："这种才能是极其可贵的。有人认为，只有诗人才需要幻想，这是没有理由的，这是愚蠢的偏见！甚至在数学上也是需要幻想的，甚至没有它就不可能发明微积分。"（V·I·列宁：《全集》，第45卷，第5版）。

② 有许多方式表达了在同一人格中同时存在几种人的情况，而且这些人之间还可能存在互相对立的关系。例如，"'技巧的人'（Homo Faber）总是乐意探求具体事物，而'智慧的人'（Homo Sapiens）则总是愿意寻求抽象的东西。当'智慧的人'追求目的时，'艺术的人'（Homo Ludens）却欣赏没有目标的过程。当'政治的人'（Homo Politicus）追求自由（他自己的自由和他的社会的自由）并设法冲破国界时，'宗教的人'（Homo Religiosus）却偏偏相信确定的东西，相信命运。当'智慧的人'和'艺术的人'大胆探索未知的、抽象的东西时，'技巧的人'和'宗教的人'则害怕未知的、抽象的东西而只相信具体的、已知的、当前的东西"（埃里卡·兰多：《向新的教育技术学前进》，在国际未来研究会议上提出的论文，日本，京都，1970年）。

识别美的能力，把美吸收到一个人的人格中去以及其他美感经验的组成部分等等，都是和一项或几项艺术活动实践分不开的。

今天的文化价值幸而和天然地重视身体健康结合在一起了：人们重新欣赏他们的身体，把它当作生命力与体格的和谐、美感享受、自信心、个人表现与情绪体验的基本源泉。如果我们要控制身体，控制身体的力量和质量，我们就需要知识、训练和练习。我们还必须适当地注意性的教育；注意加强体力及其技巧才能；注意训练肌肉与神经。严肃负责的教育工作者们从现在起就要经常关心培养各种官感，养成人们的卫生与饮食习惯，抵制由于各种刺激所引起的自我堕落和败坏的倾向。

把一个人在体力、智力、情绪、伦理各方面的因素综合起来，使他成为一个完善的人，这就是对教育基本目的的一个广义的界说。

我们几乎在所有的国家，在整个历史过程中，在哲学家和道德学家们那里，在大多数教育理论家和理想家们那里，都可以找到这个教育理想。它一直是各个时代人道主义思潮的一个根本主题。它的应用也许并不完善，但它是有成效的，它对于许多极其崇高的教育事业具有启发作用。

抽象的人和具体的人　作为教育主体的人，在很大程度上，是一个普遍的人——在任何时候，任何地方都是一样的。然而，作为一个特殊教育过程的对象的某一特殊个人则显然是一个具体的人。他能把他在时间上和空间上有限的生存过程中人性的这两个方面辩证地协调一致。他越是忠实于他自己，他越是紧密地遵循他的天性法则和他自己的事业，他就会越接近于人类的共同事业，此外还能更好地与别人交往。因为事实上，我们一方面加入这个普遍的和抽象的观念世界，另一方面又以自己个人的感情、思想和生存，对世界作出显然富于创造性的贡献。我们就是通过以上这两个方面进行交流的。

每一个学习者的确是一个非常具体的人。他有他自己的历史，这个历史是不能和任何别人的历史混淆的。他有他自己的个性，这种个性随着年龄的增长而越来越被一个由许多因素组成的复合体所决定。这个复合体是由生物的、生理的、地理的、社会的、经济的、文化的和职业的因素所组成的，而这些方面对于每一个人来说，都是各不相同的。当我们决定教育的最终目的、内容和方法时，我们又如何能够不考虑这一点呢？进入教育过程的个体是一个具有文化遗产的儿童，他具有特殊的心理特征，在他的内心有家庭环境的影响和四周经济状况的影响。[①]但在继续教育中还有成人——生产者、消费者、公民、家长——而且这里面有幸福的人和不幸福的人。

如果人们认识到这种情况，这就必然会在教育实践中引起剧烈的变化，而不管这些地方过去是否已经发生过这种变化。大多数的教育体系，无论在它的机制方面还是在它的精神方面，都不把个人看作具有特性的人。一个权力集中的官僚行政机构不可避免地会把人当作物品。如果我们不改革教育管理，不改革教育程序并使教育活动个别化，我们就既无法履行、也不能取得具体人的职责。这种具体的人是生气勃勃的，有他个性的各个方面，有他自己的各种需要。

未完成的人 现代科学指出，人在生理上尚未完成，这一点对我们认识人，是有独特贡献的。我们可以说，人永远不会变成一个成人，他的生存是一个无止境的完善过程和学习过程。人和其他生物的不同点主要就是由于他的未完成性。事实上，他必须从他的环境中不断地学习那些自然和本能所没有赋予他的生存技术。为了求生存和求发展，他不得不继续学习。

---

① “儿童是各不相同的，其不同的程度远远超过了我们至今所能认识到的。……儿童是很难对付的。他们不会同样地成长起来”（约翰·戈德兰：“了解儿童的个性”，见《星期六评论》，1965年3月）。

正如当代的一位心理学家[1]所说的，人类生下来就是"早熟的"。他带着一堆潜能来到这个世界。这些潜能可能半途流产，也可能在一些有利的或不利的生存条件下成熟起来，而个人不得不在这些环境中发展。所以从本质上讲，他是能够受教育的。事实上，他总是不停地"进入生活"，不停地变成一个人。[2]这是赞成终身教育的一个主要论点。

我们时代的社会既有过去的经验，也有必需的现成的或潜在的资源(当然我们也不要低估了其中的困难)。这就可以帮助一个人以一切可能的形式去实现他自己，使他成为发展与变化的主体、民主主义的促进者、世界的公民、实现他自己潜能的主人。同样，这也可以帮助他通过现实去寻求他走向完人理想的道路。

当我们回过来分析一个教育体系的最终目的时，我们遇到了两个问题：第一，除了阐述这些目标的语言以外，这些目的的实质是什么？第二，谁来规定这些目的？

这些目的必然既是特殊的，也是一般的。在它们受历史、传统与习俗、社会式样、经济政治制度和环境控制的情况下，这些目的就一定是在特殊环境中产生的。但这些目的也同样一定具有普遍性。因为在我们这个时代，教育是一项具有世界范围的事业，任重而道远，它的内在目的适用于全世界。这些目的，象今天人类典型的伟大理想一样，也可以用同样明确的语言表达出来。

在科学的人道主义中我们看到了这些普遍有效的目的；在理性的发展中，在创造活动中，在社会负责精神中，在寻求个人的智力、德行、情感、体格各个组成部分的平衡状态中，在正确地意识到

---

① 乔治·拉伯萨特：《进人生活》，巴黎，子夜出版社，1963年(关于人的未完成状态的论文)。

② "个人的整个一生只不过是使他自己诞生的过程；事实上，当我们死亡的时候，我们只是在充分地出生"(E·弗罗姆：《人的基本特性：人性》)。

人类历史命运中，我们都看到了这些教育目的。

然而，选择目的不是唯一的问题。重要的是，这些目的必须建立在广泛同意的基础上。如果我们对政治选择和教育、科学与技术方面的成就在确定教育目的中到底应该起什么作用这个问题不加以澄清，我们就不能把确定教育目的这个任务完全交给政治家的自由意愿或科学家的系统知识去解决。因为我们要求共同作出贡献的人们不只是这些专业人员。我们要求所有有关的人都要积极参加进来：学生、家长和社会人士。

要求教育发挥的作用就依赖于这一类的选择和一致的民意。这种选择和民意可以把教育退回到过去或趋向于未来；可以导致瘫痪，或引向发展；可以使人抵制变革而求得虚伪的安全，或参加前进的行列而发现真正的安全。

后记二　学习化的社会：现在和未来[①]

要把培养正常的人当作一种成就，
而宇宙就是用来支持这种成就的。

教育活动起初是分散的、片断的并为少数杰出人才服务的。这些教育活动，从各个时代和无数历史对比看来，不可避免地倾向于同一个结论：即建立一种具有普遍使命的、结构坚固而权力集中的学校体系。然而，当这些机构似乎接近完成的时候，出现了或再度出现了越来越多的校外活动与校外机构，其中大部分往往跟正规的、官方的教育没有任何有机联系。这些正规的、官方的教育十分狭隘，十分死板，以致它们不能包括这些校外活动与校外机构。于是一些开明人士企图用合并学校与校外体系的办法来补救这个不和谐的缺点。但是正当他们在理论上（即使没有在实际上）赢得胜利的时候，又出现了别的见解。新的现实和潜力已经丰富了生活。当前的社会——更不必说未来的社会——的前景已不限于建立一些可以任意扩大和分隔这栋教育大厦，把各种各类的教育加在一起并组合起来的体系。我们必须超越纯体系的概念之外，来考虑对事物的另一种安排。

> "教育，如果象过去一样，局限于按照某些预定的组织规划、需要和见解去训练未来社会的领袖，或想一劳永逸地培养

---

① 这里所引用的原文特别借自以下这些作者：R·巴克明斯特·富勒，勒内·马厄，乔治·贝雷代，雷多范·里奇塔，乔瓦尼·戈扎埃，罗伯特·赫钦斯，埃杜尔德·利左普，亨利·詹纳，皮埃尔·弗特，安东尼·刘易斯。

> 一定规格的青年，这是不可能的了。教育已不再是某些杰出人才的特权或某一特定年龄的规定活动：教育正在日益向着包括整个社会和个人终身的方向发展。”

但还有一些人，从同样的前提出发，最后都得出一个激进的结论：废除体系。

> “看来，在一个空前要求教育的时代，人们所需要的不是一个体系，而是‘无体系’。”

教育正在越出历史悠久的传统教育所规定的界限。它正逐渐在时间上和空间上扩展到它的真正领域——整个人的各个方面。由于这些方面过于广泛而复杂，以致无法包括在任何“体系”之内，如果“体系”是指一种静止的、无进展的东西的话。在这一领域内，教学活动便让位于学习活动。虽然一个人正在不断地受教育，但他越来越不成为对象，而越来越成为主体了。他并不认为，他所受的教育似乎是他的保护人，即那些有权势的人们，送给他的礼物或者是对他所履行的一种社会义务。他是依靠征服知识而获得教育的。这样，他便成了他所获得的知识的最高主人，而不是消极的知识接受者。

> “未来的学校必须把教育的对象变成自己教育自己的主体。受教育的人必须成为教育他自己的人；别人的教育必须成为这个人自己的教育。这种个人同他自己的关系的根本转变，是今后几十年内科学与技术革命中教育所面临的最困难的一个问题。”

教育虽然建立在从最近的科学数据中抽取出来的客观知识的基础上，但它已不再是从外部强加在学习者身上的东西，也不是强加在别的人身上的东西。教育必然是从学习者本人出发的。

> “我们今天把重点放在教育与学习过程的‘自学’原则上，而不是放在传统教育学的教学原则上。”

社会不能通过一个单独的机构对它的所有一切组成部分（无论在任何领域内）发挥其广泛而有效的作用，不管这个机构多么广大。如果我们承认，教育现在是，而且将来也越来越是每一个人的需要，那末我们不仅必须发展、丰富、增加中小学和大学，而且我们还必须超越学校教育的范围，把教育的功能扩充到整个社会的各个方面。学校有它本身的作用而且将有进一步的发展。但是我们越来越不能说，社会的教育功能乃是学校的特权。所有的部门——政府机关、工业交通、运输——都必须参与教育工作。地方共同体和国家共同体都显然是具有教育作用的机构。正如普拉塔奇所说，“城邦是最好的教师”。而且特别当这个城市保持它的人口比例不变时，它的确包含有巨大的教育潜力；这里面，它的社会结构、行政结构和它的文化网都具有这种巨大的教育潜力；——不仅是由于它进行的交流具有活力，而且是因为这个城邦就是一所培养公民感情和相互了解的学校。

> “在雅典，教育不是一种独自分隔的活动，不是在一定的时间内，在一定的地点，在人生的某一个时期进行的。教育是整个社会的目的。这个城邦就教育着人。雅典人是通过文化、通过教仆对儿童的教育，而受到教育的。教育之所以可能这样做，是由于奴隶制度。……机器已经能够替每一个现代人做到了奴隶曾为雅典少数有钱人所做的事情。”

当然，如果我们在合适的社会条件之下使用机器，机器是能够做到这一点的。而且我们可以肯定,社会作为一个整体将有更重要的教育作用。但是这种看法,由于散布得越来越广,将产生许多后果。每一个单独的机构都需要有所改变,以便更有效地适应人的新需要。新型的组织将会产生。人们必须加强研究获取知识的间接方法,必须增加这些方法的效率,也必须对它们的结果作出客观的评价。需要和要求正在迫使现有的机构考虑日益增加的各种选择途径和各种入学、退学和转学的方式——这是教育真正民主化的强大运动的第一个阶段。社会已经连续不断地巩固和改组它们的结构。这些结构是人们的"生存权利"的必要基础。社会已经创造了物质财富。这是人类"追求富有的权利"所需要的。在整个历史过程中,这些就是社会的根本目标。现在社会难道不应该把"学习实现自我",即人的教育,放在最优先的地位吗?

> "不要把教育的权力交给一个单独的、垂直的、有等级的机构,使这种机构组成社会中的一个独特团体。相反,所有的集体、协会、工联、地方团体和中间组织都必须共同承担教育责任。……那些不言而喻的观念正在失去它们的意义。例如,积极的生活与消极的生活之间的区别,或大众现有的观点和政府当局的法令之间的区别等等都在丧失它们的意义。从今以后,一些专门人员以外的人们从事教育活动是可能的了;垂直的区划正在消失;学校的领域和所谓平行学校的分界关系,国家与私人事业之间,官方的或正式订有契约的教学专业人员和那些临时担任教学任务的人们之间的区别等等也都已经不再有任何意义了。"

不管系统变革多么急骤,上述这种情况已经使我们远远地超出了简单的系统变革。社会与教育的关系,在其性质方面,正在发生变化。一个社会既然赋予教育这样重要的地位和这样崇高的价值，那末这个社会就应该有一个它应有的名称——我们称之为"学习化的社会"。这样一个社会的出现，只能把它理解为一个教育与社会、政治与经济组织（包括家庭单位与公民生活）密切交织的过程。这就是说，每一个公民享有在任何情况之下都可以自由取得学习、训练和培养自己的各种手段，因此，从他自己的教育而言，它将基本上处于一个完全不同的地位。教育不再是一种义务，而是一种责任了。

> "从这个意义来讲，未来的教育必须成为一个协调的整体，在这个整体内，社会的一切部门都从结构上统一起来。这种教育将是普遍的和继续的。从个人的观点来说，这种教育将是完整的和富于创造性的，因而也是个别化的和自我指导的。这种教育既是保障专业活动、促进专业活动的动力，又是文化中的堡垒和推动力。这个教育运动是不可抗拒的和不可逆转的。这是我们时代的文化革命。"

这是一种空想吗？是的。我们知道，任何旨在改变人类命运的基本条件的事业势必包含有一些空想成分。从这个意义上讲，这是一种空想。而且即使这个强有力的运动在不久的将来即将出现，即使产生这种变化的手段也恰巧具备了，但这个运动还不可能在一两天之内发生。从这个意义来讲，这也是一个空想。但是发展这种教育的前景看来不仅符合当前世界的基本需要和革命的主要方向，而且也适合于各种社会经济结构和各个经济发展水平不同的国家所出现的许多现象。从这个意义来讲，这种教育就不是一个空想了。此外，如果我们说，没有空想的预见，就不会有好的策略，这句话也没有什么荒谬之处。可以说，每一个远见都可能被指责为空想主义。如果我们想要采取坚决而明智的行动，我们的目光就必须放得远些。

“说得过分些，我们甚至可以大明地说：首先，一个哲学家越是容许在他的思想中有空想的地位，他就越要承认教育的重要性；其次，他越是意识到空想的地位，他就越要强调训练的自由。”

教育上任何革新的想法当然都会遭到困难和缺乏资源。我们时常需要采取激烈的措施，这些措施包括建设发展的基础结构时所需要的纪律、严肃性和一致性。我们要把创造性和自由接受的纪律联系起来。我们要在贫穷的限制中为个人求得幸福而准备财富。特别在发展中国家里这也许是一种公正的道德。但教育革新，无论是有意的还是无意的，无论是实际的还是抽象的，都肯定要遭到强烈的抗拒，这一点也是确实的。这种阻力既来自被它的反对者称为过时的传统主义者，也来自被传统主义者称为空想主义的对未来进行推测的理论家；既来自内部的教育结构，也来自外部的政治方面的反应。这种阻力可能是借口由于儿童心理机制脆弱所引起的合理的担忧；也可能是借口由于真正革新后的混乱思想所产生的不合理的紧张。在响亮的词句下宣称要为实现一个学习化的社会而“斗争”，这是徒劳无益的。充其量，这也许只是在一次粗暴的政治、社会和文化战争中写在旗帜上的一个口号。为导致客观条件的产生，这种口号也只是一种要求人们作出努力、从事想象、大胆思想与行动的呼吁。但是一个学习化社会将会在一个天气晴朗、组织完备、设备充足、闪闪发光的情况下出现于人间。

“你考虑能够办得到这一点吗？……第一步是由政治家们来严肃地考虑这个问题——全部的问题，这是哲学上的一次挑战。谁先开始？”

不错,我们要问:“谁先开始?”然后我们再问:“怎样办?”

回答第一个问题不是我们的任务。国家和政府在实践中将会答复这个问题。关于第二个问题,我们将在下面的篇幅中试图提出部分的答案。

第 三 部 分

向学习化社会前进

第七章　教育策略的作用与功能

据说，人们不能预见未来；但人们能够创造未来。我们也可以说，“我们能够预见多种多样的未来；我们必须选择和需要某一种未来。”这种说法更符合本章的主题，它较清楚地表明了，那些致力于发展教育事业的人们需要对未来有一个广阔的见地，要把这个见地当作一个确切的目的而不是一种模糊不清、依靠命运的未来。人们需要在他们可能遇到的一切十字路口和可能发现的许多途径中找出一条导致这个目的的途径。简言之，他们对于化意图为现实的途径必须有一个尽可能清晰的观点。

政策、策略、计划

术语的讨论往往是人们不很赞同的。但是有些术语是与我们拟订一个教育计划并把它付诸实践的各个阶段相符合的。这类术语与我们的讨论关系很大。所以为这些术语下定义看来是有用的。

要求所有教育当局和教育体系的使用者都按精确的术语行事，这显然是不可能的。对他们来说，主要的是，要看到问题的某些基本方面。

选择　政策居于起始阶段，在这个阶段，由被指定负责这项工作的机关或个人，跟那些在一定程度上曾经参加过这项工作的人们，或对某些准则曾经给予赞许的人们（如果他们在社会上和文化上充分组合起来管理公共事业的话）一起，以社会共同体的名义，作出一些带根本性的选择。任何教育政策都反映一个国家的政治决策、它的传统与价值以及它对它的未来的看法。很清楚，教育政策首先是每一个国家的主权具有的职能。

制定教育政策是一个思考过程的结果，这个思考过程包括以下各方面：

要保证教育目标服从于全面目标。

要从全面的政治政策所准许的目的推演出实际的教育目标。

要使教育目标和国家其他部门所采取的目标协调一致。

不能把教育政策缩减为宣布几条总的指导原则。它必须含有一个由许多特定目标组成的严密的统一结构，这些特定目标包括：反映某种人生观的，具有精神、哲学与文化性质的一般目标；符合于国家主要抉择的政治目标；根据一定社会观点与发展观点所规定的社会经济目标；为了达到教育范围以外的某种目标，规定教育体系主要指导方针的广义的教育目标；最后，在体系范围内，为各级各类教育机构或行动所认可的严格表示方向的教育目标。

我们一旦决定了目标，只把它们列举出来是不够的。我们必须把这些目标按照它们的先后关系安排成为一个协调的整体并确定这些目标在这个整体中的地位。这样一个整体才称得上是教育政策。

方向　然后我们就可以从政策的阶段进入策略的阶段。

策略的概念包括下面三个观点：

1.把各种要素组织成为一个融会贯通的整体。

2.估计到在事物开展的过程中会出现偶然事件。

3.具有面对这种偶然事件而加以控制的意志。

概而言之，即组合因素、概率因素、意志因素。

策略的目的就是要把政策转化为一套视条件而定的决定，根据将来可能发生的不同情况，决定所需要采取的行动。

当政策目标转变为各种行动项目时，便出现了一系列情况：具体的目标、可能分配的资源、作出决定的标准、形成一系列可能的模式。

于是我们就达到了这样一个阶段，即把指定可以引导我们到达目的的各个途径互相结合起来，一方面尽量求得准确，另一方面也考虑到不确定的偶然因素与时间因素。

把政策转化为行动项目（这种转移用一种逆推理的方法，也进一步说明了这些有关的政策）不是策略的唯一目的。此外，策略还要给计划人员提供一些因素，使他们正视为政策目标服务的各种不同的可能的途径。所以策略是链条中的一个中心环节，这个链条的一端是政策的细节，另一端是计划的方法。

上述关于一般策略的说明也同样适用于教育策略。

如果教育策略要满足政策的要求（这是它的第一职能），它必须是：

范围是全面的，即它必须包括各级各类的教育。

同其他的（社会的和经济的）政策目标体系是结合在一起的，在这种体系中，教育或是一个组成因素，或是一个从属因素。

期限长度是适当的，所谓适当，在这里可理解为，期限是和政治上抉择的进度一致的。

如果策略要满足计划的要求（这是策略的第二个职能），它一方面必须是特定的，以满足计划的技术要求，因为技术上的要求要能够依靠一些固定的因素；另一方面，它又必须是机动的，以便充分顾及演进与革新的创造过程，因为创造过程在进行中要改变原来获得的基本知识。

教育的演进与社会经济的演进是紧密相联的。因而，只有当教育策略经常和国家的愿望、需要和资源的整体联系在一起时，它才能有效地发挥它的作用。

方法　计划的目的就是要在各个必须应用策略指导的阶段上比较容易地作出决定。为了做到这一点，首先是作出必要的估计，从数量上表明技术选择的条件；其次，当需要采取行动的时候，要注意把所有必要的因素都结合起来考虑。

所以计划不能象通常所认为的那样，简单地还原为一套设想所期望达到的目标。计划主要是执行政策的各种方式方法的总和。社会现实是经常变化不定的，而分析工具也在不断地改进之中，所以计划必然是一个继续不断的实施过程。

目前有一种不断增长的趋势，把教育计划（直到现在教育计划几乎就等于学校计划）当作协调教育的各个组成部分和控制影响教育行动发展的一种特殊的手段，甚至是唯一的手段。

但是计划的作用将扩展到超出学校教育的范围，将包括全部教育事业。然而，计划既不是武断的，也不是把整个计划同全面计划混为一谈。

这个行动链条的各个环节必须和谐地互相连接起来。如果一个教育体系，不管它的性质、发展程度和基本理论如何，要适当地发挥它的职能并取得进展，教育计划的作用就必须包括全部教育事业。而且这个教育体系包括得越广，它就越能发挥它的功能。把教育的各个方面恰当地构成一个整体，这是少见的。政策也许不能作出决定，或对于执行这些决定的方式方法缺乏一个清晰的看法。由于策略同前一阶段在政策混淆起来或同后一阶段的计划混淆起来，而计划也许又不是根据明确的目标制订出来的，所以策略阶段的脱节就比其他阶段更加突出了。

把政策、策略和计划互相结合的概念系统地应用于教育，这个原则只有经过长期发展的过程之后，才会慢慢地出现。

目前教育之所以经常凭偶然性确定方向，受到盲目的指导，在无政府状态下发展，这主要是因为人们没有坚持这个从政策到策略，再从策略到计划的逻辑过程，以保证从上一阶段到下一阶段所作出的决定之间的连续性和关联性。

教育策略的特征

上面作了这些初步的说明，现在我们可以进而对教育策略这个特殊问题作比较周密的分析。

数量上的扩充 有些国家在60年代在学生入学人数方面取得进步较小。我们对这些国家当时制订的国家教育策略曾经作过一些考察。这种考察表明：它们制定国家教育策略的指导原则是要求这个教育体系及其所包含的人数成直线式的扩充。[①]现在这种方法已经过时了。机械的外推法，对于象教育这样一种能动的、生气勃勃的事业的发展，已经不可能作出任何有效的推测了。

这种旧教育体系认为，教育的需要是直接随着学生流量可能增加的情况而相应增加的，也是根据这个体系的各个不同因素，诸如教学人员、设备、建筑、教室等等扩充的潜力而相应增长的。这种旧教育体系就是按照这种想法把教育需要列入计划的。目标就是根据多种多样这类预测确定下来的。

这种专从数量上外推的方法，只有对于那种得到正常的有规律发展的稳定的教育体系，才能奏效。但是当一个教育体系原来组织起来管理一定数量的儿童而现在却需要接受更多的儿童时，这种外推法就不能令人满意了。

当然，我们所批评的这种方法也曾得到过不可否认的数量上的进展。但是过去10年的情况报告表明，全球指标所设想的和表达出来的增长情况掩盖了许多缺点、不平衡现象和恶化的程度。

---

① “直线扩充”就目前所谈的内容而言，就是指教育体系的活动和容量按其早先演进的路线向前发展而不改变其质的方面，诸如类型的构造、体系中的阶段和结构、所雇用的专业教学人员、所开设课程的种类和所使用的技术等。这就是说，“直线扩充”就是学校教育各阶段在数量上的发展。这种增加是按全球的指标来衡量的，而且是主要用外推法从这个体系过去的动向推演出来的。

许多国家已经发现，当它们的教育体系在数量上已经得到扩充时，它们没有同时采取有效的教育行动来改进教育。它们花费了大量的财力和人力，用来发展那种花钱很多的学校模式，但它们远远没有能够达到它们所预期的结果。①

直线扩充的策略，无论从它所获得的结果来看，或从它的方法论方面来看，再也不能认为是合理的了。当一个教育体系不得不吸收大量儿童时，策略就必须改变，就必须从量的方面移向质的方面，从模仿与复制移向谋求革新，从一致的程序移向多种多样可供选择的途径。

这就是说，我们必须重新考虑我们探讨这个问题的方式。

特殊性 我们必须对每一个社会的目标，它的结构与环境可能演进的途径，以及接受训练的人的类型等方面有一个清晰的认识。关于这些问题的结论，在各个特殊的情况下，都是和这个社会的文化传统、生活方式、流行的哲学及其意识形态的目的紧密相关的。自然，每个国家的选择并不是一样的。在某些国家，似乎难以确定长期的政治、社会、经济和文化方面的目标。另一些国家则相反，预测就是时代的命令；预料整个社会的未来是确定教育政策并从中推演出策略的有利条件。②

---

① “如果说过去10年的教训表明，在10年前流行的某些准则是有缺点的，这一点儿也不夸张。这是扩展的第一个矛盾现象，但不是唯一的现象。事实上，我们可以断言：把发展一种特殊的教育工具（中小学和大学体系）放在实际上绝对优先的地位，从许多不容忽视的事例来看，其结果同据称要把教育权利付诸实现的说法是背道而驰的。的确，许多教育部长由于扩充传统的教育体系产生了许多问题而感到困扰，因而成了学校的事务部长，对于那些没有入学的人（无论是儿童、青年或成人）的问题则置若罔闻，放弃责任”（R·亨尼恩，联合国教科文组织）。

② “……一方面，数量上和质量上对教育进行一系列预测的各种结果，勾画出一个可能的、合理的或可取的未来；另一方面，按照当前和未来的决定，对社会和教育可能面临的各种不同的未来加以分析。方法论上的一个大问题就是在这两方面求得正确的平衡”（“教育的目标与目的”，提交给教育增长政策会议的讨论稿，巴黎，经济合作与发展组织，1970年5月）。

相互关系 在我们寻求非直线的策略时，我们不能以对过去的动向所作的推断为根据，而必须以对个人与集体的需要和愿望所作的崭新的、具体的分析为根据，也就是说要以为个人和集体设计的目标为根据，这些目标不仅涉及教育方面，而且还包括其他方面，如就业、工业产品、农业生产率等所提出的目标。同时，这个策略还必须根据其他的一些因素，如生活与工作条件、城市发展、社会内部的各种关系、个人愿望、通讯传播工具与技术的进步、生活标准以及发展方案等。①

综合的教育目标 因此，我们可以得出一个综合的教育目标的定义了。这个综合的教育目标是按照适当的等级排列起来的，是用运筹学的术语表达出来的，是适合于特定的环境条件、选定的人口集团和地方共同体的。

这个定义在许多教育领域(在学校里，尤其在校外)都是适用的，而且可以说这是一种生态学的探讨方式，因为每一个学校体系或校外体系都是个人和集体在其中取得进展的环境的一个组成部分。所以这种环境不仅决定学习化社会的范围和教学内容，而且也决定教育方法。因此，教育活动应该按照环境的差异而多样化；它所采取的行动应该和每一特殊的环境，特别和各种人口集团的文明中所固有的价值真正联系起来。

全面的观点 新的教育策略必须从一个有关教育体系和教育

---

① “……重新考察一下所宣布的教育目标和实际达到的目标是否一致，从而得出新的目标，这是必要的。这些重新确定的目标本身又可能在无形中受到其他部门，如农业、采矿业、工业、各项服务性行业等方面目标的影响。然而，教育目标不能根据定义限于那些特别与就业目标或自营目标相联系的、用数量表达的目标。按定义来说，教育目标还必须适合个人在他自己的集体内或在更广泛的社会内的发展情况，而这个更广泛的社会可能是国家或构成国家的各个地区。这些目标还必须包括如何解决有关共同体组织的问题，共同体之间、种族之间和语言之间的关系等问题”(《在教育领域内什么是对联合国发展方案的最大贡献?》，第4页，巴黎，联合国教科文组织，1971年11月秘书处文件)。

资源的全面观点出发，而这个全面观点是根据这些教育体系和教育资源满足不断变化中的社会需要的能力来看待这些体系和资源的。[①]这种教育策略必须把教育看成是超越中小学与大学范围的一种事业，教育是超出它的组成机构的。在任何情况下，我们都不应把策略局限在一个单独的媒介、一种机构的形式或一种所谓“系统结构”的范围以内。

当我们一旦承认，现在是扩大当前的教育体系，选择其他途径或代替办法的时候，我们就会立即发现在这个共同体的日常生活中，即在经济与行政结构中、在大众媒体中、在工作与家庭生活中，有着丰富的教育财富。为了把这种潜能变成现实，我们就必须采纳和应用一种新型的策略。采用各种可供选择的教育策略，这应是当前时代的特色。

象今天这样零星地进行一些教育改革，而没有一个关于教育过程的目标与方式的整体观念，这已不再是可取的了。为了找出一个改组教育过程各个组成部分的办法，我们必须有一个整体的观点。

今天，无论改革是局部的，还是比较一般的，我们都必须联系到整个局势，既看到这一方面，也看到那一方面，而且必须正视它们的后果。

我们之所以要这样做的理由是，教育效果所涉及的范围越来越广，而且我们已经具有了必要的工具，能使短期的预测和中期预测完全不同于直觉的冥想。

---

① “教育只是一个更大的社会体系的一部分。只有在这样的背景中，我们才能满意地理解和探讨许多教育问题。这些教育问题不能单靠教育体系的策略去求得解决。我们还需要具有涉及社会相互作用的各个部门的那些广泛的、综合的策略”（W·W·哈曼和M·E·罗森堡：《教育未来学的方法论》，第15页，巴黎，联合国教科文组织，1971年，国际教育发展委员会文件，意见汇编，44）。

所以我们已经无权临时随意拼凑或者把自己局限于狭隘的实用主义了。

但是这并不是说,我们什么事也不敢做了,不去抓住一些新的可能性或不去使自己对明天承担责任了。相反,我们是说,我们必须清晰地思考如何为未来探索新的道路。当我们发展和改革教育体系与教育方法时,我们决不能忽视今天世界上的各种手段和技术,因为这些手段和技术不仅使我们能够改进现有的方式、制度和体系,而且还可以使我们能够在这些方面以外发现其他新的可供我们选择的途径。这种把寻求一些实际可供选择的新途径作为真正革新策略的一部分工作,在我们看来,乃是任何教育事业的首要任务之一。

第八章　当代策略的要素

双重措施　如果我们接受持久的、全面的教育体系这个观念，如果我们接受“学习化的社会”这个观点，不是把它作为未来的梦想，而是把它作为我们时代的客观事实和社会设想（对于这个事实和设想，教育家们、教师们、科学家们、政治家们和学者们都正在有意无意地作出贡献），那末我们就必须立即从两个方面采取行动：

对现有教育体系进行内部改革和继续改进。

寻求革新的形式、各种可供选择的途径和新的资源。

民族特征　教育体系是每个民族的民族意识、文化与传统的最高表现。既然没有一个国家与其他国家相同，那末世界上有多少国家，就有多少种不同的对教育问题所下的定义。在教育方面，可能比在其他领域，更多地在国家策略上采取了有决定性的行动。

此外，每一个国家都有它不同的地理、文化和社会—职业的环境，至于语言上的差别就更不用说了。所以许多国家正在把它们的国家策略分散给地方去制定并出现了多样化，让地方共同体有相当广泛的行动自由。

国际的启发　我们认为，不论在什么社会中，任何更新教育的企图都必须从一些共同的观念、计议、方向中得到启发。但是我们丝毫也不否认每个国家有在政治与策略上作出选择的主权。至于这些共同的观念、计议、方向，我们也必须加以识别并以明确的形式表达出来。这也并不是说，属于或不属于同一地区的各个不同的国家都是相似的，这种相似有时使它们采取类似的改革和相同的解决办法。当然也并不排斥这一点。

尽管教育策略实质上是属于国家性质的，一个国家有它自己选择的主权，但是这种策略却同时也可以从国际范围内吸收各种观点，并可以从包含在所有国家丰富教育经验中的那些有用的事例里面获得助益。

可能采取的行动是无穷无尽的，而且在许多方面它们是结合在一起的。但是采取行动和谋求进步必须一步一步来——不仅通过政府的决定或行政命令，而且要靠整个的社会，因而那些与教育未来有关的人们，例如，使用者、从业人员、赞助者，便要联合起来随着这个运动一同前进。制订和应用全面的国家策略（不论是改革之类，还是革新之类），需要把才智与意志充分发动起来，把许多人的努力集中起来。“只有那种帮助别人准备改变的人，才能接受这种改变”，这大概是一个真理。从这一点来说，对于发动人们才智与意志的工作就更加必要了。

改进与改革

当代教育体系的特征是，它们正在经历一个连续不断的适应、改进、变革的过程，最后达到部分的改革。尽管这种改革并没有根本改变现有的体系和实践，但它通常是产生更深远的、具有革新性质变化的前兆。这种改革往往是和这些革新的变化同时发生的，有时代替了它们。①

动机　有三种不同的情况会引起改革。

首先，改革的产生可能是由于要补救一个教育体系在发挥功能时所发生的弊病和缺点，而这些弊病和缺点是必然会在经验中

① 本报告中所用“革新”这个术语是指一种变化，在这种变化中，有关增进教育功能的发明、研究、新技术的应用以及教育实践中的变更都发挥着一定的作用。实践中的改进不一定是革新，教育活动中的变化也不一定是革新。因此，照搬经过成功试验的实践（更不必说回复到过去的实践）、传播初级技术、部分修改行政程序、逐步改进某些教学内容与方法等，除了滥用术语外，都不算是革新。

产生的。当前的需求就促使我们感觉到这些弊病和缺点。有许多弊病，我们可以确切地认为是“成长中的问题”。另一些则可以说是客观社会经济失调的结果。教育不能消除产生这些麻烦的原因，而只能试图缓和这些麻烦的有害后果。然而，有些使人不安的现象既不是转瞬即逝的失调，也不是环境中的偶发事件。我们忽视这种现象，将是一个错误。这种现象毋宁说是教育体系内在功能失调的征兆。我们必须识别这些征兆，恰当地分析它们，然后才能纠正它们。这个观点是许多教育家和教育官员们所共有的。它导致严格的自我批评，而且帮助改革家们获得新的观念。

但是教育体系内部失调并不是进行改革和改进的唯一理由。外在因素也有影响：科学发明和科研成果也继续不断地提出各种新的途径，以便使教育实践臻于完善或使之更为合理。

最后，教育体系虽然经常受到批评，说它具有惯性和保守性，但是有些来自内部的刺激也会更新和改进这些教育体系并使它现代化。教育是一个生气勃勃的东西，一项社会事业，一栋住有善意人民的大厦。不管人们怎样讲，它对于一切新的观念都是敞开的。因此，教育必然为自我改进的愿望所推动。

内部变动的无限广度　企图把研究人员与教育学者、行政人员与政府机关推荐给学校体系的那些大大小小的改革，编出一个完备的目录，那是徒劳的。所以我们只是就这些改革的广度给大家提供一些概念：

从使教育同社会生活和需要更加紧密结合的愿望，到关心更有效地满足个人的志趣。

从决定把教育纳入社会共同体中去，到确定工商业对训练工人与技术员的义务。

从设计在地方共同体和初等教育之间建立更加紧密的联系，到工业、研究机关和大学三者之间建立更加密切的关系。

从改造教育体系（消除死角、难关等），到教育方法的现代化。

从采取措施消除学校浪费的复杂原因，到建立“不及格学生”复学的机构。

从和谐地发展教育过程中的一切要素，如知识、理解力、心理状态、动机、实践才能等，到更多地考虑情绪和品格问题。

从更多地注意体育，到强调教育中的道德因素。

从把生命科学引入各种类型的教育，到把基础技术课程加入中小学教育或成人教育的课程内容中去。

从精简课程到减少测验与考试的压力。

从改进教科书到增添学习的来源。

从采用以学科为中心的教育和多值教育，到改进专门科学的学科。

从更多地注意祖国语言，到通过其他媒体，尤其通过（传统的和现代的）数学，发展教学。

从发展旨在促进学前儿童智力的各种活动，到打算为成年人作年老退休公民准备的措施等等。

这些改革的广度似乎是无穷无尽的。在国内和国际上，人们曾经无休止地考虑、研究、争论过这些改革。如果有人试图再对它们作进一步的讨论或按照个人的偏爱在它们中安排一个次序，看来是没有什么用处的。

这里我们只准备谈一谈内部改革的一个方面，即这种改革在教育发展的全面策略中的地位。在这一方面，我们应该提出下列几点：

来自上面的鼓励　1. 内部改革不能和在现有教育实践之外寻求其他可供选择的途径分割开来。这些改革，在某些情况之下，可以十分有效，以致无需采用激进的措施。同时，这些改革也有助于为以后的根本变化作准备。教育体系能够进行局部改革，这是教育体系具有生命力的标志，证明它能够进行一些更加彻底的改革。因此，即使教育当局认为这些措施是不够的，他们也应该鼓励人们改变教育的内容和方法。

2.对于教育学和其他有关学科的研究,在许多国家里,发展得很不够。许多有关心理学、教育学、教育技术学的问题还没有得到解答。从这个意义上来讲,改革具有实验的性质。

来自下面的首创精神 3.经验证明,内部改革之所以没有成效,或造成人才和精力的巨大浪费,这通常是因为上面的管理和下面的行动之间缺乏沟通和协调不好。这样便使得那些具有创造性的、富于想象力的改革家们孤立起来了。思想与实验的传播减慢下来了。因此,各国的教育当局应该设立专门机关,以推进革新,这也包括对那些经过检验的改革开展传播与采用的运动。

4.具体应用改革的成败取决于教师的态度。然而,革新理论家们设计的许多方案,其目的似乎是强加在教师们身上的,是向他们提出的,而不是和他们共同提出的。这种专家统治论的家长作风是由于他们不信任教师,因此反过来引起了教师对他们的不信任。总之,教师们并不反对改革,他们反对的是别人把改革方案交给他们去做的那种方式,更不用说把一个改革方案强加在他们身上了。因此,对教育工作者来讲,十分重要的是使他们主动地参加教育改革方案的工作。

革新和寻求其他可能的途径

在目前的情况之下,无论从已经获得的经验来看,还是从未来采取行动的可能性有所增加的情况来看,一般讲来,部分的改革,即使是一些重大的改革,也是不够的。对于教育概念本身以及对于教育的结构,我们必须要有所革新而且必须留意在这些革新以外寻求其他可供选择的途径。

一

教育政策的指导原则

原则

每一个人必须终身继续不断地学习。终身教育是学习化社会的基石。

考虑

终身这个概念包括教育的一切方面,包括其中的每一件事情。整体大于其部分的总和。世界上没有一个非终身的而又分割开来的"永恒"的教育部分。换言之,终身教育并不是一个教育体系,而是建立一个体系的全面组织所根据的原则,而这个原则又是贯串在这个体系的每个部分的发展过程之中的。

建议

我们建议把终身教育作为发达国家和发展中国家在今后若干年内制订教育政策的主导思想。

说明

这个概念在各个不同的方面应用的方式是大不相同的。为了忠实于本报告的精神,我们甚至于可以说,世界上有多少国家,就有多少种不同的方式去应用这个概念。当然,在所有的国家中,采用和进展的程度也不会是一样的;各个国家彼此各不相同。但我们仍然深信:终身教育的问题,为了达到终身教育所作出的决定和所应采取的途径,在世界所有的国家中,甚至在那些尚未完全认识到终身教育这个概念的国家中,乃是我们时代的关键问题。

例证

秘鲁近来草拟的教育改革方案建议根据终身教育的原则对教育体系作一次彻底的检查。这些改革影响着这个国家的一切教育机构和教育活动;既影响校内，也影响校外的一切教育机构和教育活动。这些改革大大地超出了教学改革的范围，而应和秘鲁的社会结构的激烈变化联系起来考虑。这些改革宣布：全体人民都有受教育的权利，并且保证每一个人都有权自由选择受教育的形式。因此，这种教育就跳出了学校与国家垄断的圈子。用有关的第19326号法律草案的话来说，这些改革打算"与传统教育固有的两个同样有害的缺点——独裁的国家控制和歧视性的'旁观态度'——作最后的决裂"，而代之以"一种根据教育化的共同体所建立起来的共同体的教育，在这个教育化的共同体中人们负责地交换意见和共同地参加活动"。这个法律是从一种教育哲学得到启发的，这种教育哲学打破了传统的教育制度，因为这种传统的教育只是在师生之间通过单线联系在规定的有限时间内进行一种正规的教学活动；这种教育哲学还抛弃了正规化的教育体系，因为正规化教育体系这样一个"排他的和僵硬的"概念"不承认共同体及其成员本身可以独立开展活动"。这条法律规定了三个广义的教育等级：初等教育、基础教育和高等教育。在许多有趣的革新中还有一种革新就是把这个国家所有的教育服务项目和课程内容分成许多"核心"或细胞。因此，共同体的教育细胞是直接从地方共同体派生出来的，而学校、学院和大学，象其他进行教育活动的机构一样，直接地或间接地，彼此互相依赖而形成了一个网。

二

总的前景

原则

必须在空间和时间上重新分配教学活动，从而在教育中恢复生活经验的各个方面。

考虑

教育必须按照每一个人的需要和方便在他的一生中进行。所以我们必须指导他把教育（包括亲身学习、自我教学、自我训练）的真正宗旨记在心里，从一开始起直到在各个阶段上给他指明方向。教育不应再限于学校的围墙之内。所有现有的机构（无论是否为了教学而设置的)和各种方式的社会经济活动都必须用来为教育宗旨服务。

建议

教育的机构和手段必须大大增加,使人们比较容易得到教育,使个人有尽可能多的选择机会。教育必须具有真正群众运动的方式。

说明

今天对教育、训练和教学的需要是如此之大,而且在今后若干年内仍将是如此之大,以致目前已经制度化的体系再也不能满足这种需要了,而且将来也无法满足这种需要。如果这种制度化的体系要能够满足这种需要,它就必须废弃内部那些死板的区分,对外界更加开放。这就要求按照下列总的路线对教育结构和教学内容进行全面的改组:

幼儿教育应尽可能为身心发展提供最有利的条件。

基础教育必须是多方面的,不仅要为儿童和青年们打算,也要为成人们考虑,无论什么年龄,只要他们需要这种教育,就要为他们考虑。这种教育尽管是传授基本知识,但是它还要人们学习如何感知和理解世界。它必须努力培养人们,尤其儿童们,具有自学的爱好,而且使他们终身都有这种爱好。在发展人们的观察力、判断力和批判精神的同时,还必须激发他们求知识、提问题和向自己提出疑问的欲望。最后,这种教育还必须使人们感觉到,他是属于一个共同体的成员,而且无论对人对己都负有一种创造性的责任。

后期基础教育的目的,与其说是准备青年上大学,还不如说是准备他们投入积极的生活,使那些暂时没有取得进步的人们一直生气勃勃,满怀希望,相信在某个时候,无论在校内或校外,总能受到中学以上的教育或较高一级的专门训练。

高等教育应该通过许多不同的途径,在任何年龄,以各种形式,为人们所享受;这种教育尤其要着眼于继续不断的自我改造或自我发展。

临时教育应该在任何年龄都可以享受到，以适应每个人暂时的或永久的需要。

例证

1. 加拿大阿尔伯达省教育规划委员会在该省带头执行了很有趣的教育改革政策，提出了一个临时报告，建议以终身教育为中心进行各种改革。这个报告说，教育应该"培养学习者在各种环境条件下，利用部分的时间，在家里通过各种各样的媒体，在不拘形式的情况下，发展从事学习的能力"。

这个报告说："……我们认为，那种以学校为主体，以课堂为中心，以教师为主导的全日制，8 小时制，8 个月或 10 个月制的体系是一个花费很大的体系，除非人口有进一步增加，对这种教育应该很少增加投资。"

这个委员会赞成，在全面的教育事业中把终身教育设想为"一个过程和一个体系，它从人一生下来就开始，包括现在习惯称为学龄期的各个年龄，一直继续到一生的结束。终身教育使我们的学习和工作、休闲结合起来了。终身教育把学习视为一个过程，在这个过程中，人们圆满地成长成为一个人，成长成为全社会的许多集体中的一员。所以教育所关心的是整个的人，而不只是作为产品的人；教育所关心的是富有创造性的生活，而不只是物质生产的生活。"

这个委员会又说："社会要求人们接受，教育即生活，生活即教育这样的信念；要求人们接受，人们在一生中将花费一部分时间从事有组织的学习这样的信念；要求人们接受，当他们认为合适的时候，当他们已经能够满足某种教育要求的时候，他可以离开教育或重新回到学习上来这样的信念。根据以上这些设想，我们的早期教育就能集中于学习如何学习的方法，并且应该使教育朝社会的、情感的、智力的方面发展。这里也包括适当地运用独立学习时所需要的教育技术。各种学科的内容应在稍晚的时候学习。

早期教育主要是从事基础语言的学习，学习说话、识数、书写、视听技能等。"

阿尔伯达省委员会又说，这个教育体系还有一个优点，即它能使初等和中等学校体系对于各种年龄的人都"更加敞开和更受欢迎"，他们需要与这些教育水平相当的技能。

这个委员会提出了三个基本原则:终身教育与“一定社会的未来倾向的设想”是密切相联的;利用各式各样的方法去满足需要,从形式化的教学到非形式化的教学,包括利用各种现代技术;把教育视为我们所有工作中的一部分。

2.越南民主共和国的教育活动是根据人民运动的方针组织起来的。值得注意的特点有:迅速地大规模地为儿童们发展一种单一的普通教育,把直接从社会的、经济的、政治的活动中抽绎出来的东西作为教学内容;同时,在战火弥漫中对千百万人民广泛进行扫盲工作;发展成人的补习教育;学习与生产劳动相结合,尤其在农村,更容易把学生的生产活动和合作农庄的生产活动结合起来,这样做的理由是不让年轻人“埋头于纯粹的书本学习,甚至到了很大年龄还没有用双手干过任何事情”;把生产中心与社会的各种服务部门都包括在教育之中,尤其包括在补习教育之中,因而突出了教育的群众运动方面。这种教育开展得如何,可以从锦平的实例中得到一些印象。锦平是一个小村庄,在那里95%的3岁到6岁的儿童进了幼儿园,100%的学龄儿童进了普通教育班,成人有90%完成了初等教育的学习,而且更多的成人正在参加补习教育的各种课程。总而言之,10人居民中有6个都在通过各种不同的途径从事学习。

三
在教育机构中减少形式主义

原则

我们应该通过多种多样的手段去传播和获得教育。重要的不是一个人走什么道路,而是他已经学到了什么,获得了什么。

考虑

当前正在出现两种倾向:第一,教育机构逐渐增多,而且日益多样化。第二,传统教育正在变得比较不拘形式。这两方面的发展并不是互不相容的。某些学校机构正在失去其神圣不可侵犯的性质。这一事实同维持与发展组织严密的学校结构，两者是可以并行不悖的。增加现有类型的学校的数量，设置不同类型的学校，利用部分时间进行教学，采用校外活动的方法，而且可以同时采用这些办法，这样便可以扩大教学的范围。

从现在起，所有这些途径，不论是正规的还是非正规的，不论是制度化的还是非制度化的，原则上，我们认为它们是同样有效的。我们就应该从这个意义上去理解“非正规的”和“非制度化的”这一类的名词。

建议

每一个人应该能够在一个比较灵活的范围内，比较自由地选择他的道路。如果他离开这个教育体系，他也不至于被迫终身放弃利用各种教育设施的权利。

说明

在手段与方法的选择上，人们应该有充分的自由。这些手段和方法包括：全日制教育、半日制教育、函授教育以及直接利用知识来源（无论有没有现代通讯媒体的帮助）的各种形式的自我教育。我们必须承认，所有这些手段和方法都是同样有效的，而且学习者可以按照他的意愿任意变换使用。我们所注意的只是最后的结果。

基础教育，一般讲来，应该比后来的教育更一致些。但是从一开始起，教学内容就应该可以按照一个人不同的环境和要求而有所改变，教学方法和进度也可以在一定程度上个别化。随着学习者的成长和判断成熟，他在选择和组织他的学习项目方面应有较大的伸缩余地。因而，我们就比较容易衡量学生在各个学科中个人的能力，而且个人也将比较容易按照自己真正的兴趣去掌握这些学科。

例证

1. 实际上，所有的国家都有许多可以得到教育与学习的机会。教育可以利用的设施和可以活动的范围通常是十分广泛的。此外，学生团体的组织及其对参加者的影响也是多种多样的。虽然全面的图景在各国之间是互不相同的，但是现有教育计划与教育资源的组织“系谱”，照例，总是从一些封闭的、略加限制的体系一直排列到一些开放的，不加限制的体系。

封闭的体系倾向于具有选择性和竞争性，它主要依靠这个体系内部规定的标准，来决定允许谁和不允许谁学习，在什么年龄学习。

开放的体系则倾向于不要选择性、竞争性和规定性。主要根据参加者自己的旨趣选择听什么讲演和学习什么科目，选择读什么书，用什么方法。

当然，在这两个极端之间还有各式各样的教育活动和教育结构。在这个“系谱”中，靠近封闭的、有选择性的、有竞争性的一端是传统结构的正规教育；稍微移向另一端，就是一些“可供选择的”学校、多单位学校以及在结构上和教学大纲上含有一定灵活性的“个别规定的教学”。还有一些机构，如自学中心、半工半读制以及“开放大学”等，在结构上是比较松散的，但是它们仍然偏向于有规定的学习。

接近这个系谱的另一端的是一些结构松散的教育计划，如在职训练制、农业推广服务站、地方发展服务站、俱乐部、合作社、劳工组织和政治团体等等。再靠近这一端的就是各种沟通信息和从事教育的媒体，如情报中心、无线电、电视、图书馆和报纸等等。个人可以按照自己的需要和兴趣任意选择其中的一些学习项目。

近年许多国家重视终身教育，试图更充分地利用全部教育设施。整个教育改革不可避免地要影响所有这些教育活动以及它们之间的各种联系。

现在的问题不是更多地发展教学设施（它们已经发展得很多了），而是如何把它们联系起来，以致不同的学习者可以通过一种非传统的方式利用这些设施去获得最好的教育效果。问题在于：如何按照每个学习者的便利，沿着这个“系谱”的各个不同点，提供同类的设施；又如何确保依照所达到的结果，“在行动中”而不是根据他们所采取的教育方法去评定学生。目的是使每个学生能够以最适合的方式把各种现有的教育活动、学习项目和教育设施结合起来。现在许多国家，在各种不同的发展水平上，已经在这些不同的方向采取了行动。

2. 一种有趣的尝试企图扩大受大学教育的机会并企图提供更大的选择自由。这就是美国的所谓“无墙大学”（还有另外几个国家也已经进行了有点类似的实验)。现在参加尝试的高等院校有:安蒂奥克学院、巴德学院、霍夫斯特拉学院、洛雷特·海茨学院、蒙蒂思学院、新纳森学院(萨拉索塔)、北伊利诺斯州立大学、萨拉·劳伦斯学院、夏默学院、斯蒂芬斯学院等。无墙大学的基本特点是:招收任何年龄在16岁至60岁之间的想要继续学习的人;教学大纲符合个别学生的需要和兴趣;把任何必需的知识源泉(如磁带、课本、实验室、个人接触等)编成一个目录表;每个学生或一组学生组织他或他们自己的学习项目;每个学生必须在校内实验中心呆上半年;学生和导师要继续不断地交换意见。无墙大学的教学人员包括从属于某些特定学院的若干教授和教师,从工商业方面聘请来的专家、艺术家和政治家。如果学生想获得大学学位,他只要在他觉得自己已经准备好的时候登记参加考试就行。

3. 在世界许多地区,还有其他各种教育机构,给人们提供了大量选择教育活动和教学计划的机会。在这些教育机构中,值得一提的有以下几方面:轮流欢迎成人和儿童的地方学校;"学院式的中心"(它们把各种教育设施集合在一处,便于学生在同一复合体内从一个学科转入另一学科);文化和其他活动中心(它们的房屋和设施可供不同的团体在24小时内加以利用,而这些团体的组织者既是提供教育信息的人,也是利用教育信息的人);技术训练站(这里开设有互相衔接的各级水平的学习项目,包括专业工人、熟练工人、工长等等);人民大学;工人大学;义务大学以及公众容易进入的各种其他类似的教育机构。

四

流动性与选择

原则

一个全面的开放教育体系帮助学习者在这个体系中能够纵横移动,并扩大他们可能得到的选择范围。

考虑

流动性和选择的多样性是相辅相成的,这一方面是以另一方面为前提的。除非个人能够沿着任何途径达到他的目标而不受公式化准则的阻碍，否则，他就没有真正的选择自由；他的进步只能依靠他的能力与愿望。除非有各种各样可以充分选择的途径，否则，流动性就没有意义了。

建议

在不同的教育学科、课程、等级之间，在正规教育与非正规教育之间，一切人为的、过时的障碍，都应一律加以废除。更新教育应该逐步施行，并且要使一些积极的居民优先获得这种更新教育。

说明

要做到这一点，首先要使更多的学生能够在一个学校里面自由地从一个阶段转到另一个阶段，也能自由地从一个学校转到另一个学校。学生要能够自由地进入各个不同的阶段，而又能在不同的点上离开。在义务教育结束后，每个人可以选择继续学习或从事实际生活（当然并不排斥以后再学习的希望）或者补习前一时期不及格的课程。学生不必事先完成传统的正规教育而接受高等教育。个人应有许多机会从一个教育分支转到另一个分支。他可以随意进入或离开某一个生产部门或社会生活部门。青年和成人都应该有许多实践机会把教育与劳动结合起来。

个人应该可以在适当时候脱离和重新进入教育圈子。教育和劳工法必须制订得比较灵活。各种类型的教育机构之间的一些不必要的障碍必须铲除，对青年的物质援助必须逐渐扩大到对成人的程度（在财政条件许可下），而且对那些要开始或再度学习的人们应该让他们能比较容易地离开工作岗位。这就是说，要明确规定，雇主有义务让雇员因参加半日制学习、艺徒班或从事科学研究而缺勤。

不间断的学习决不是唯一可以设想的方法，尤其是大学阶段。从一个方面转到另一个方面，甚至在同一课程中，时断时续的学习将越来越受到欢迎。这一点甚至从心理学方面和文化方面来讲，都是有益的。

更新教育这个概念可以把制度化的和非制度化的教育结合成为一个连贯的体系，而在这个体系中这两个方面是和谐的和相辅相成的，从而可以解决这两种教育之间的矛盾。按照传统的教育观念，所有的教育是在一个人一生的早期，在进入“实际生活”之前进行的。更新教育便有助于否定这个传统的教育观念。更新教育特别承认，每一个工作人员在他整个的实际生活过程中都有重新受教育的权利。

例证

一个发展中国家，锡兰[①]，曾经设想过采取一种更新的教育体系。这个体系规定：（一）发给绝大多数已经完成初等教育的学生结业证书；（二）直接招收少数持有这种证书的人进大学预科；（三）指导其他所有的人投入实际生活或接受技术教育或职业教育；（四）承认人人在两三年后，通过那些为受过一定职业训练或掌握一定工作技巧的人们所准备的能力测验，而不是根据初等教育的结业证书，有权请求升入大学预科。

五
学前教育

原则

学前儿童教育是任何教育政策与文化政策的主要先决条件。

考虑

早期儿童的教育对于他们以后的才智与个性的发展无疑是重要的，现代心理生理学和日常的观察都证明了这一点，然而当前的教育体系却往往表示出仿佛这个阶段是与它们无关的。在许多国家里，他们忽视这一点，显然是由于可用于教育需要的资源不足，

① 1972年起改名斯里兰卡。——译者

但是另一方面也是由于没有认识到早期教育对于个人发展的重要性。

建议

学前儿童教育的发展应成为70年代教育策略的主要目标之一。

说明

显然，我们不能把可用资源过多地分配给学前儿童教育而压低学龄儿童教育的费用。在人口分散的农村地区开办幼儿园，即使不是不可能的，也是十分困难的。而且在农村和其他地区开办这类教育机构在经费与人员方面的困难，再加上行政方面、心理方面和其他方面的阻力，经常结合在一起，阻止人们运用这类教育机构的模式与方法。

因而，学前儿童（从2岁或3岁开始）教育应该用一种自由的、灵活的方式组织起来，找出最好的方法，使家庭和社区能结合在一起进行工作和分担费用。（这就是说，只要培训较少的人员担当本地区组织不拘形式的学前教育的工作，并在一些特设的学校中或根据这个宗旨设立的其他组织中教育家长本人担负这项工作。）学前教育应该迅速地推广到大多数的学前儿童，特别要推广到那些生活在文化背景较差的环境中的儿童。在这项工作中大众通讯媒体是有用的。

例证

1. 在中华人民共和国，有广泛的学前教育。幼儿园办得很理想，有全日制的，有周日制的，照管3岁到7岁的儿童。在有些地区，幼儿园是附属于小学的；在有些地方，幼儿园可能是由工厂或村庄或地方设立的，或者由街道委员会、地方基层单位和福利团体举办和提供工作人员。此外，还得到许多非专业人员，特别是一些老大爷老大娘的帮助。

2. 在苏联，目前有950万儿童进了托儿所和幼儿园。此外，集体农庄的学前儿童教育机构有常年办的，有按季节办的，也收容了约300万儿童。儿童在这些机构里所受到的教育强调在体育、智育、德育和美育方面得到和谐的发展。这种学前教育是按照教育学经验和科学研究的结果统一制订的教学大纲进行的。苏联教育科学院学前教育研究所以及其他机构近几年来研究的结果表明：幼儿与学前儿童的生理心理官能能够取得比至今所认为的更大的发展；在特定的教学条件下，这些儿童们能获得过去认为只有更大的儿童才可能得到的那种知识、智力和道德品质。

3. 专为学前儿童进行的最重要的视听教育实验，迄今为止，是美国的芝麻街计划，它现在已经传播到拉丁美洲了。这个计划企图为那些生长在贫困环境中的学前儿童作准备，使他们能够以与一般儿童相同的条件进学校。教育计划是专门为住在没有幼儿园的贫民区里、但十分之九家庭有电视机的工人居民制订的。

4. 塞内加尔卡萨芒斯区的村民们，在社会服务站的指导下，曾经举办过、资助过并且现在仍在继续经办着大约30个日托站，因为这时候村里的男男女女都在忙于田里的工作。它们照管所有1岁到7岁的儿童以及在上学前和放学后的学龄儿童。儿童享受用当地土产做出的早餐和午餐，而每餐食物的定量是由社会服务站规定的。人员就地遴选，接受最起码的必要的短期培训，领取实物报酬，或替他们代种地。村里每一个人都以某种方式帮助这些日托站。

六
基础教育

原则

我们必须保证所有的儿童有接受基础教育的实际可能性。如果可能，就用全日制；如果必要，就用其他形式。

考虑

实际上所有教育体系原来的规则是：每个儿童都必须在学校里接受全日制的教学。结果，那些不能从这个规则得到好处的人们事实上只有被迫在没有教养的情况下投入工作。千百万儿童和青年目前就是处于这种境地。所以这是教育策略需要考虑的一个基本问题。

建议

根据需要与可能，采用多种多样的形式，进行普及的基础教育。这一点应放到 70 年代教育政策的头等优先地位。

说明

给世界上所有的人都提供初等教育，这一方面已经取得了很大的进步。这是一个长期努力的过程，当然还需要继续努力。然而，如果我们能够审慎地使下列各种解决办法保持平衡，我们看来就有可能替目前这一代人所遭遇的有害情况找出补救的办法。这些解决的方式是：完全的、全日制初等教育，完全的、半日制的初等教育或具有“适当节奏”的初等教育，儿童和成人不完全的初等教育，为年龄在 12 岁至 16 岁间的青年、特别为那些未曾进过学校的青年所设置的特别教学班。①

这些解决方式不能同样地应用于所有的国家。显然，它们对于发展中国家具有经济上、财政上和社会上特殊的意义，虽然发达国家对这些解决办法也不是没有兴趣。例如，时期交替的教育能够产生十分积极的效果，而具有适当节奏的教学方式（它的效果常常要把初等教育和初等以后的教育延展到一个较长的时期）可以帮助学校解决一个学生应该在什么年龄参加实际生活这样一个复杂的问题。这个问题实际上已引起了各国教育家与政府的关注。

---

① 1970 年日内瓦国际教育局准备的工作文件中有一段话，在这里面作者们对于这件事表示了类似的关心。他们说：“也许，有着最严重浪费问题的许多国家，如果要成功地把现在离校过早的大量学生留在学校里，那就不可能继续增加入学儿童的人数。这些国家到底是用全日制对现已在校的学生进行教育，还是准备用半日制对更大量的学生进行教育，要确定在这两者之间选择哪一种政策，势必是十分困难的”（《教育上的浪费：一个世界性的问题》，第 115 页，日内瓦，联合国教科文组织，国际教育局，1971 年）。

例证

1. 在印度，"集中的教育地区发展方案"是对某些选定区域的教育需要进行全面研究的一种特殊实验。(目前这个方案正在 4 个地区实行，涉及旁遮普、比哈尔、马哈拉什特拉、迈索尔等邦共约 950 万人。)这个设想是要 3 岁到 45 岁的全部人口都能执行方案中的某一种学习计划。这个方案把全日制、半日制和无线电广播教学结合起来，以便对那些在各个教育阶段上入学的人们，那些在各个阶段上退学的人们以及那些从未上过学的青年和成人们进行教育。这个方案是要找到一个统一的处理办法，把各种各样教育的财力与物力统统集中起来，打通各级各类不同的教育，为整个共同体的利益发展正规的和非正规的教育机构。为了发展初等教育，也曾使用过一些非正统的方法，如两部制，即把小学 2、3 年级学生在校时间减少一半，这样可以更多地利用教师的服务力量；对于那些不能全天上学的儿童则采用部分时间上课的课程和补习课程；实行不分等级的体系，使学生在小学前 3 年或 4 年中不致被迫停学，并可以利用现有的校舍在同一天内不间断地进行各种不同的教学活动。

2. 坦桑尼亚的一揽子小学被看作是为整个社会服务而发展人力资源的中心。在结构上，这类学校里有可调剂的空课堂，它可以用于成人教育，日托班和幼儿园；也有一间大的房间，可以用于多种目的，可以用来训练儿童的实用技巧；还有一个农村小工业的训练站。

3. 在肯尼亚，除政府办的学校体系以外，约有 400 所自助中学(即所谓"哈兰比学校")。它们的经费是地方自愿提供的捐助和家长所付的学费。还有肯尼亚红十字会主办的农村妇女训练中心网，妇女们在 4 周的训练期内带着她们的孩子们住在站里，接受卫生学、营养学、儿童与家庭保健学、小动物饲养学等方面的教学。

七

扩大普通教育

原则

普通教育的观念必须显著地加以扩大，使它明确地包括社会经济方面的、技术方面的和实践方面的普通知识。

考虑

长期以来，普通教育这个概念是有一定局限性的。它只限于一定数目的传统学科。但是现在普通学科与专门学科之间的区别正在消失。直到最近还是属于专家禁地的许多知识领域，现在已经渐渐向普通文化开放了。这些领域包括经济学与社会学的知识(随着经济因素与社会因素对个人的影响越来越大，这类知识的重要性也正在日益增长)；最重要的还有各种技术知识，因为受技术影响的人越来越多，迫使他们要理解和掌握技术知识，所以对每个人进行理论和实用技术的教育越来越必要了。

建议

不同类型的教学——普通的、科学的、技术的和专业的教学——之间的那种严格的区别必须加以废除；而教育，从初等阶段到中等阶段，必须同时成为理论的、技术的、实践的和手工的教育。

说明

如果所谓的普通教育要真正成为普通的教育，那就必须发展技术教育；如果普通学科要具有充分的教育价值，那就必须注意使智力训练与体力训练和谐一致，并经常把学习与工作结合起来。

然而，技术教育不应限于学习各种科学定律及其应用，也不应限于学习已经在使用的工艺程序。如果技术教育要体现出它的充分意义，那末在它的通常形式上，就必须进行两方面的改变：第一，同语言、历史、地理、社会学和集体生活等方面的教学一起，在整个教学过程中必须给予技术教学以适当的地位；第二，技术问题的处理必须联系工作、休闲、社会机构、通讯、环境等多方面的生活现实。

例证

1. 在德意志民主共和国，综合技术教育是结合贯串在十年制基础教育之中的。综合技术教育是建立在教育学和技术之间密切的相互作用之上的。由教育学家、教师、专业科学家和技术师组成的研究小组的人员一直在积极地发展一些新的和有力的见解。他们用经验和实践来检验当前的这些研究和思考。

综合技术教育从低年级起就包含有实践的、体力的活动，而且从七年级起，每周有 4 小时在工农业企业里或在综合技术机构中进行就职前的训练，在这里学生从事实践性的和生产性的工作。重点不在于训练学生的专业技能，而在于使学生熟悉技术的方法及其应用，熟悉工业生产过程。当然也要重视体力劳动的内在价值及其重要性。

2. 主要在法国和意大利举办的“家庭招待所”，根据随意选择的时间表和适当节奏的教学，进行了有趣的教育实验。这个方法是在传统势力很强的农村、天主教地区设计出来和发展起来的。它的目标是：避免在教育的初级阶段过早地把儿童赶出校门；帮助那些在缺乏文化背景的家庭中出身的儿童们在尽可能最好的心理条件下获得知识；推行促使儿童具有强烈动机并密切联系周围环境的教育；克服在发展智力时所遇到的心理上的阻力；并且理想地帮助那些不能完全克服这种阻力的人们在较低的文化要求上得到满足。随意选择的时间表使一个学生能在 3 年之中花三分之一的时间在学校里，花三分之二的时间在家庭里。

八
最大的职业流动性

原则

为人们投入工作和实际生活作准备的教育，其目的应该较多地注意到把青年人培养成能够适应多种多样的职务，不断地发展他的能力，使他能跟得上不断改进的生产方法和工作条件，而较少地注意到训练他专门从事某一项手艺或某一种专业实践。这种教育应该帮助青年人在谋求职业时有最适度的流动性，便于他从一个职业转换到另一职业或从一个职业的一部分转换到另一部分。

考虑

教育的主要目的既具有个人的性质，也具有社会的性质。教育在职业训练，因而也在经济生活中，发挥着十分重要的作用。

生产技术正在继续不断地发展。这就是说，今天我们没有理由希望传统的教育体系提供跟得上当前职业上要求的训练。经济界的评论家们一直在抱怨说，教育的许多分支过于理论化而脱离了工业上的现实生活。这些评论家可能是对的。但是学校的任务是具有普遍性的，这一点仍然是事实。学校必须使学习者为掌握各种技术奠定牢固的知识基础。学校必须培养学生的心理功能并激发其创造精神，帮助他理解一些科学原理并训练他有应用这些原理的能力；帮助他培养普通的技能并鼓励他对工作有一种积极的态度和良好的工作作风。

建议

职业和技术训练学院的发展必须和中学教育体系结合起来。这类学校在教学之后，必须继之以工作现场的实践训练。这一切尤其应该通过更新教育和职业训练来完成。

例证

在苏联，达到普及中等教育最富有成果的手段之一是一方面让普通学校体系继续起着主导作用，另一方面又发展职业与技术学校，这类学校提供了与专门行业平行而与中学水平相当的中等教育。苏共第二十四次代表大会提出了关于苏联 1971 年到 1975 年经济发展计划的指示。这个指示决定全国在 5 年期间的发展中要训练 900 万具有专门训练或中等训练的专家，此外，特别注意训练新的科学技术部门的专家。以前苏联共产党第二十三次代表大会批准的训练 700 万具有专门高等或中等教育的专家的指示已经完全实现了。所以为新的 5 年期间列举的数字是完全可以达到的。

九
工商业的教育作用

原则

终身教育，从这个名词的全面意义来讲，是指商业、工业和农业的机构都具有广泛的教育功能。

考虑

技术训练的责任不应单单落在或基本上落在学校体系身上。这个责任应由学校、商业与其他企业、校外活动，同积极合作的教育家、工商业的领导者、工人和政府一起，共同担负。

教育，为实现其日益增多的义务，需要其他机构的帮助，尤其需要那些必须雇用受过训练的工人的机构的帮助。如何参加这种教育活动以及在这里面分担什么任务，各国之间是大不相同的。有的是大半在学校里受到训练的；有的主要是在工作岗位上学到的。但一般讲来，这两方面的密切结合正在日益增加。工业化国家的经济界人士现在已经认识到需要改进工作人员的训练，而且一般都认为，训练的开支是一笔值得的投资。不过，许多发展中国家仍有低估“在工业内部训练”的重要性的倾向。

建议

我们必须努力填补教育机关和公私企业公司之间在许多场合仍能见到的鸿沟，因为后者是全面教育体系的关键因素。企业公司的作用不应限于训练工人，而且应尽可能地扩大到训练技术员和研究员。

说明

事实上，有些国家仍然把基本训练视为学校体系的主要职能。即使如此，这些国家的企业界在训练人才方面仍负有重大责任，并从而对全国教育事业作出贡献。

受过专业或技术教育的年轻工人仍然需要补充训练，而且必须学会如何适应工业生产的条件和格调。他们只能在职学习。

企业公司还要负责进行各种类型的后期训练，诸如为了专门化，提高资格，准备晋级，再训练，培养专业方面、行政方面、经理方面和其他方面高级熟练人员所进行的训练，这是合乎规律的。

在许多国家，无论私有还是公有企业，都分配了它们的一部分利润，用来教育和训练其雇员与经理人员。这种实践应该加以推广。

例证

日本有一个由工商界支持的有高度组织性的技术和职业训练体系。在本世纪初，较大的公司建立了它们自己的艺徒训练机构。这种活动从 1948 年起，根据政府的两项教育计划，即“在工业内部训练”和“经理训练计划”而得到了扩充。

各企业都参加了一个经劳动省批准的公立职业训练计划。这个计划包括 407 个训练中心，受训人数在 10 万人以上。

此外，许多大公司都有“工业内部训练”的计划，为新雇员提供初步训练，为技术工人进行晋级的再训练，提供有关监督工作的训练和开设有关管理与发展的课程。八幡钢铁公司，雇有 5 万人，是一个典型的例子。它有意采用了鼓励所有雇员自我教育并由直接管他们的管理员在日常工作中对他们进行培训的政策。这个公司有直接隶属于董事长的教育委员会，由该委员会制订训练计划和政策，并由公司所属各工厂的教育科具体执行。这种训练计划包括训练工人和领班、职员和工程人员以及高级经理人员。

十

高等教育的多样化

原则

高等教育的扩充应导致广泛地设置许多能够满足个人与集体日益增长的需要的高等院校。

考虑

许多经济、社会和政治的因素结合起来，使得有必要改革中学以后的教育。但是单靠在现有体系上增添或强加一些因素并不能达到这个目的。要为日益增加和日益分化的学习者提供真正合适的教育，就要求中学以后的教育机构多样化。但这就首先要求改变对大学的传统态度。如果公众感觉那种新型院校没有声望，这些新型院校就仍然不能实现它们的职能，而传统大学将仍然担负过重的工作而且不可避免地仍然采用区别对待的教学程序。

建议

在整个中学以后的教育体系中，它的结构、教材和学生类别都必须十分广泛地多样化。

说明

这种多样化包括：增多学习项目；采取短期修业与长期修业并举的办法；成立小规模的教育机构，如学院、技术学校、“自由”大学之类，以满足特殊的或地方的目的和需要；其他院校应提供适合劳动市场要求的准专业的和中等水平的技术训练；允许入学的标准应是自由的、不拘形式的；这种标准应着眼于报考者的动机及其职业前途，而不应着眼于官方规定的学分和文凭。

这就是说，我们应该比过去更多地注意训练各级专业人员和行政人员。“优秀人才中心”法似乎是解决这个问题的一个有趣的办法，特别是在发展中国家，但有一个条件，即这样的中心事实上应该保持与国际规模一致的标准。我们可以把这一类的教育机构，如多科中心与多科学校，从事有关技术、农学、医学、经理等方面专业训练的学院与专科学校都纳入这个教育体系。这是一条开支不大而适应国家经济需要的可能途径。这种教育体系将比那些不对口径的、不适应真实情况的所谓“名牌”大学有更加光明的前景。

最后，这种体系还意味着，高等教育机关向通常“正规”学生以外更多的各式各样的人们开放了。这类人有从前毕业、现在又回来学习的毕业生，各种需要高级训练和重新训练的工人和专业人员等等。

这些原则当然要按照各个国家的发展程度与工业化程度的不同而加以运用。所以就越来越有必要审查一下各种可能的模式。发展中国家，尤其是其中发展最差的国家，可以根据这些不同的模式来改进、变更，或在某种情况下建立它们的中学以后的教育体系。

例证

1. 法国的万森大学中心近来包括了 26 个系，聘请了 400 名专任教师和许多其他讲师，照管 12000 个学生。该中心的指导原则是，要尽可能多地招收工人和未曾通过法国通常的离校考试(学士学位)的学生，要采用主要根据各科间的联系进行的那些革新的教育方法；要把教学和科研引向钻研现代世界的方向。

万森大学中心的全体学生约有三分之二是挣工资的，约有一半没有学士学位。

万森大学经过初次试验的若干革新，已被法国的其他大学所采用。有些大学把学习内容组织成为“单元价值”，而每一个全日制的学生每年要学习

10 个“单元价值”，而且这类大学允许学生在他们的主修科目以外有选修大量课程的自由。

在法国的大学体系内部，某些特点暂时还是万森所独有的；特别是，正式的教学和考试已经由各种形式的小组作业所代替，在这种小组作业中，教师的作用主要是当一个顾问，他催促和调节一些半独立的小组所进行的活动。小组作业中的许多研究题目是由学生自己选定的。

万森的实验是从下面的观念发展起来的：

(1)大学向那些不需要学士学位的人开放，这样便使得许多在职人员能够继续他们的学业。

(2)刚出中学没有专业经验的年轻学生和极为熟悉专业具体问题的成人，在这里碰在一起，可以消除教育上脱离现实的、抽象的气氛。

(3)所设学科要适合学生对于这些学科的理解能力；学生的兴趣、能力和表现，对于他的进步比静止的听课尤为重要。所以他前进的道路就变成了一个研究的过程，而不是积累知识的过程。

(4)同时进行初步训练和重新训练能够激发传统大学中找不到的思想活跃与知识交流。

2. 阿拉伯埃及共和国所进行的改革使得技术高等学院发生许多变化，并且把这种技术学院并入了技术大学。这说明他们正在探寻实行高等教育的各种可能的途径。这是很有意思的研究。这些技术学院曾在一定发展时期在训练熟练的技术一行政人员方面起过积极的作用，而现在所担负的任务是建立中心站，以便在某些教育部门和不断发展的国家工业之间建立或重建它们的联系。

3. 美国费城的“帕克韦计划”是一所中学，它利用各种社会活动，利用在这些活动中工作的那些人的技能，作为学校课程的一部分。学生们就地向各工厂、机器修理站、法律事务所、报馆、博物馆和美术馆的专家们学习。这种工作和根据学校自己提出的前提所规定的、具有严密结构的学习计划是联系在一起的，不过它的教学内容大半是按照师生的讨论组织起来的。这个学校没有入学资格的限制，学生是用投票的方式挑选出来的。

4. 印度的例子表明：发展中国家广泛发展高等教育需要有少数符合国际最高标准的“高级修业中心”。与此有关的人士相信，只有民主而没有适当组织的核心部门，这将严重地损害整个体系的应用和质量，并将延缓高等教育的发展。

印度高等教育核心部门的重要组成部分是“高级修业中心”，由大学补助金委员会在1963年与各大学协商开办的。迄今有30个中心，其中17个是关于科学方面的科目，13个是关于人文科学与社会科学方面的科目。这些中心曾受到联合国教科文组织、苏联和联合王国的宝贵支持。这些中心除改进学术工作的一般气氛外，还期望设立更多的“优秀人才中心”，成为“优秀人才养成所”。

在“高级修业中心”以外，核心部门还有6所得到发达国家相当可观援助的理工学院。理工学院的入学人数——约1万人——是技术工程方面总人数的5%左右。几所农业大学，在美国的合作下，也已经开办起来。此外，全印医学院也值得一提。

5.波兰是试图利用若干大学和极其深入广泛的函授网，来鼓励各行各业的人们从事学习的例子。实际上所有的专门学科都有这种函授网，而且这是中学以后的教育体系在开放过程中的一个重大的发展。它给注册的学生提供了许多方便——包括特别的带薪假日——使他们在工作中仍能继续学习。高等院校通过函授和夜校，和一些大工厂合作，为工人提供了在日常工作中或在工作与学习更替时间内就学的机会。

十一
选拔的标准

原则

一个人应该接受哪一类教育，应该从事哪一种专业；这只应取决于这个人的知识、能力与才能，而不应取决于他在学校里所获得的知识是高于还是低于他在职业中或自学中的实际经验。

考虑

迄今对于选拔新生，测验他们的知识和给他们评分的传统方法很少有过本质的、广泛的改变。学生仍然只能沿着预先确定的道路，扫清沿途一系列的障碍，从这一级升入另一级。

然而许多新的因素，如大中小学生的出身、年龄和目的，课程内容与教学方法，正在促使学生的选拔、评定和指导程序进行必要的改革。

一般讲来，终身教育这个概念已经排斥了任何最后的、过早的选拔。终身教育应该彻底改变升级和发证书的程序，强调真正的本领、才能和动机，这方面的价值高于分数、分等、学分的价值。

建议

由于教育体系变得更加多样化，入学、退学和再入学的可能性增加了，因此取得大学的学位和文凭同修完规定的学业课程之间就越来越没有什么关系了。考试主要应该当作一种手段，用来比较出身不同的个人在各种不同的条件下所得到的技能。所以考试不是一个结论而是一个起点的标志，它帮助每一个人估计他自己的学习方法的效率。评定的手续应象衡量一个人是否符合外在标准一样衡量他的进步。

说明

对于大中小学生成绩的真正评定，不应以简单的、速决的考试为基础，而应以全面观察整个学习过程中的工作为基础。评定应少注意学生所记忆的知识有多少，而应多注意学生智力的发展，即推理能力、批判性的判断力、解决问题的谙熟程度等方面的发展。现代的学习方法，如程序教学与用计算机辅助的教学、电视课、语言实验室以及其他各种自我教育的方式，允许对考试作出不同的安排。

最后，我们可以预言，在职业方面使用人员，将越来越取决于对求业者担负特定职务的能力作出的具体评价，而并非取决于他的学位和证书。在这方面，雇主本人将负起大部分选拔的责任。简言之，如果所得的结果是以新的方式加以评定和考核的话，那末考试就会变成使人摆脱古老的教学习惯的工具，摆脱由来已久的估计就业资格标准的工具。

例证

瑞典已经废除了中学阶段结束时的综合离校考试和大学入学的书面测验或口头测验。用其他多种多样的方法评价能力、技巧、理解力和批判性的判断力,如用影片或磁带录音、一本诗集或一幅图画或一件雕刻、城市革新方案模型图,以代替传统的考试,这种情况越来越变得习以为常了。

十二
成人教育

原则

教育过程的正常顶点是成人教育。

考虑

成人教育可能有许多定义。对于今天世界上许许多多成人来说,成人教育是代替他们失去的基础教育。对于那些只受过很不完全的教育的人们来说,成人教育是补充初等教育或职业教育。对于那些需要应付环境的新的要求的人们来说,成人教育是延长他现有的教育。对于那些已经受过高级训练的人们来说,成人教育就给他们提供进一步的教育。成人教育也是发展每一个人的个性的手段。上述这些方面,有的在这个国家比较重要,有的在另一个国家比较重要。但它们都是有效的。成人教育再不能只限于初级阶段了,也不能只限于对少数人的文化教育了。

成人教育特别重要,因为成人教育对于非成人的教育活动是否成功,可能起到决定性的作用。因为儿童的初等教育(这是人们原有的目标)不能和他们的家长的教育水平分开。正在成长的一代不可能在一个文盲家庭里受到良好的训练。既然教育的发展依赖于充分利用那些能够教育人或帮助训练人的全体人民的力量,那末从事教育的专业人员的人数就只能依靠加强成人教育来增加了。我们不应该把成人教育与儿童教育或青年教育对立起来:全面教育是超出矛盾范围以外的,它使两个极端并行不悖,并从最广意义上来讲,它是为共同的教育目标服务的。

因而,成人教育在任何社会中再也不能是无关紧要的活动部门了,我们必须在教育政策和教育预算中给予它应有的地位。这就是说,学校和校外教育必须牢牢地联系在一起。

建议

今后10年内,教育策略应把迅速发展校内与校外的成人教育,作为优先的目标之一。

说明

目前的设施远远落后于世界成人教育的需要和文化的需要。根据这一事实,按部就班的前进是不够的,需要来一个大跃进。只有私人和公共团体都来贡献力量和资源,才能达到成人教育的目的。我们必须采取的行动有:

(1)利用现有教育机构(小学、中学、技术学校),推动各种成人教育活动,并增加成人进入高等院校的人数。

(2)创办专门的成人教育机构,或者把各种校外活动结合起来,以帮助成人更好地发挥公民、生产者、消费者和家长的职能。

(3)创立个人和集体教育活动的组织,鼓励自我教育,发展自发的倡导精神,使所有教育手段能为最大多数人所利用。

这三项行动只有获得国家和政府的财政与技术援助,只有得到工农业部门的经济合作,才能实现。但是还有许多其他应做的工作则有赖于个人与集体的倡导精神。这种私人倡导精神的作用就能保证自由与多样化受到尊重,教育革新得到鼓励。

例证

1.南斯拉夫的“工人大学”是试图为今天教育领域内的许多问题寻找答案的一个成人教育机构。这类大学既实行正规化的学校教育,也提供校外教育，而且无论成人过去受过什么样的训练，这种教育总是对他们开放的。招生标准只考虑个人的能力。开设各级课程，包括从初等教育到讲授培养高级合格人员的非常专门的学科，每个学习者可以挑选各种不同的方式来拟定他自己的学习计划。举例来说，他可以把不同课程的各部分结合起来，也可以同时利用分组的方法，特别是工作小组，以及使用其他个别方法，如自学、“实例”研究等。他的学习计划可以适应于他的环境，按照个人或集体情况不同而各不相同；他的学习计划是在对学习者个人(和环境的)教育与社会经济方面的需要作初步分析的基础上加以确定的。职能教育(为了职业的、公民的和社会的利益)是同等重要的。工人的一般发展和文化发展也是重要的。

2. 成人教育现在已经达到了很大的比重，这点至少在一个公认的极端的例子中可看出，如瑞典的下列数字表明，上学人数在 1970—1971 年预算年度约为 160 万人。在同年度约有 17 万人参加地方政府或中央政府开办的成人教育班。大约有 3 万人进民众中学班。10 万人受劳动市场的训练。近 1.1 万人读雇员组织举办的课程。参加公众资助的成人教育的总人数因而将近 200 万人(全国 20 岁以上成人约有 550 万人。)

十三
扫　盲

原则

扫盲只是成人教育的一个“片段”，一个因素。

考虑

长期以来，扫盲一直是和成人教育分开的，甚至是对立的。扫盲也曾被视为是同初等教育对立的。学习读书写字被看作是同获得知识、才能和技巧的其他手段对立的。扫盲本身长期以来被看作是目的。

民众的偏见，甚至政治的蛊惑宣传的残余曾经妨碍了早期成人识字计划的实行，而且执行这种计划的教育效果一般讲来也是短暂的。扫盲计划并没有和发展目标紧密地联系起来，同时扫盲也没有和直接的环境结合起来。

建议

在文盲普遍存在的所有地区，为成人拟订的学习计划必须包括一个强大的扫盲运动。我们必须采取两方面的行动：第一，必须在一些具有强烈动机的在职人员中开展职能扫盲工作；第二，在条件成熟时，尤其在社会发展条件（政治方面的、经济方面的和文化方面的条件）适合于人民大规模积极参加时，开展群众性的扫盲。

说明

为了获得各种就业的可能性而进行的扫盲工作必须和全国或地方的发展目标结合起来。扫盲工作的幅度必须跟全面的社会经济发展努力的幅度成正比例。在社会经济发展努力背后的策略决定着扫盲计划的策略。扫盲计划不仅必须试图传播通讯手段，而且还要普及直接有用的情报与知识。

群众性的扫盲运动，只有当它帮助人民共同参加改变环境的活动时，才是正确的。为了避免过去的失望，重要的是，现在许多国家正在进行的扫盲计划应该和有关公民生活和工作环境的基础教育联系起来。必须要有大量的无线电和电视节目作为这种扫盲运动的先决条件，并且必须始终支持、配合和伴随这种扫盲运动。

例证

伊斯法罕和德兹（伊朗）的职能扫盲方案所依据的原则如下：如果扫盲是职能性质的，那就要确切地解决文盲所必须克服的一切特殊困难。所以职能扫盲意味着：对扫盲方案所选择的地区环境首先进行一番初步考察，作一番深度的研究。再对这些地区作出经济上的分析并根据这种分析进行分类。根据这种经济上的分析与分类确定职能扫盲从哪些方面着手，然后制订出各地区特定的学习计划。这种按照经济情况的分类是随着这个试行方案所包括的地区的中间发展目标而变化的，因为这些发展目标是可以从第三或第四个国家计划的总目标推演出来的。在每一个地区内可能有一些性质相同的职业集团，它们要求具有类似的工作资格。职业扫盲就要帮助职能文盲取得这种资格。

因此，在这个方案实行的后两年，他们就根据不同环境中的文盲的需要和动机，拟订了15个学习计划，供他们选择。学习计划之所以要根据不同环境文盲的需要和动机，是因为试图保证把扫盲工作中所需要的一切因素都能同时放到学习过程中去，而这个过程的重点首先是在职业教育方面。这样就把语言学习结合到技术训练中去了；把数学结合到工艺中去了；把技术制图也结合到技术内容中去了。这样，便把智力的因素（读、写、符号）同技术的、职业的、社会经济的因素结合起来了。

虽然对于这种实验性的方案尚未作出评价，但根据1971年初步测验结果的分析表明：这样的学习对于教育学（获得知识）、对于实践工作（采用为农业计划推荐的措施）、对于社会（培养对待现代生活的态度和虚心精神）乃至对于经济学（对其结果还在继续检验中）这几个研究领域都是具有积极意义的。

十四
自　　学

原则

新的教育精神使个人成为他自己文化进步的主人和创造者。自学，尤其是在帮助下的自学，在任何教育体系中，都具有无可替代的价值。

考虑

教育途径多样化，进行自我教育的人所能获得的便利条件日益增加。今天，这一切结合起来，推广了自学、自我教育的实践，肯定了自学、自我教育的原则。除了少数例外，这种情况并不是个人的自发的发展。学会如何学习，这不仅仅是另一个口号。它是指一种特殊的教学方式。如果教师们想把这种教学方式传给别人，他们自己首先就要精通它。在学会如何学习的过程中还要养成工作习惯,唤起学习动机,而这些工作习惯和学习动机过去是必须通过学校和大学的教学大纲和教学方法在儿童和青年时期形成的。要实现每一个人的自学愿望,就必须不仅在中小学和大学,而且也要在其他地方,在各种条件与环境下,交给他各种方法、工具和诱因,使他的自学成为富有成果的活动。独自学习的效果,由于具有了自学的技巧,得到了许多可用的辅助器具,已经大大地提高了。达到这个目标的条件之一就是要在教育预算中给发展自学运动分配足够的款项,如果这个目标不只是空口宣布一下意图的话。

建议

应该建立一些新的机构和服务设施以帮助人们自己教育自己,而这些机构和服务设施应该结合到所有的教育体系中去。这类机构和服务设施有:语言实验室、技术训练实验室、问讯处、图书馆以及有关的服务站、资料库、程序教学与个人教学的辅助器、直观教具等等。

说明

对于自学,人们简直一向不把它当作一个目标。现在自学在每一个国家,甚至在自学设备差的国家的教育策略中,都已经占有了一定的地位。主要的问题是要在这方面采取具体措施,即使这些措施起初仅限于那些所谓有优先权的人们。

例证

安大略教育研究所的艾伦·陶和他的同事,在调查认真持久地开展自学活动的几百个年轻人和男女成人时,曾经发现在各种经济和社会地位的人们中有很大一批人都在进行自我指导的学习,也曾发现人们能够帮助儿童、青年和成人培养管理自己学习的能力。自我指导的学习不同于个人化的学习,因为这种学习者有时可以决定加入一个班级或小组作为他自学过程的一部分。但学习者自己有主动权,他可以选择经验和挑选能帮助他学习的人员,而且可以评定自己的学习。这个调查研究还指出:除了图书馆与教师外,还有一大批人,学习者可以在他的学习过程中求得他们的帮助。这个调查研究也清楚地表明，许多人不仅是学习者，而且是“教师”。自我指导的学习者的经验和研究，对于中小学和高等院校，对于图书馆、博物馆等组织，对于媒体的形式和内容，都有很多好处。

十五
教育技术

原则

加速和扩大复制与通讯新技术的效能是进行大多数教育革新的基础。

考虑

一直到现在为止，学校体系通常只能零散地和权宜地使用技术进步与科学发现所提供的新的可能性。在教育上应用新设备基本上限于在旧的教育方式内的一些次要的工作，如录音、机械重复和分类等。同时，因为一开始就没有把这类工作和技术革新的发展联系在一起，所以许多结构方面的改革遭到了困难或者走向了歧途。然而系统地运用教育技术在某些情况下有可能加速早期教育发展计划，从而赢得时间。这也有助于重新分配和更好地使用合格的教学人员，并且由于淘汰和留级的人数减少而增加了学校体系内部的效率和收获。

建议

1. 当我们设想和一般地计划教育体系时，我们必须使新的技术有可能作出贡献，以构成一个统一的过程，目的在于最有效地使用一切可能获得的手段和资源。

2. 当教育体系取得技术的帮助而开始运行时，我们就必须按照经济发展的不同水平而采取不同的策略。

说明

关于教育技术所采取的策略,必须取决于有关的教育体系的性质,取决于它可能得到的资源,取决于所应用的技术媒体的类型,取决于使用这种媒体的教育部门。

无论在个别学生和学习小组一级上,或在教育机构和全国性团体一级上,由于采用了越来越多的信息分布网,更大的资料储存设施以及越来越有效的评定和指导技术,这种把技术吸收到整个教育体系中去的工作就必然使教育体系变得更加开放了。就选择技术媒体而言,使用多种媒体解决问题,有许多好处,因为这样便可以把各种媒体结合起来,综合成为一个复杂的系统。

廉价而易得的快速传播信息的手段,尤其是收音机,应该广泛地应用于大众教育,尤其应该使用于农村地区的基本教学。关于各种更尖端的使用各种辅助方法的通讯系统,在某种发展水平上的国家可以有效地使用,因为它们可以为采用这种尖端的通讯系统提供经费并且可以把它吸收到这些国家的教育体系中去(例如高等技术教育方面)。最后,我们应该进一步地发展和更多地采用原来的技术装置(如各种中间技术)。我们必须鼓励有关人员就地制造这些装置,尤其在那些社会和环境的发展处于优先地位的地方。

我们应该把教育技术应用于校外活动和远距离教学方面,因为这些方面很少因结构陈旧而墨守成规,不至于引起无礼的拒绝。还有一些地方可以顺利地运用教育技术,即那些由于外来的沉重压力而急需重大改革的部门,如技术教育与高等教育方面。在那种扩充传统体系看来是不可能的地方,综合利用各种技术手段的学校体系是个可选择的解决办法。

例证

1. 加拿大魁北克有“特韦克方案”,它的总的目标是要使一部分未受完九年制学校教育的成人达到九年制的教育水平。

这个训练计划是由两个部分组成的。第一是所谓学术科目(法语、英语、数学);第二是从卫生、司法、合作事业、社会福利、政治等课程目录中精选出来的一个社会经济文化的课题。目的是要了解正在经历迅速社会经济变化的社会的生活条件,并培养参加这个社会所需要的技能。

从教育学的角度来看,基本的设想是要把克服人们之间冷淡无情的各种途径结合起来。迄今为止,所运用的方法有:90 分钟电视节目,每周 5 天;函授课(每天平均 15,000 份答复明信片);参与者与教师面洽(经常每 3 周访问家庭一次);周末传真俱乐部会议(从所收看的节目中提出中心讨论题)。抽样调查表明,有 3.5 万人按时收看节目,11 万人每周收看节目一次以上。

这个经验看来新鲜而又典型;它包括整个地区,比单有学业训练更前进了一步,它把几种传递教材的方法和它的几种行动方法结合起来,把研究和应用联系起来。

2. 在苏联,为小学生和教师广播的专门电视节目每天在 5 小时到 8 小时之间。对教师广播的内容是由苏联教育科学院决定的,这种广播把著名的科学家、教师、心理学家、对学校教育的各种问题有深造的专家,映在电视屏上。小学生通过对他们的广播,有机会得到教育计划中最困难而重要的学科方面的知识。还有一点值得提到的是,许多为家长播送的无线电和电视节目,力图向他们介绍家庭教育的主要原则并使他们熟悉儿童和青年的心理学。

十六
新技术的应用

原则

新技术在教育方面广泛而有效的应用,只有在教育体系内部发生了足够的变化时,才有可能。

考虑

仅仅使教育结构适应于采用新技术,是不够的。教师还必须得到准备,而且需要有足够的资源可供使用。

建议

1. 要改变教师的训练计划，以便教师能够发挥新技术强加在他身上的各种作用和职能。

2. 在教育预算中为合理发展尖端技术保留固定的增加部分。

说明

教育技术的一切可能的资源都必须系统地在师资训练机构中加以运用。这种机构必须逐步改变成为经常的训练中心，并须向教育部门以外的从事其他活动的人们开放，邀请他们担任部分时间的或短期的教学任务。在教育工作者的专门训练中，我们必须特别注意，要为他们今后在运用新技术的教学中发挥督促和调节作用作好准备。同样，这种机构还必须训练能够设计和修订课程内容与学习目标，能够组织、指导与评定教育体系，能够制造与维修各种器材（印刷、程序、视听）以及能够掌握群体动力学等方面的专家。

同时，国家当局应该拨出教育预算中年度增加的预定部分（例如，几年内拨出一半）作为发展各种使教育体系更为有效的新途径之用。

例证

象牙海岸打算通过电视进行初等教育的计划是大规模采用新技术的全面组织和具体方法的一个好榜样，它可能引起教育上的巨大变化。它的目的，按该国目前 5 年计划的规定，是要通过系统地使用电视让所有学龄儿童都受到基础教育，并且让全体居民都可以看到电视。这也提供了一个使全国在政治上和文化上统一起来的通讯手段。

根据计划，到 1980 年将给大约 1.65 万个班级装备电视。到那时，一年级学生、13 岁到 17 岁受教育的青年人以及要求从事文化活动、接受终身教育和想获得知识的全体成人，都可以通过看电视受到教育。

而且，受初等教育的学生人数期望在 1980 年增加到 83 万人（1969 年为 40.6 万人）。单就国家教育而论，预测（从早期的 31.1 万人）增加到 72 万人。到 1980 年，估计学校入学人数的增加将与人口的增加相等。每年满 6 岁的儿童有 5000 多。预计到 1986 年，所有儿童将受到电视教育。这时，6 岁到 11 岁儿童将全部入学。

按学生计算每年个人费用，包括电视开支和合格教师的工资，期望从 1967 年进行这个研究时的 13,500 非洲法郎，增加到 18,500 非洲法郎。然而这种增加也许实际上将由于采用自动升级制或由于减少淘汰生而抵消了。即使允许一定百分比的留级生和退学生的话，实质上仍将是节约的。世界银行估计象牙海岸维持传统教育体系要比采用电视教育体系多花费 44% 的费用。

在预备阶段，在制订一个详尽的计划以前，我们先要进行技术教育和社会经济方面的研究。为了进行教育学上的实验和制订计划，他们设立了一个新的基层结构，而这个新基层结构为进行设计打下了牢固的基础。关于内容、方法和校舍方面的必要改变，也是研究的课题。随着使用电视的学习者人数稳定上升，需要有两种革新：一是学生的自动升级，一是训练更合格的教师。这就需要有一个新的、集中的师资训练计划，而这个计划必须改善。用电视代替传统的教学程序，这就意味着，必须改变教学方法，而教师不仅需要熟悉新教材，而且需要使用视听方法、通讯心理学、群体动力学、课外活动指导、新的评定方法等方面的训练。

要执行新计划，还必须变更班级组织和课程秩序等等。

这一系列的变更还应贯彻到中等教育中去，以满足在小学曾受过极不相同的教育的儿童的需要。采用电视也将影响校外教育和训练。负责这些活动的各有关部门也将被迫变更它们的工作程序。

十七
教师的地位

原则

教育职业必须具有一个能更好地适应现代教育体系的结构，并由教育职业本身来发展这种结构，否则，它在将来就不能完成它的任务。

考虑

教育活动的增加和多样化必将促使教育工作者人数的增加。教育工作者人数的增加是不可避免的，也是合乎需要的。重要的问题是，人数增加的结果相应地就要增加用于教学人员的开支。直到现在为止，薪金开支的不断上升已不利于设备方面的开支。当然也不利于革新与科研方面的开支。如果我们要想避免使流水帐的开支达到妨碍教育体系现代化的地步，我们就必须找出尽可能“有利的”教学方法。这是提高教师们在现代社会中的社会地位和普遍地使教师这个角色具有更大价值的一个先决条件。

小学教师、技术学院教师、中学教师、大学教授之间的区别不应含有等级差别。无论薪金等级或晋级制度都不应取决于教育工作的类型。一个教师无论他在哪一个教育领域都应该有可能晋升到最高一级的机会，而这也只应取决于他的个人品质。按照理想的情况来说，我们应该把教学的职能看成是一样的，而且应受到同样的尊重，不管这种职能是在哪个特定方面实现的。

建议

立法机关、职业团体、工会和社会活动都应该逐渐缩小和最终消灭各类教师之间存在的那种不合理的等级差别。

说明

教学职能，无论在什么地方，从它的性质、价值和职务方面来讲，都应该被看作是一样的。它所使用的手段和方法也是一样的。每个教师应该按照他管理儿童、青年或成人的偏好，或者按照他喜欢住在农村、中等城市或大城市的兴趣(这种兴趣可能由于他个人或家庭生活的原因，从一个时期到另一个时期而有所不同)来选择他的专业。人们想望升级并从而获得经济上和社会地位上的好处，但不能因此就一定要派他到愈来愈大的城市里去，到愈来愈大的教育机关中去，到最高等级的教育中去，到这个最高等级教育的最高级别上去。

例证

在某些国家，正在考虑取消初等与中等教育教师在训练和报酬方面的差别。另外有几个国家，包括捷克斯洛伐克、丹麦、联合王国、美国，把小学和中学教师放在大学或相当于中学以上水平的院校中去接受同一水平的训练。另外许多国家，如法国、波兰、苏联，也正沿着同样的道路训练教师以达到大学水平。此外，教学职能，无论是在小学或中学一级执行的，从意图和目的来看，都是相同的。为了强调这一事实，人们广泛地承认中学教师接受教育学训练的重要性。与此同时，这种训练的内容与方法都在进行着深远的改革。

十八
师资训练

原理

目前教育工作者的基本任务之一，是要改变一切职业固有的精神状态和资格；因而他们应该首先准备重新思考和改变教育职业的标准和基本情况，因为在这个职业中，教育与激励学生的工作正在稳定地取代单纯的讲课。

考虑

今天，正规的与非正规的教育、学校与校外教育、儿童与成人教育的区别正在逐步消失。而且今天训练出来的教师在2000年以后仍将从事他的这个职业。当我们为他们的训练搞计划时，必须把这两件事情记在心里。

建议

教师们受训的各种条件应该得到深刻的改变，以便基本上使他们成为教育工作者而不是变成传递预先规定课程的专家。我们应该采取的原则是，首先加速训练，然后随之以在职训练。

说明

未来的教育工作者的训练应遵循两条道路。一条道路是使一定数量的未来教师在学前教育、学校教育学、技术教育、迟钝儿童训练、“终身教育学”等方面专业化。另一条道路是把另外一些人训练成为组织者兼教育家，其中包括一大批师资受训者，他们至少应该在理论上懂得在校内校外如何对儿童和成人进行教学。

但是这还远未举尽未来的教育所要求的技术范围。未来的教育还将需要教材、自学设备、使用教育技术等方面的专家。它还将需要视听教学助手、共同体中心的“鼓动者”、测验与职业指导专家、心理学家、新型的行政人员、系统分析专家等。

但是教育工作者在训练方面的根本改革是要改变他们的任务。教师将来的任务是培养一个人的个性并为他进入现实世界开辟道路。

例证

1.埃塞俄比亚中学教师现在是读四年制大学课程(中间夹有一年的实地服务)；现在提议改革课程，可以用选修6个暑期的课程来代替最后两年的课程。利用暑期的便利条件和工作人员，大学就能加倍地吸收教师，而学生则能早两年得到职位。

2.在英国，詹姆斯关于改革师资训练的报告认为最重要的是必须增加在职教育与在职训练。他建议所有教师每7年并尽可能快点做到每5年休假一个学期，照支薪金，利用这个期间进行扩大的短期在职学习。

3.6个非洲国家(喀麦隆、埃塞俄比亚、象牙海岸、利比里亚、尼日尔、多哥)最近在联合国教科文组织援助下开办了一个师资训练所，其根本目的不是简单地训练级任教师或学科教师，而是要培养一批农村的教育工作者，他们要能够适应本地的条件(他们将在这个条件下工作)，并且具有倡导和组织范围广泛的发展社区活动的能力。这个师资训练所有两个主要目标：

(1)培训适合于基本上在农村开办初等教育并能有效地胜任社区发展的“鼓动者”职责的教师。

(2)给在职人员，如小学视导、教育学顾问、中学教师、各级校长和小学教师，开设再训练与高级训练课程，使他们熟悉现代教育学上的改革并教给他们新的方法与技术。

十九
常规的与非常规的教育工作者

原则

教育正在继续不断地发展，而成为一种全社会的职能，因此，越来越多的居民应该参加这项工作。

考虑

在我们说明了许多国家的教育情况之后，如果我们采取这个原则，就一定会有力地推动社会经济的发展，并且同样也会有力地掀起一个争取社会公平的运动。

建议

除专业教师以外，我们应号召来自其他行业的助手和专家(如工人、技术员、专业工作者、行政人员等)参加教育工作。教育当局还应取得中小学生和大学生的合作，在某些方式下，使他们去教导别人，同时教育自己，而且使他们懂得这样一个道理：在获取“智力资本”的过程中，这个智力资本的所有者有责任与别人共同享有这笔资本。

说明

具体的目标是要增加在学校里能和儿童们一起活动的各种志愿人员和助手。这类助手应尽可能多地担任非教学的任务，以便使“教师们腾出手来从事教学”，并应把他们的经验贡献出来，帮助教学实践。为此，他们还应接受教育任务所必需的进修训练。

例证

1. 志愿人员的活动范围远比这方面更为广泛，如美国的例子所表明的：

志愿的家长助手 这个职位往往是由一位母亲担任，她要发挥各种各样的功能，如改卷子，检查书面作业，改正作文中的错误，给儿童小小组朗读，制订教学材料，在操场上或午餐时视导儿童小组，以及用其他方式作教师的助手。

志愿的社区助手 这类助手是具有专门技能的人：手艺工人、光学仪器制造者、摄影师、邮票搜集者、政治家、售货员、保险业专家、警察、厨师、牛奶场工人、少数民族成员等。在这方面有无穷无尽的潜力。

志愿的学生助手 根据帮助别人学习的人本人也可以获得有益的经验这一设想，许多学校现在为学生教学生提供了机会。通常的办法是让年龄大一些的儿童到小一些的儿童的课堂里去，听小同学读书或朗读给小同学听，帮助小同学练习算术的基本法则，或者帮助他掌握一些其他的技能。

2. 古巴从 1961 年起，为 5 万名到 5 岁为止的儿童开办了日托站。这种日托站最初差不多全是由很少上过学的，更缺乏有关早期儿童教育专门训练的社区妇女们开办起来的。这些准职业人员只有她们自己的亲身经验，她们愿意接受集中的在职训练。在这里，家长们也帮助她们成立了一些维修队，如木工队、油漆队、缝纫队、园艺队等。

二十
学习者在学校生活中的地位

原则

现代教学，同传统的观念与实践相反，应该使它本身适应于学习者，而学习者不应屈从于预先规定的教学规则。

考虑

学习者的地位和作用是确定任何教育体系的性质、价值与最终目的的重要标准。学习者的地位主要是由学校允许他自由的程度，挑选学习者所采用的标准以及学习者所能承担的责任的性质与限度等方面来决定的。

建议

我们应使学习者成为教育活动的中心；随着他的成熟程度允许他有越来越大的自由；由他自己决定他要学习什么，他要如何学习以及在什么地方学习与受训。这应成为一条原则。即使学习者对教材和方法必须承担某些教育学上的和社会文化上的义务，这种教材和方法仍应更多地根据自由选择、学习者的心理倾向和他的内在动力来确定。

说明

学生有选择的自由，但他们对自己和对学校也要承担某些责任，这两方面是并行不悖的。我们必须鼓励他们从小就参加组织学校生活。他们应该有权讨论那些支配他们的权利与义务的规则，而这些规则应逐渐变得更加灵活。

对于教材与教育方法，我们也可以应用同样的推理。学习者，特别是成人学习者，必须有选择他要进哪一类教育机关、获得哪一种训练的自由。他应该能进入适合于他程度的教育体系，并挑选他感兴趣的选修学科。但他们也要根据有关教育机关的教学内容和一般教学法所规定的目标，安排学校里所有的或大部分的必修科目。但这绝不妨碍个人扩大选择范围。

例证

1.有许多例子表明教育机构鼓励学习者对他们的教育自行负责。德意志联邦共和国的“综合学校”(Gesamtschulen)尽力激励学生有选择自己道路的能力并且使他们的工作方法既接近于大学的学习情况，也接近于现代的专业训练。学生刚进校时并不立即就决定他要得到哪一种文凭。教材分为三个范畴：学术学科，或主要选修学科(Studienfächer)；指定学科，或补充学科(Orientierungsfächer)；基础学科，或基本学科(Grundfächer)。第一和第二两个范畴乃是学生适应社会需要的知识核心，然而都仍然是供选择的学科。只有第三个范畴是人人必修的，它包括公民和社会训练、视觉艺术与音乐、体格训练与宗教。然而在这里仍然允许每个学生对于他要专心研究的某一门学科的工作量有一定的选择自由。

凡对社会需要所必需的训练产生有害影响的学科，学生有义务防止个人选择这样的学科。第一，核心必须包括祖国语言、一门外语和一门实验科学，后二门学科可以从第一或第二范畴中选择。第二，学校在必要时可以把某些学科强加于学生来弥补差距。例如：

(1)学生主要选修科：德语、英语、拉丁语、法语。学校强加的补充学科：数学、化学。

(2)主要选修学科：德语、数学、物理学、化学。补充学科：英语；第二补充学科则听便。

(3)主要选修学科：德语、数学、英语、生物学。补充学科：可由学生自由选择，因为他自己第一次的选择已是很平衡的了。

2. 在伦敦，韦斯顿修道小学是联合王国遵循 1966 年普洛登报告的建议增强学习者的作用并广泛改革初等教育的一个突出例子。儿童中心的学习和定向活动的学习，在不分班级的环境中，按场地分组或按年龄能力分组进行。这种“开放”办法为学科的学习、阅读、艺术、其他体力活动和游戏提供了活动领域。5、6、7 岁的儿童混合起来作同样的数学作业(例如，搜集、整理和分析全组的体格测量与身体特点)，由组内学得快的学生帮助学得慢的学生。时间表是灵活的并且是以模数为基础的；学生可以花一天或一天以上的时间调查和用书写、数学名词或绘画的方式描述他所选定的简单题目。当作业完成时，则进入另一种活动。阅读和写字的教学是以直接环境和个人兴趣为根据的，重点在创造性的表达而不在抄写的练习。学生通过培养关心别人的精神，通过合作活动，通过参加许多组织工作，来促进自我约束。校长与教师常和家长们保持定期的联系；学校也鼓励家长参加学校里面的各种活动，甚至充当游戏视导、手工训练协助、小组阅读的助手等等。

二十一

学习者的责任

原则

如果任何教育体系只为持消极态度的人们服务；如果任何改革不能引起学习者积极地亲自参加活动，那末，这种教育充其量只能取得微小的成功。

建议

所有的学习者，无论是青年还是成人，不仅应该在他们本身的教育中，而且应该在整个教育事业中发挥他们负责任的作用。

说明

学生参加教育活动的多少不仅随着年龄而逐年增加，而且也按照学科而各不相同。对于任何涉及学习者社会、文化和物质方面利益的活动，学习者所负的责任最为重要了。这种责任在教学大纲和教学方法方面较少，而一般来说在经费与聘请教师方面较多。学生们应能跟教师、家长和其他人们一起活动，也可以和他们分开来参加活动。

例证

学生参加教育活动的情况正在不断发展。它影响各种各样的活动。它有时得到人们有力的支持；有时也遭到猛烈的反对。某些形式的参与活动（如视察、共同管理、学生自治）目前在小学和社区中、在中学和技术学院中、在某种成人教育机构中、在学校以外（在国家或地方一级上）处理教育计划、科学研究、教师晋级、工资调整、财政投资等一般问题的组织中，正在实行。

但最有趣的实验要在世界各地的大学里面去找。虽然目前只有少数例子，但注意一下参加活动的途径以及所涉及的范围，是有趣的。长期以来，学生们已经部分地或全部地控制了学校的“社会部门”，如学生宿舍、体育活动、卫生运动和辅助的服务机构。此外，学校随时就一般政策问题与他们“商量”，或者通过专为某种特殊改革而设立的委员会，与他们“商量”。近几年来，学生的参与已经进入到大学的一些部门里面，而这些部门过去一向被视为是极少数具有必要经验与资格的人所独占的领域。教学方法和学习项目目前正越来越多地在学生参加的机构中加以讨论。主要的管理机构（校务委员会、国家与部门委员会）正在进行改组，以吸收学生代表。某些国家的学生正在开始要求在决定招生、考试、财政和一般教育行政的机构中要有学生代表。在这一方面，学生们已经取得某种成功。①

还有一事值得一提，即纵然在这方面还没有经验或特殊传统的亚洲地区，学生参加大学管理的组织也正在发展；学生的影响，无论是直接的（象在菲律宾、印度尼西亚），还是间接的（马来西亚、泰国），在大学一级，以至在全国一级，都可以察觉到。

方式与方法

执行教育策略，主要依靠下列几点：确定、推进和实验革新的措施；对教育体系实行行政管理和经营管理；寻求资助教育的方法。

系统的诊断 全面的革新策略不能从单靠积累一些“实地”自发的零星的革新中产生出来。

制订新的策略必须首先对教育状况进行全面的诊断。

对于教育体系的组成部分和机制以及教育体系同其他有关体系，如经济、运输系统、通讯、文化活动等方面之间的关系，必须有一个尽可能完整的图景。

识别不平衡状态 通过这样一种诊断，我们应能找出教育体系内部（低产量、高费用等）和外部（与劳动市场、社会需要、个人希

① 《从结构中看学生参加大学管理：十三国剖析》，巴黎，联合国教科文组织，1970年6月9日。

望的联系不够)两者不平衡的状态,并应能发现人力上、政治上或经费上现有的紧张状态。这样,我们就可以把各种可变因素区分开来,并明确哪些因素是可以改变的,哪些因素是不可能改变的或是难以改变的。

这种诊断还将提供大量所需情报,用以构成一个模式,表现教育在一定情境下当时是怎样发挥作用的。由此而得到的简单抽象概念只是一个标记,标明改变现有体系可能产生的结果。

在各种选择中进行取舍 识别各种可能的选择并作出决定,然后经历这样一个过程,这个过程至少在理论上包括下面一系列的逻辑运算:模拟一个模式可以预见的不平衡之处;把现有的革新措施分门别类编排起来并寻找可能存在的新的革新;制造一个模式,说明不同的革新具有不同的效果并找出各种适当的解决办法;最后,制订策略,以便决定政策时可以采纳。[①]

实验 不管人们对上述这个理论上的程序有怎样的想法,如果这些革新是一个合理的选择,那末在把各种革新付诸实践之前,尤其在应用革新的体系之前,我们首先必须进行"试管"实验。

然而,如果要使我们的选择尽可能明智些,那末这种选择就不应该以任意挑选的数目有限的假设为根据,而应该尽可能根据最广泛的选择。所以可能选择的范围就必须分门别类,系统地编排

---

① 最近国际教育发展委员会在卢旺达对各种可供选择的教育策略进行了研究。在这个研究中使用了一个模拟的教育模式,为从现在起到 1985 年之间付诸实施的学校及校外教育决定可能的策略,把它用数字表达出来,并加以分析。现在已有 5 种可供选择的教育策略,并作了比较。研究人员根据比较得出的结论说:"教育改革的需要是明显的,虽然让现有教育体系继续存在是最少花代价的选择,但就这种体系所产生的结果而言却又代价太贵了。"这种把各种可能的选择加以模拟和比较的方法,在其他国家也可以应用,而且肯定有好处(参阅詹恩·奥尔汉:《可供选择的各种教育策略(卢旺达)》,巴黎,联合国教科文组织,1971 年,国际教育发展委员会文件,意见汇编,18)。

起来。[①]

在这方面的研究尚有待作出更大的贡献。无可否认，迄今为止，在教育方面获得的资助较之其他领域要少得多，所以有些当局认为，如果分配给教育学研究的款项大量增加，就可能有力地刺激人们进行教育革新。

要把教育体系和教育学的研究体系结合起来，这是不容易的。两者充其量只适宜于大学关于学习理论的研究，或关于某种工具或某种方法的实验，但是这里有一个根本问题仍然没有解决：教育学的研究最后可能使人们对于整个教育体系发生怀疑，而当有这种危险存在的时候，我们又怎能使一个教育体系适应于教育学的研究呢？

一种解决的办法是建立实验区域或实验部门，在这里，处在变化的形势中的各种可变因素可以同时发生作用。换句话说，如果这个教育体系把一个研究机关和一个特定的地区结合起来并尽量给予该地区的教师、研究人员和行政人员三结合小组以最广泛的责任，它便能克服那种在教育体系与教育学研究之间的矛盾。因为从研究人员的观点来看（他们由此而获得机会确定真正要研究的问题），也从教师的观点来看（他们在这里能够行使他们从未丧失过的那种创造性的自由），在教师的那种有创造性的自由和教育体系的创立者在教育学上和社会学上的那种沉重负担之间的“差别”，竟成了促进革新的动力。

后勤方面的因素　如果我们建立各种特地用来协调研究与实验工作的组织，这对于革新将有更大的贡献。

传统的教育学研究所和服务机构没有能力胜任这个工作。不

① “教育革新的确不会自动产生。我们必须设法去发现、计划、倡导和进行这样一些革新，使教育实践更适当地与变化中的教学目标联系起来，并使这些教育实践和变化中的教学标准更加一致起来”（托斯坦·休森：《教育革新的策略》，第5页，巴黎，联合国教科文组织，1971年，国际教育发展委员会文件，意见汇编，28）。

过我们可以把这个任务交给一种由一系列“工作室”(例如,担任系统分析,发展计划,制订可供选择的计划原型,发展教育方法与教育技术的工作室和进行实验与训练的工作室等)所组成的组织;[①]或者交给在各种不同的教育领域内组织和协调科学研究与实际实验的科学研究所[②]或者也可以把这个协调的任务放在一个不断改革的体系范围之中。[③]

我们认为,在采用教育革新之后,就应更密切地协调研究与实验之间的关系。我们建议成立全国教育发展中心或其他类似的组织,以产生一系列连续不断的革新,最后达到“教育的永久改革”。

即使在教育体系方面实行地方分权的国家,教育改革也不再是通过一些分散的创造活动来实行的了。这里有许多原因:政府已经真正意识到它在这个领域的责任,教育问题已经是中央行政机关主要关心的问题,而且对青年的未来发生了决定性的影响,舆论也在注视这些问题。中央教育当局必须以适合于本国的方式参加这种改革工作,如果它同意改革,如果它不认为改革是破坏现有体系及其常规的因素的话。

变化的网　中央行政机关所倡导的变革,象一连串的波浪一样,从一个部分向另一部分向外推进。一个轻微的修改也可能影响教育体系所有的网。这样一种修改的尝试会在行政人员、教师乃至家长方面遇到阻力,而且如果这些反作用结合在一起,它甚至会使这个教育体系瘫痪。但是这些修改也可能燃起一个赞助的运动并

---

① 如在哥斯达黎加,它正准备成立这种中心。

② 如在苏联教育科学院。

③ 如在瑞典,制订了“旋转改革”的原则。又如在西班牙,教育改革的一个独特的特点是经常评价改革的措施。西班牙政府根据从教育视导处和教育科学院特别得到的情报,必须至少一年一次就教育法实施的结果向 Cortès(议会)提出报告,概述扩充教育与改革教育体系的成绩。然后根据这些结果的评定来决定在教育改革的工作方法方面应作出哪些有用的改变。教育法令因而允许 1971—1981 年的整个期间用于改革的经费可以有机动性,规定款项在 10 年中每年增长率为 15%。

推动一些潜在的变革过程，以致当这些过程汇合在一起而互相补充时，由此而产生的现象就可能达到这样关键的地步，即能实现某种根本的变革，乃至使整个教育体系转化。革新并不能自动地产生一连串积极的连锁反应，正象不能把若干部分的变化机械地加集在一起就能达到全面改革一样。这时，便产生了"变化的网"这样一个观念。我们就是根据这个观念了解各种变化的（偶然的或有意的）结合的。在这种结合中各种变化是互相和谐一致的，而且能够增加这些变化的影响或通过回响反应产生这种影响，因而这些变化就能产生本质的变革。这就是我们必须明确的问题，如果我们要避免因为我们想象某种全面的变化就能产生全面改革的这种空想而过分乐观，或者要避免因为我们认为全面的变化对教育体系内部的惰性势力只有微小作用的这种想法而过分悲观的话。

貌似矛盾的要求　每个现代的行政机构都必须满足两种乍看起来貌似矛盾的要求：一方面，要尽可能系统地组织和控制它的各项活动；另一方面，要在鼓励自发的首创精神的同时，培养责任感。

要使第一方面的要求变得合情合理（撇开实际的和政治方面的考虑不谈），我们必须最有效地和最合理地分配集体资源，查核资源的用处，明确一般的目标。第二方面的要求来源于这样的事实：即如果管辖这方面事务的当局在不妨碍整个体系的和谐状态的情况下，实行更多的地方分权，并通过一种灵活的、同情的、不干预的办法鼓励这个领域的首创精神，那末这种事业就会更加繁荣兴旺。

这两方面的考虑特别符合教育的情况，这是因为人类的共同体对教育有利害关系（行政机关要对此负责），也因为教育是人类活动中具有特殊创造性的领域之一。

我们还可以说明一下中央教育行政机关认为重大的教育事项有：对教育活动要有一个全面的看法；要使国家政治上的需要和地方与个人多方面的首创精神相互和谐一致；在作出决议和执行批

准的决议时要鼓励采用地方分权制;发动有关人员参加各个阶段的教育活动。

功能上的重新组织 基层地方分权并不是说上层也要细分。如果要使地方分权成为有效的制度,它必须是从一个单一的中心伸展出来的。在这个意义上说,普通教育、高等教育、技术教育保持各自的政府官署或行政部门是在阻止教育进步,而不是促使进步。由于这个理由,我们建议把负责教育活动或者至少负责整个学校体系的总的责任交给一个单一的国家权力机关。

上述规定的理由是因为许多国家目前显然还不准备把它们的学校体系(包括高等教育与技术教育)的行政管理同某些专业训练、广播教学与文化教育完全统一起来。但在以后的岁月中,大多数国家也许将会进行这种广泛的改组工作。

某些国家已经设立了社会经济委员会,它具有广泛的权力处理与工业、农业、运输和投资等有关的复杂问题。并且,当“教育”(或“人类资源”)这个全面的概念同样为人们广泛使用时,这就需要另外设立一个政府机构或几个行政部门之间的委员会。这个委员会是和教育部同时平行的,或可取而代之。这样的时代也许将要来临了。

参与教育活动 在制订和执行教育政策方面,在管理教育机构方面,让那些与教育工作有关的人们发挥更大的作用,这一点也许终将被认为是合理的和必要的。

我们建议,在作出决定方面,在担负责任和利用资源方面,应采用地方分权制。我们也建议,各级和各区有关人员应普遍地参与决定和贯彻教育活动的工作。

在参加活动、共同管理和自我管理方面,有多种多样的方式。我们希望,从这些新方式的比较研究中所获得的成果也可以随时提供给这个国际共同体采用。

提供教育经费 关于提供教育经费的问题,在任何情况下,我们都不能以“应达到的阈限”或“不应超过的极限”这个角度来考虑，更不能根据过去用过的简单外推法来考虑。因为即使当国民生产总值或国家的总支出分配给教育的比例似乎已经达到了临界极限时，我们仍然有把握说，如果我们用教育投资来增加教育收获，从而进行教育改革，我们是可以重新考虑这个问题的。例如，这个问题也许和预算开支有关，也许和国民经费及其资源的全局有关。无论如何，我们显然仍有许多可能的途径来发展教育。

我们建议：提供教育经费的政策应该符合下列三个目标：增加经费，广开财源，降低费用。

增加经费 至于说到增加经费，确实可以这样说，许多国家在教育预算上能够支出比实际用掉的更多的钱。另外一些国家，如果要增加教育经费，它们或者可以靠迅速地增加国家收入，或者可以靠采取使社会更加平等的财政措施。在这两种情况下，我们都要求教育部和直接从教育计划中得到好处的其他政府机关（如工业、农业或有关社会发展的那些机构）共同分担财政负担。这个办法看来是可取的。此外，我们还可以增加社会对教育的全面贡献，并要求社会分担国家收入中用于教育方面的费用。

广开财源 关于使教育经费的来源和采取的手段多样化的问题，在许多国家，地方社区的资源似乎还没有充分挖掘出来。此外，只要税款是直接用于发展教育事业的，公众似乎并不反对缴纳专门的教育税。他们显然也不会反对认购为某种教育事业提供经费而发行的政府公债；他们似乎还会接受为高等教育发行发还本息的公债的原则。

类似的办法还有：

虽然不改变那种已经规定的免费进行初等和中等教育的原则，但家长和成人学生仍然可以自愿同意在某些教育部门缴纳一定的学费。

其他直接的或间接的提供教育经费的手段也不能忽视，例如由职业训练学院自己提供经费；由私人企业和国家企业执行某些训练计划；或准许和私立教育机构订立非牟利的合同。

用豁免税款的办法作为报酬，鼓励各种工商企业接办某些职业教育机构或普通教育机构；要求社会福利基金会特别对重新适应工作需要的课程进行捐助；筹放银行贷款帮助支付技术设备；为用于教育的产品，如书籍、电影放映机、视听装置、体育运动用品等作出免税或免除关税的安排；上面这些也都是切实可行的办法。

降低费用　为了帮助达到第三个目标，即降低费用而不致损害教育成果，我们曾经提出过下列各种方法：

采用二部制以大大地增加入学人数；使学龄儿童和适龄学习者同时学习某一套技能，并采用其他途径使现有设备和人员能够最大限度地发挥作用。①

应用比正规学校教育更便宜的各种"媒体"。

使用根本不同的教学方法。

使用半合格的教师，并通过传统的手段(工作室、函授课等)或

① 当然，降低单位费用是有待解决的最难的问题之一。在某种情况下，有一个简单的解决办法，就是使师生人数达到合理的比例，这个办法是有效的，如赞比亚，大学一级的比例从 6∶1 增加到 10∶1，即从 1968 年到 1969 年入学人数增加了 40%，而经费只增加了 28%，这就是说，按每个学生计算，费用差不多降低了 10%。在象牙海岸，教师资格提高了，小学也采用了电视教学，这就使每个学生计算的单位费用从每年 60 美元增加到 80 美元。但是如果指望这个新教育体系增加效率，那就要把现在完成初等教育阶段的支出(平均 15 个学年的支出)缩减到 8 个学年的支出，即每个学生支出从 15×60=900 美元下降到 8×80=640 美元。

通过广播与电视等，给予他们不断的帮助和“支援”。[①]

然而上述这些革新与实验，根据我们所获得的情报，尚不足以令人信服。在我们看来，保持下面两种效果更好的方法是比较可取的。

第一，我们应该努力改善教学方法，加快教学过程，精选应获得的知识，直接地与间接地把学习与劳动结合起来，从而缩短取得一定资格（不降低标准）所必需的修业年限。的确，在节约教育方面再没有比不浪费学生的时间更有成效的了。我们坚信，在这方面我们是有希望获得良好效果的。[②]

降低费用的第二个重要方法是发挥人民的倡导精神，自愿参加建校，成立临时机构，清扫土地以及其他帮助教育的活动。我们应该求助于受过教育的那一部分人，唤起他们的责任心和同情感去对待那些缺乏受教育权利的人们（无论是青年还是老人）。

---

① 一个新的解决办法是按照不同的时间分配教育并按照时间付钱。如果我们认为每个公民在一生中有受一定“数量”教育的权利，或社会保证他受到若干年的教育，他就在“更新教育银行”开一个“教育支票”的户头，以便接受教育。每个公民有权把他的“教育支票”分成若干次，每一次支票相当于接受一定数量的知识、智力与情感的发展。在他一生中根据他自己的意愿在任何时候动用一次支票。贝特兰·施瓦茨（在《2000年的终身教育》一书中）曾采用这个观念，并用“信贷—教育”或“信贷—训练”这类观念，还拟订了应用这种信贷的四个途径：（一）每个人出生后有若干年受教育的平等权利；（二）人人有平等权利享受继续教育，或以后再受教育，无论他初步学了多久，例如，正式修业结束后有3年学习的权利；（三）视离校时文凭级别而规定受教育权，例如那些不能进入大学的人有1年受教育权，而读过大学2年的人有两年受教育权；（四）根据专业规定受教育权，要得博士的人就有4年的受教育权，工程师则有3年的权利等。

② 苏联曾经对初等教育从4年缩短到3年的效果进行过实验。对50多万小学生做了测验。主要结论是：三年制初等教育的新教学大纲是适合于所有发展正常的儿童的，无论他们是否受过学前教育。这种改革的意义，正如经验所证实的，在于能够在更短的时间内使儿童臻于更高的发展阶段。这为他们往后的教育提供了有利的条件。

根据新教学大纲三年制课程所取得的结果，和过去所采用的四年制教学大纲的结果相比较，证明了新的小学教学大纲的确是适当的。（能做修完课程后的作业的小学生）数字（百分比）如下：三年级（用新教学大纲），听写95.2，数学题96.3，算术题96.3；四年级（用旧的小学教学大纲），听写92.5，数学题79.1，算术题93.8。

一般方针与特殊应用 那些愿意这样做的人也许在这里可以找到一些主要教育策略的要素，从这些要素中，任何国家都可以按照它的经济、意识形态和便利条件借用其中它觉得有用的东西。①然而上面这些意见，我们只打算把它们作为指导方针。在时间上和空间上应用这些意见的规律，选择与优先的等级次序以及这许多可变因素之间的联系，这一切都只能根据每一个国家的需要与可能而定。

一个国家由于缺乏适当的手段，可能会在教育方面和在其他的领域内把一切严峻的、残酷的纪律强加在它的人民身上。一个国家往往可能在许多方面违反本报告所持的教育观点而严厉地限制个人的选择自由。这还不是主要的问题。主要的问题是，不应把必要的约束和限制理解为绝对的规律，具有绝对的价值，而只应把这

---

① 注释 这个委员会的一位委员彼得罗夫斯基先生曾经强调了报告的“清晰与平衡的特点”，以及“委员会主席十分重视机智与谅解的感情，这种感情使他能与委员会所有委员保持友好接触，激发创造性的工作并互抱善意的精神”。但却作了如下的说明：

“虽然一系列的修正遵照我的意思加入了报告中，但是国际教育发展委员会秘书处认为报告中不宜包括我在委员会开会时的许多发言里，我就报告的各章所作的细节说明里，以及我同A·马科基维奇教授一起为委员会起草的题名《教育往何处去?》的文件里所发表的那个一般的观点。我所谈到的是，需要采取一种显然不同的研究方法去探讨具有不同社会制度与经济体系的各国教育发展中的种种问题，并且不可能靠外推法的简单程序，把有些国家的教育体系中固有的真正困难和问题同那些具有完全不同的社会经济结构的国家联系在一起。

报告中系统地介绍了各资本主义国家特有效的教育学概念和教育体系，而对苏联和其他社会主义国家教育发展方面丰富的经验却显然论述得不够。对于这一事实，我感到遗憾。只举一个例子。为了证实由于社会与经济生活的真正民主化，由于建立教育与工作的密切联系以及由于规划专业人员的教育和训练而得来的好处，考虑到发展中国家的情况，我曾屡次提议，报告中要把一度是沙俄殖民地的中亚各苏维埃共和国教育发展的历史的（甚至目前的）实验的分析包括进去。我的努力的结果只得到这样一个脚注：‘委员会委员A·V·彼得罗夫斯基先生曾提请人们特别注意到中亚各苏维埃共和国的教育发展，这些国家在短期内在全国教育的范围内取得了惊人的进步。’”

“这样简略地提到我的观点，而不是科学地分析发展中国家在制订它们自己的教育策略时格外感兴趣的教育发展的重要因素，我能满意吗？不幸的是：报告中还有若干类似的例子。”

种约束与限制理解为一种迟早要达到客观条件的辩证手段，这些客观条件最后又将消灭这种约束与限制。

各国所追求的平衡状态、所重视的先后次序，都可能是大不相同的。某些发展中国家可能把它们的主要力量放在小学方面，在转向同样注意中等教育之前，决心首先完成初等教育的发展。另外一些国家企图互相协调地同时进行儿童入学与成年人扫盲的双重行动。还有一些国家正在计划同时发展初等教育与中等教育体系。类似的选择也出现在许多工业化国家，虽然它们比较偏重于中等教育与高等教育。在某一个国家，我们可能发现初等教育不发达，中等教育过度发达，成年人教育不够而技术教育则已经达到了要求的水平。另一个国家，初等教育可以说是如愿以偿了，但中等教育不发达，工人培训制不受重视而高等教育则已过分发达。或者是小学入学人数已经齐全，成人识字正在取得进展，而年青人与成年人的中等教育则不发达，高等教育也不发达，校外教育根本没有。在许多国家，最近的教育策略应该特别注意纠正这些不平衡的现象。

实际上，每一个国家的教育前途，除了取决于上述种种差别和某种全面的教育策略的选择以外，大部分必然要取决于发展的总方向。这是我们时常得出的一个观点。

概括地说，教育要进行必要的改造，就要求我们对教育的所有因素（理论与实践，结构与方法，管理与组织），从同一观点去完全加以重新考虑。

有一些关于改革与变更的基本要素，在70年代我们可以根据这些要素开始我们的具体工作。这些基本要素可以概述如下：

限制时间（规定“学龄”时期）与限定空间（一定要在学校里面）的教育必须废除。学校教育不应被看作教育的终点，而应被视为整个教育活动的一个基本组成部分。教育活动既包括制度化的学校教育，也包括校外教育。有一部分教育应该是不拘形式的，并应为一种灵活多样的方式所取代。必须避免过长的义务教育，过长的义务教育是某些国家力所不能及的。扩充继续教育，不应把它看作是由于初等教育平均年限较短而作的补充。简言之，我们必须把教育理解为一个终身存在的连续体。

“封闭的”教育体系应该变成“开放的”教育体系。我们必须逐步淘汰初等、中等、高等三级教育之间严格的区分。一切近路和支路都应该纳入教育的渠道。

我们应该特别注意促进学前儿童教育。在这项工作中，我们应该挑选和培植家庭与社区联合这个最积极的形式。一切可利用的手段，包括常规的与非常规的手段，都应该用来发展基础教育。

普通教育与技术教育应该协调一致。品德与智力的训练应该和谐配合。教育与工作应该密切结合。技术应该既是内容，又是方法，而始终出现于教育过程之中。技术教育不必多花钱，对于技术教育，我们应该用校外职业训练加以补充，而且在许多情况下还可以取而代之。我们应该把训练活动组织起来，使它便于人们在职时重新受训，使它适应人们在各种专业之间的流动转换，使它能够产生从国民经济和受训者本人的观点看来都是最大可能的收获。我们应该避免狭隘的和过早的专业化。

高等院校应该多样化。大学应该成为对成人和青年人开放的、具有多种目的的机构，一方面为了使学生专业化和从事科学研究，另一方面也为了使学生按时升级和继续接受训练。

我们应该尽力使教育个人化和个性化并为自学作好准备。只要对学习者和社会共同有利，讲授与学习的过程就应该加快。复制和交流教育材料的新技术（这些新技术非常适合于极受重视的教育革新）应以更快的步伐加以采用，而技术一般应被看作为改进教学方法的资源（如果设备费用不是太贵的话），和促使教育活动更加民主化的手段。

我们应该使教育管理民主化，而一般公众在教育决策中应该发挥巨大的作用。

以上所述并不是一个对细节的详尽无遗的探索，但它可以为适合当前需要与可能并指出未来方向的教育活动提供一个轮廓。

第九章　团结之路

各国之间的团结　教育的发展主要依靠各个国家团体提供给教育的资源。一切国家都有这个义务。在一个世界共同体内由交流与合作所得到的好处，对于所有国家来说，都是同样有利的。无论工业化国家拥有多大的资源，如果它们在真空中发展，它们的雄心勃勃的教育事业至少在一定程度上会陷入毫无结果的危险。至于其他国家，虽然也正在作出巨大的努力，但如果它们能通过国际合作获得支援与帮助，这仍然是十分可取的。

所以在各个发展水平上的一切国家都应该共同努力走向国际团结的道路，与此同时，对发展中国家应给予特别考虑。

结合各方面的努力　大家越来越一致同意：反愚昧的斗争和反饥饿的斗争同样重要。反饥饿斗争的成功一方面要求缺少粮食的国家努力发展农业，同时另一方面也要求慷慨地重新分配世界上过剩的粮食。同样，在教育上，一方面要靠发展中国家自己的努力，同时另一方面它们也要依靠全世界能够提供给它们的潜力。

促使援助成为没有必要　援助的真正、明确的内容和援助的规模同样重要。有效的援助要创造这样一种条件，在这种条件之下，受援国由于发挥了它们从援助中得到的潜力，以致以后它将不再需要援助了。

发展应该是土生土长的。不过，一个国家也许还需要有外来的刺激，而且外援在一段相当长的时期内恐怕还是发展中的一个必要的组成部分。

国际合作的危机　当前国际上教育方面的合作，正象一切国际援助一样，正处于危机之中，这可以从目前国际援助在全世界正面临着种种障碍的情况中看出来：世界上一些最发达国家的国民生产总值用于援助的百分比正在减少；许多发展中国家现在也发觉自己已处于困境；当前援助国与受援国之间互相开火，双方提出了许多猛烈的批评。援助国攻击受援国浪费与无能，而受援国又抱怨援助国企图在援助的外衣下夺取政治上、军事上和商业上的利益并把外国文化模式强加在它们身上。

然而国际合作仍然在发展中，而且必须进一步得到发展。财政的景况仅仅是事情的一个特殊方面而已。现代世界的另一个重要事实是团结的感情。这一点对教育方面的各项活动，如智力上的合作、经验的交流、共同探索新途径等等，起着广泛的影响。

原因与理由

我们建议发展双边的和多边的国际合作与援助。我们提出这个建议的理由，不仅有过去25年来这个国际共同体已经知道并普遍认可的种种理由，并且还有其他新近的、特别切合教育目前情况的种种理由。

一

传统的合作形式　教育方面的国际合作曾经采取过三种主要形式。最老的、历史上根深蒂固的一种形式是：不同国家与不同文化之间为了扩大知识领域和丰富教学方法，进行情报、书刊和学生交流。第二种比较新近的形式主要来源于联合国教科文组织宪章，其目的在于通过教育促进国际间的和平与了解。第三种形式，也是最新的一种形式是，为了经济发展与社会发展，不仅向发展中国家的教育体系提供教师与专家，而且提供训练装置、教学设备、校舍等等。

扩大合作范围 可是，由于需要重新考虑教育体系，需要研究教育理论与实践的许多方面，需要对问题及其解决办法进行比较，国际合作扩大了它的范围。这种合作由于交换有关教育改革与革新的情报与意见而得到很大的好处，因此，在发达国家之间也进行了这种合作。通过进一步发挥国际合作这个主题，这一类的交流工作可以使得教育概念本身得到深入的阐述，因而也有助于为探索新的途径而进行的联合研究创造条件。

二

援助补充国家资源 争取国际援助有两个主要理由。第一，因为对教育不断增长的需要已经超出了用来满足这种需要的资源比例，许多发展中国家甚至缺乏财力物力来继续它们在这个方向上已作了巨大努力的工作，否则就要冒耗尽预算的危险。在这种情况之下，以投资的方式提供的财政外援，也许是极有价值的，特别对中等技术教育、中学以上的综合技术教育和高等教育极有价值。

援助促进革新 第二个并且可能是更为重要的理由是，国家援助可以大大促进革新。大多数国家对于这个领域内的大胆尝试犹豫不决，因为它们害怕把它们已经不敷应用的资源耗尽。其他决心进行这项工作的国家，如果没有外来的财政援助，也时常寸步难行。正象绿色革命应大大归功于民间财团坚定不移的帮助一样，如果援助是同有关国家的革新运动协调一致的，这种援助就可能对教育改革作出重要的贡献。

但是，如果国际援助要真正卓有成效，负责援助的人们就必须同意对有关投资与革新二者的计划作出更大的和更长久的许诺。

合作与交流经验

如果教育遵循我们所建议的道路发展,那末所有国家间的国际合作就越来越必要了。

一

智力方面的合作 教育经验的交流无疑是这种合作的一个重要部门。联合国教科文组织,往往通过教育部长会议、国际教育局会议、专家会议、定期的区域性会议或世界性会议,以及其他的交流渠道,起着中间人的作用或积极地促进着国家之间的接触。联合国及其专门机构参加了这类活动。这样取得的经验肯定对这个世界共同体是有帮助的,不断召开这类会议的潜在利益是无容置疑的。但是我们相信,为了使准备更加周密,举行这样的会议不宜过于频繁,而且有关人员更应注意决议付诸实施的情况。

除了这些多少已经制度化的方式之外,其他的个人和协会还保持着很多有益的接触,如专家之间、从事共同科学研究项目的各研究所之间、科学院或教育学院之间的接触。凡此种种实际合作的方式,我们都必须予以大力支持。

教育革新情报的传播和这种革新经验的交流应该成为国际合作的根本任务。

交流经验的机构至今还远远没有充分发挥它的作用。我们迄今还未能设法做到在没有意识形态与政治的限制的情况下,在消除了偏见与沉默的情况下,以一种真正的国际精神发展相互间的接触。我们太倾向于牺牲一些必要的深度与“技术性”,而专搞轰动一时的政治局面了。在一度是殖民地的国家和它们过去的宗主国之间进行的教育与文化方面的双边交流,比新近取得独立的国家之间所进行的交流要多些。在全世界范围内目前正在越来越多地缔结双边文化合作协定，但这些协定与其说是旨在交流经验与革新，还不如说是旨在促进交流艺术与科学。遗憾的是，交流教育经验与革新在不同地理区域的国家之间，甚至在具有许多共同性的国家之间都进行得很少。

所以我们应该：

当教育政策的制订者们举行国际会议的时候，更加重视特别有意义的议题。

在社会与经济制度不同的国家之间组织更多的会议。

在过去殖民统治之下被分隔的国家之间，加强地区内的文化交流。

鼓励举行由地理区域虽不相同但具有共同特征或遵循相似发展路线的国家的代表所组成的会议。

尽可能广泛地推广有关革新实验的情报，并建立机构使直接有关的政府官员与教育家们能够研究别处正在进行着的同样的实验。

增加联合国教科文组织可以任意处置的、用来与会员国合作的资金，以便组织现场研究和在教育工作者之间交流经验。

二

学生与教师的流动性　另一种合作方式是给教师提供到别国去工作的机会。教师可以到外国进行一些跟上时代的高深研究，从事某项特定的研究项目或钻研某种专门的学科。这种方式可以充实教师的训练，提高他们的能力。

教师到别国去工作，常常因为缺乏情报，或是由于法律上的或行政上的障碍，而遭到阻止。有的国家的条例禁止外国人去从事教学工作。这样的国家应该取消这类限制或者大大地放宽对外国人的限制。生计前途的问题(如回国后保证就业、晋级和养老)也不是不重要。现在有些国家已经制订了各种方案帮助解决这些问题。当然,教师在国外服务的时间应被视为他一生职业的一个有机组成部分。

学生的流动也和教师的流动一样,可以扩大他在智力方面和文化方面的眼界,也可以使他们能够找到通向最好的或最专门化的机构的道路。

在这方面除了语言的障碍之外,主要的问题是知识、课程是否合适、文凭是否具有同等价值等等。后一个问题的确是最棘手的事情。

文凭价值的等同 如果我们要鼓励学生和教师到国外去,那末各个不同的高等院校所授予的学位和文凭必须逐步被人们认为是具有同等价值的。[①]主要的是,文凭价值等同并不是说,大学的教学大纲是相同的或一律的,因为这就必然会延迟革新,阻碍高等教育本身适应地方或全国的情况。

既然这个问题十分复杂,看来,承认文凭彼此相等要分阶段进行。而且首先只谋求在地区一级上达到这个目标,或者谋求在国家集团中取得大家一致的同意。目前,我们不把学位或文凭当作取得从事某种职业的权利,看来这是合宜的。

其他重要的课题,如课程计划、教学方法和设备、教育学的研究工作,以及设立可供大家使用的情报中心站和资料库等等,对于国际合作都是具有潜在意义的题目。

国际了解计划 具有国际意义的另一方面要求国家采取行

---

① 在联合国教科文组织的倡议下所草拟的拉丁美洲与加勒比海关于互相承认文凭的地区性协定,预期在 1973—1974 年间签订。因此,这个协定将成为这方面的第一个主要积极的成果。其他地区性协定则在准备之中(非洲、阿拉伯国家和欧洲共同市场各国)。

动。为了熟悉其他社会而能够到国外游历的学生仍然是少数。但是全部学生都应该有机会通过他们的学习计划了解自己文化以外的文化，从而能够意识到人类的统一性，即意识到适用于所有的人的那种基本相同的生活条件和愿望。如果我们要顺利地促进这种认识，我们就必须越来越多地出版和翻译书籍，组织好书籍和其他资料的发行，以便在介绍一种文化时也要呈现另一种文化价值的真正图景，从而可以增强共同从事伟大的世界事业的感情。但是现在，世界各国制订的课程计划，除少数外，仍旧是狭隘得使人可怕。

可做的事情有：

加强教师和学生在国际间的流动。这特别意味着，政府要排除那种不让外国人在本国执教的障碍。

达成使学生与教师可以在外国继续活动的正式协定。

在这一类的流动中，消灭所有种族的、宗教的、政治的或意识形态上的歧视。

三

交换专家 除了成千上万访问外国的学生和教师以外，在发展中国家还有大批技术援助专家，也形成了为国际合作与国际了解而工作的一类人物。

目前向发展中国家提供的教学与训练人员总计约有 8 万人。

1968 年援助发展委员会(DAC)国家[①]向发展中国家提供了

---

① 经济合作与发展组织(OECD)所属援助发展委员会是由下列国家与机构组成的：澳大利亚、奥地利、比利时、加拿大、丹麦、法国、德意志联邦共和国、意大利、日本、荷兰、挪威、葡萄牙、瑞典、瑞士、联合王国、美国、欧洲经济共同体委员会。

56,183名服务人员(其中11,650名是志愿人员):教师,49,368名[①];行政人员,4,345名;顾问,2,470名。

同年,社会主义国家派遣了总共21,000名专家到发展中国家。[②]

1970年联合国开发计划署雇用了8,848名专家。其中大多数来自工业化国家,但是现在来自发展中国家的人数已日益增加,总计1,823名,占五分之一以上。印度继联合王国、法国、美国之后,居第四位(有396名专家),埃及居十五位(有161名专家)。

用双边和多边援助办法让大学研究生和本科生出国留学,正成为国际合作的一个重要组成部分,也成为合格人员由一国流到另一国的一个重要因素。

1968年,援助发展委员会国家的双边援助给41,000名大学生和36,000名培训生筹措了训练资金。社会主义国家相应的数字为15,750名大学生和1,600名培训生。[③]

在苏联,估计1970—1971学年年度中有30,000名外国人进入中等专业学校和高等学校。

同时,联合国开发计划署于1970年赠予了8,600个奖学金名额,其中7,120个给来自发展中国家的学生(价值:1,540万美元)。主要方面有:技术的、工业的和农业的训练,中学师资训练,交通、运输、公共事业管理和开发计划等方面的训练。

在国外受到训练的工作专家和人员对于教育的发展已经作出积极的贡献。这是国际合作的一个重要方式,必须继续下去。然而

---

① 分配如下:初等与中等教育,36,309人(占73.5%);高等教育,5,909人(占12.0%);师资培训,1,161人(占2.3%);技术与职业训练,3,739人(占7.6%);其他未加说明的,2,250人(占4.6%)。

② 经济合作与发展组织:《给发展中世界的资源:1962年至1968年流入比较不发达国家的财政援助》,第305页,巴黎,1970年。

③ 见《外事工作与干部队伍》,第86页,莫斯科,1968年。

这一方面的合作不一定总是顺利的。例如，许多聘来的外国专家参加当地的专业活动有困难。这也许是因为双方在文化上、人类学上和物质条件上互相缺乏了解，或者是不能适应环境。有时外国专家机械地搬用外国的模式，或把发达国家的经验直接应用于发展中国家。然而人们却往往忘了一条原则，即最好的援助乃是为不再需要援助创造条件。这种不协调的行为往往引起某些发展中国家的领导和人民对外国专家抱一种保留的态度。

简单地说，专家应少而精，应随遇而安，生活上应和他们的同事，和当地居民更加接近，而其中多数应该来自那些社会经济情况与被聘问的国家情况类似的国家。

我们不妨还补充一句，有些合作的方式往往已经过于陈旧，而许多手续已经变成例行公事。派专家到发展中国家和发展中国家的学生出国留学已不再是提供援助中最重要的方式了。许多国家在训练本国专业人员方面已经取得了巨大的进步，至少对于这些国家来讲，上述方式已不是最重要的援助方式了。

国外留学　国家训练他们自己的专业人员和行政官员，这个问题本身应该重新加以估价。派遣人员到国外去受训，主要到邻近的国家去受训，这种办法是否应该采用，这要根据国家对于专业教育与高等教育的政策以及关于这种训练的国家计划来加以确定。一种很有成效的办法是直接在外国投资的从事发展事业的机构中举办大规模的训练班。[①]这是一个有用的革新而且它能够在许多方面成为特别有利的解决办法，使我们能够根据需要和密切联系环境条件举行大规模的训练。在国外受训，特别是少数先进技术专业人才的训练，显然是必不可少的，但奖学金制度不一定就是替这种训练支付费用最方便的办法。尽管事实上至今有人宁愿采用这

① 例如 1968 年，许多发展中国家在社会主义国家帮助实施的项目内，用这种办法训练了 20 万名以上的工人、技术员和专业人员。

种制度，但是我们仍然有可能作出其他的安排：如双方交流科研工作人员、教师、大学生和行政人员等。各国也可以商定：让外国的高级学生在受训期间担任有报酬的工作，如当初级教师；并且这个国家的大学或师范学院帮助别国的学生受训和进行科研所花的费用，可以派自己的学生到别国去受训和进行科研来相互抵消。

我们的意见是：

制订某种"荣誉准则"，指导在国外工作的专家们的行为。

为了确定外国专业人员应有的作用和地位，我们必须考虑到发展中国家已经获得的进步。在某种情况下，这种进步是如此巨大，以致使最初的单方面援助现在变成了双方互相援助，而工业化国家也可以在第三世界的专业人员的帮助下，从别国所得到的经验中获得好处。

必须加强发展中国家之间，特别同一地理区域各国之间的相互援助。

四

人才外流 虽然智力方面的合作和派遣专业人员与行政管理人员到国外受训已有其积极的效果，但也有一些消极的结果。我们已经看到，原来主要为参与国利益而设计的研究项目结果都带有几分智力上的剥削。同样，如果到国外留学而割断了学生与本国的联系，如果他所受的教育远远脱离他本国的实际，尤其是如果他学成以后不再回本国，那末派学生到外国留学就未必是有好处的。

在智力方面的合作，"人才外流"(brain drain)无疑是一个最严重的问题(见表 7)。这个问题有两种情况，科学家移居国外和留学生不回国。有些工业化国家受到的影响比发展中国家更大。根据经济合作与发展组织的一个研究，在 1967 年移居到加拿大的科学家和工程师有四分之三来自经济合作与发展组织的国家；而对美国来说，其百分比则为55%。另一方面，居住在美国的外国科学家中有33%，居住在加拿大的外国科学家中有16%，是从发展中国家去的。而且从发展中国家到美国和加拿大去的科学家比从工业化国家去的增加得更快。[①]在发展中国家本身范围内，有些国家对它们的邻国也有磁极的吸引力。

表7　科学家与工程师由原先居住国移居美利坚合众国的人数

“施　主”	1956年	1962年	1963年	1964年	1965年	1966年
欧洲						
欧洲经济共同体						
比利时	18	18	24	25	33	37
法国	79	47	89	82	103	112
德意志联邦共和国	339	277	353	425	370	346
意大利	72	62	53	38	58	107
荷兰	105	113	72	60	80	71
总计	613	517	591	630	644	673
瑞典	144	53	81	90	106	95
联合王国	433	659	910	1,006	941	1,251
其他	489	388	503	551	540	696
总计	1,679	1,617	2,085	2,277	2,231	2,715
加拿大	1,003	1,054	1,157	1,084	1,189	1,105
南北美洲其他国家	718	819	858	940	922	843
日本	17	39	81	39	23	75
亚洲其他国家	288	379	1,157	885	456	1,825
其他	121	146	288	176	183	210
总计	3,826	4,054	5,626	5,401	5,004	6,773

资料来源：《人才外流到美国的科学家、工程师和医生》，华盛顿，美国政府印刷局，1967年。

这种迁移运动有时也确有积极的结果，特别高水平的研究员在他们自己的国家里找不到必需的实验室。他们的工作对于整个

① 见《科学家与工程师的国际性迁移运动》，第27页，巴黎，经济合作与发展组织，1970年3月。

国际科学界具有价值，而他在本国很可能连着手进行的机会都没有。同样，这些人离开本国，是因为国家无法给有资格的国民分配合适的职位。最后，国家还可以得到侨民汇回本国的外币利益。然而，最重要的是，人才外流乃是直接违背援助教育发展的目标的。

专家们迁居外国的第一个理由显而易见还是物质的原因。人们被高薪、较好的生活与工作条件所吸引。同时，在本国处于失业或半失业状态，缺乏设备，无法完全满足专业上和社会地位上的要求——更不必说政治信仰了——都有助于鼓励或迫使知识分子离开他们的祖国。

不管对这种解释有怎样的想法，事实上，人才外流是如此动摇人心，以致那些不能消除其根深蒂固的物质原因与文化原因的国家当局目前正在采取行政措施，寻求直接补救这个缺陷的办法。虽然他们还没有做到封闭国境的地步，他们可以严加控制移民额，或者酌量强迫移民偿还他们在本国受训的全部投资——但这远远不能弥补国家的实际损失。①而这种强制性的措施也只能收到有限的效果。

更有甚者，人们决定移居外国，出于环境的驱使较少，而由于幼儿时期形成的倾向性所致则较多。在许多社会里，移居外地是从农村开始的。生活方式模仿城市，教育体系照搬别处的学校模式，这两方面都显示出：人们很少关心帮助个人培养一种感情，使他感到他是属于一个国家和一个社会的成员，从而使自己同化于他自己的环境。这种羡慕城市生活方式和外地教育体系的情况，和其他在客观上富有效果的价值观念一起，向学童灌输一种思想，使他们

① 例如，据计算，联合王国培养一名工程科学方面的理学士要花 6,000 英镑。如果他移居国外，对英国经济所造成的损失估计可达 30,000 英镑（他的专业工作的实际价值）。此外，他到了美国后，他对美国的价值估计将达到 78,000 英镑（参看：科学与技术人力资源委员会：《人才外流：移民工作组的报告》，第 16 页，伦敦，英王陛下文书局，敕令 3417 号，1967 年）。

疏远他们自己的环境并使他们感觉到他们在智力和物质方面的雄心越来越难以在农村实现。这样,学校便促使青年离开了他们本乡本土的生活源泉,而这个生活源泉是培养青年的性格和形成他们民族特性所极其必需的。学校就此便把青年们从农村推向了城市。知识分子爬上高级的社会与文化阶梯的结果,使他们变成了一个无根的生物,一个可以脱离国籍的人,并使他们走上从农村到城镇,从城镇到都市的道路,最后走上到国外去的道路。

我们还同样认为,事情的核心固然在于教育未能灌输给人民一种依恋日常环境的观念,反而养成他们那种无根状态和移民思想;另一方面还由于社会政治与经济的原因。同时,如果移居国外一旦不再是从为了离开本乡和进行抗拒的这种共同感情出发,那就没有理由说我们不应采纳这样一种见解:即有朝一日,一定数量的知识分子为寻求自己特有的标准而移居外国,乃是交流思想与求得世界统一的一种积极的表现。①

我们建议:

真正发展各种国民教育体系,它们能使个人和他的环境在各个发展阶段达到日益和谐的与积极的统一。

成立国家的、区域的和国际的高级研究中心,并给这些中心提供必要的设备。

准许科学家利用充足的奖学金或支薪的假期,为了研究的目的而旅行,使他们自己在科学革新方面赶上时代,并与国外科学家同行互相接触。

拟定明确的国家科学政策,科学家本身对此应主动地协同

---

① 在这里我们应提一下创办由高等教育机构网组成的"联合国大学"的计划。各专家组,包括这个设想的提议者和反对者,已开展辩论,但尚未作出决定。设在的里雅斯特的理论物理学国际中心便是这项事业的一个令人信服的榜样。它对科学研究、对培养来自发展中国家的科学家以及对国际间的科学统一,都作出了显著的贡献。

起草。

为了避免官僚主义的程序和限制行政官员利用职权起见，应尽量使科学家和科学行政人员联合起来。

五

联合国教科文组织 联合国教科文组织在促进各国团结的大量国际活动中，在过去 25 年中已经进行的经验交流与知识传播的工作中，担任了初创者的角色。它的工作范围和效果，在它只用相当有限的力量满足了它必须满足的大量需要方面，显得格外出色。

教育的任何一方面的活动几乎没有一个不在这个组织的活动范围内得到了考虑、研究和阐述。我们有理由可以声称：如果没有一个象“联合国教科文组织”这样的组织，关于教育理论与实践的许多基本概念就不可能迅速地传遍全世界。而且，如果没有联合国教科文组织，许多发展中国家在改进它们的教育体系时，特别在促使这种教育体系满足社会对教育的极其迫切的需要时，就可能会遇到更多的困难。

然而，我们应该瞻望这个组织的未来，而不只是歌颂它的过去。在这方面，如果我们能够谨防两种对立的但都是错误的态度，这将是明智的。

第一种错误的态度是对这个组织抱着不合理的希望，期望它完成本来不是它所承担的任务。有些人想把联合国教科文组织当作某种国际看法的具体体现，这种国际看法认为有这样的一个世界，它除了对科学真理负责之外，别无其他牵连。他们认为，这个组织的决定与判断在一切情况下都表明是完全客观的、无偏见的和公正的。但这是忽视现实，因为不能脱离复杂的世界政治机构单独地来看待联合国教科文组织。

另一种错误的态度声称，如果一个组织过于局限于政治上的考虑，是不可能得到好结果的。他们又说，由于各种冲突的压力所发生的作用，以及由于取消各种限制而妨害了行政管理的问题，注定了这个组织是无所作为的。

大家都承认，联合国教科文组织的工作并不是一帆风顺的。但是这个组织的活动带有政治色彩，而且如果某些观点要在它的赞助下得到发挥和阐述，它就必须取得有关当局的政治批准。这一事实增加了这些观点的分量并使人们容易接受它们。

这些考虑，在我们看来，完全可以适用于联合国教科文组织为发展教育所作的努力，特别是按照本报告的路线所作的努力。首先，任何这种行动必须反映社会，反映政治和经济制度，反映有关国家自然的、社会的和文化的环境。其次，作为未来的因素和新价值的源泉，我们可以把这些努力看作是随着人类生活条件不同而可以变化的重要因素。

那末，我们想要联合国教科文组织做些什么呢？我们期望它在今后的岁月里做些什么呢？

各种国际组织必须在各个组织指定的范围内，用真正的国际精神处理国际问题——战争与和平问题、饥饿问题、种族问题、殖民主义与环境问题。为联合国教科文组织的工作树立这样一个榜样是恰当的，因为在我们看来，教育的革新已经进入了国际范围，而且必须从全世界角度加以考虑。

我们希望联合国教科文组织为加强智力方面的合作而继续工作。没有别的团体能够在这个领域，特别在教育革新方面，做得更加出色的了。在这个领域内，这个组织必须刺激和产生为规模巨大的教育革新所需要的酵素。

联合国教科文组织必须在它的整个教育活动中，在它同种族主义与民族主义的理论与实践的斗争中发挥强有力的作用。这个国际组织必须使世界上处于无权地位的人民把教育看成是一件全新的事情，从而帮助教育丢掉地方主义，避免单纯模仿输入的模式。

联合国教科文组织必须为它的会员国，同时也为它自己，树立一种有关国际援助的新观念。它必须抛弃老一套的办法和传统形式的专家团，这些方式虽然也有某些有益的效果，但终归会挫伤当地的主动精神和照搬不相适应的计划与做法。特别是，联合国教科文组织的大部分援助必须集中用于研究和试验新的教育方法，探索适当的革新以代替陈旧的教育实践。为此，如果联合国教科文组织建立一个能够对各国在教育方面已取得的成就加以深入分析的国际评定制度，我们认为是可取的。

最后，对我们来说，唯一合乎常情的是，我们希望本报告中指导我们的种种理由也能引导联合国教科文组织尽力支持教育革新，推动它的理论研究与实践活动沿着那个方向前进——并因此而摆脱传统教育强加于教育机构、方法、课程计划、学生等方面的限制——以致教育可以扩大到满足个人与社会实质上无限的需要。

援助的来源与方式

工业化国家对发展中国家的财政援助与技术援助坚决地支持着教育方面的国际合作，也决定着这种国际合作的方向。

一

技术援助与财政援助　就数量而言，全世界国际技术援助费用中份额最大的一项援助就是用于教育与专业训练的援助，在1968年，它约占全部双边技术援助的40％。

在 1969 年，发展中国家接受的援助①约计 88 亿美元。其中 57 亿美元来自资本主义国家，19 亿美元来自社会主义国家②，12 亿美元来自多边组织。

表明各种来源逐年用于教育援助的总额的官方数字，至今尚未公布。表 8 是根据现有的资料和估计编制的。这中间也留有余地，这是由于来自社会主义国家的援助有不同的币值以及对私人援助的估计有所不同。

表 8　教育援助　　　　（单位：百万美元）

援助形式	1968—1969（每年）	1970—1971（每年）估计数
双边援助		
援助发展委员会国家	710	760①
社会主义国家	150—200	150—200①
多边援助	220	400
私人援助	120—170	350—400
总计	1,200—1,300	1,660—1,760

1. 通过对 1967—1968 年间提供的援助数字进行外推或把援助保持同样标准而计算出来的数字。

资料来源：H·M·菲利普斯：《教育的国际合作》，第 4 页，巴黎，联合国教科文组织，1971 年，国际教育发展委员会文件，意见汇编，49。

1968 年教育援助的总额相当于发展中国家教育支出的 10%。这个百分比各国之间相差很大，在一些法语非洲国家达到 40%。

几乎所有的联合国机构都对教育、训练和科研提供了援助。这

① 我们认为只有赠予和利息 3% 或低于 3% 的贷款才算是援助。有些作者认为所有贷款以及企业的直接投资都是国际援助，但这类款项在我们看来是成问题的。这种资本流动往往是受营业动机支配的，而不是受援助的动机所支配的。这里没有提到工业化国家的相互援助。

② 这个数字包括对比较不发达的社会主义国家的援助：古巴、朝鲜民主主义人民共和国、蒙古、越南民主共和国；总计：115,000 万美元（国际合作与发展组织：《给发展中世界的资源：1962—1968 年流入比较不发达国家的财政援助》，第 392 页，巴黎，1970 年）。

种援助计有：派遣专家、给予研究补助金、办训练班、对全国的或地区的教学机构提供津贴、供应设备与书刊等。

1968—1970 年 3 年期间，联合国开发计划署提供的金额，其分配见表 9。

教育贷款 在这笔金额之外，还必须加上国际复兴开发银行的借款和信贷，到 1971 年 6 月总计达 42,400 万美元。其中约一半是由该银行的国际开发协会（IDA）提供的。国际开发协会跟那些按人口计算年收入低于 300 美元的国家缔结了协定。

表 9 1968—1970 年联合国开发基金

（按部门）分配 （单位：百万美元）

部门	1968	1969	1970
农业	53.0	60.3	69.0
工业	35.6	34.4	40.2
公用事业	24.4	24.8	31.8
住宅与营造	2.8	2.6	3.0
多区段工程	14.3	15.4	16.0
卫生	9.1	6.6	7.2
教育与科学	23.3	19.8	24.0
社会服务	2.7	2.0	2.4
行政管理	10.4	10.7	12.6
所有部门	175.6	176.5	206.2
固定公共费用	20.4	25.3	25.5
总计	196.0	201.8	231.7

到 1971 年年底，泛美开发银行已向近 600 所高等、技术和职业教育的院校共贷款 15,050 万美元，用于校舍建筑、实验室设备与图书馆；此外，尚有 600 万美元用于训练高级人员。

欧洲经济共同体援助 18 个非洲国家、马达加斯加和一些相连的海外领土。经由欧洲开发基金会提供的援助资金（1969 年年底达 14,500 万美元）的百分比正在降低，以有利于研究生与培训生的补助；训练工作已逐渐归受援国自办（1963 年为 10%；1968 年为 44%）。

教育援助的增加，如果和发展中国家教育上的公共开支的增加相比，似乎还不太令人满意，因这种公共开支的增长比援助经费的增加更快。所接受的援助的比例，从总支出看来，有所减少。同样，发展中国家教育援助的增加率则比施援国国民生产总值的增加率要低些（例如，1967 年到 1968 年工业化国家国民生产总值平均增加 9.3%，①而来自同样这些国家的教育援助只增加了 6%）。

此外，多边援助仍然开展得不够。全面的教育改革的一个先决条件就是国际共同体可以方便地得到教育经验和教育革新的大量财富。比较起来，双边援助的门已经略微打开了一些，而多边援助刚开始在世界范围内流通情报和经验。②多边援助是比较中立的，便于仔细检查的，而且提供了最广泛的机会以解决和比较从各方面来的各种各样的问题。

结论：

我们认为，能够而且必须增加对教育的援助。

教育投资的收效是迟缓的。由于这一特殊原因，我们要求在最近的将来必须增加援助，当然，这并不一定是说，在以后的岁月里还必须不断地成倍增加。

我们应该鼓励双边援助，因为它是在进行一项有益的事业，也因为有关国家可能拒绝用别的方式给予援助。

然而发展多边援助是极其可取的，因为它更符合国际团结的要求。无论如何，应该充分考虑逐步增加这种援助，使之达到比双边援助更高的比例。

最后，协调各种不同形式的教育援助，既是可能的，又是可

---

① 按法文版为 7.3%。——译者

② 国际教育发展委员会委员 A·V·彼得罗夫斯基持有这种见解：一个人不能以简单的声明来评价一种形式的国际援助比另一种形式优越，对这种评价需作具体的历史分析。

取的。

二

国际援助:分配与条件 教育援助在地区分配上存在着巨大的悬殊,在某些地方,这种悬殊正在暴露出来。

在1967年,法国的全部教育援助中有80%给了非洲,而英国的全部教育援助的一半以上也给了非洲。美国的全部援助中有38%归亚洲,31%归非洲,20%归拉丁美洲。1954年到1968年间社会主义国家的援助分配如下(对其他比较不发达的社会主义国家的援助未计算在内):近东与南亚,70%;远东,10%;非洲,15%;拉丁美洲,5%。

从绝对数字和按人口计算这两方面来看,非洲是国际援助的第一位接受者。大约65%的双边援助,联合国开发计划署40%的支出,50%的世界银行与国际开发协会的贷款都归了非洲。亚洲在绝对数字上占第二位,但因其人口众多,接受的援助按人口计算,则远远少于阿拉伯国家与拉丁美洲。

表10整理了1968年的某些统计材料,为最近的趋势提供了一幅十分清楚的图景。

苏联和东欧国家在1967年提供了训练19,400名人员(不包括从发展中社会主义国家来的人员)的援助:其中44%是亚洲人,46%是非洲人,10%是拉丁美洲人。①

理论上,援助是按申请国家所说的需要而提供的。事实上,当一个国家缺乏合格人员拟订它的计划时,就要求外国专家来做,因此,许多计划包括了施援国作出的大量建议。

---

① 见《外事工作与干部队伍》,第86页,莫斯科,1968年。

表 10　按类别、受援地区、施援国划分的 1968 年
提供与接受的援助

类别	受援地区	施援国			
		援助发展委员会国家	法国	联合王国	美国
大学生	总数	39,411	8,561	6,129	11,168
	非洲	14,537	5,478	2,500	3,142
	美洲	7,150	1,142	813	3,473
	亚洲	14,372	1,412	2,383	3,683
培训生	总数	31,140	6,474	4,043	5,284
	非洲	11,523	5,156	1,305	835
	美洲	7,416	576	1,204	2,303
	亚洲	9,214	494	1,057	1,750
教职员[1]	总数	56,183	30,115	7,413	10,273
	非洲	42,344	27,015	6,180	3,904
	美洲	4,552	916	392	1,892
	亚洲	6,625	1,698	498	3,304

1. 来自援助发展委员会国家的教师、行政人员、顾问，包括志愿人员。

资料来源：经济合作与发展组织：《对比较不发达国家的教育援助》，巴黎，1970 年。

此外，许多发展中国家接受各种来源的援助，而在调节这种援助并把它纳入国家计划时往往会遇到困难，结果就可能搞得事倍功半。

本来就不存在真正不附带条件的援助。事情的本质就是这样。即使是国际援助，在现在的情况下，时常也含有破坏它所依据的那个原则的因素。理论上，援助应带来利益，但事实上由于过高估计费用与价格、承担财务费用和其他附加的种种开支而往往大大地减少了这种利益。

附带条件的援助　值得注意的是，外来援助的实际数量是用货币计算的，它比书面上出现的数字一般地要少些。例如，上表所列的数字表示施援国花在援助上的数目，但这不等于受援国所得

到的援助的价值(除了象直接汇兑的奖学金外)。

差额首先是由于有些援助"附带条件",即受援国要接受援助,就得服从施援国的条件。附带条件的援助在许多情况下是唯一能使发展中国家从货币不能自由兑换的施援国得到设备或技术援助的办法。然而,这种附带条件的援助的不利之处是:它使支出(主要用于建筑校舍)又转回到施援国的公司手里去了。这些公司进行研究、运输设备并派专家到建筑工地,它们往往强迫受援国付出高于世界公认的价格。简言之,附带条件的援助还是有用的,因为它能使需要援助的国家得到更多的援助者,而最重要的是,它能使这些受援国获得更多实质性的帮助。但这种援助也可能使受援助的调度余地变得十分狭窄。

有时,各地的贷款利率是显然不同的。虽然中华人民共和国和国际开发协会不收利息(国际开发协会只收 0.75%的微小的手续费),世界银行却在 1970 年把它的利率提高到 6.5%至 7%。

最后,也不可否认,国际援助对那些迫切需要援助的国家的援助,一般不如对那些在人力资源、经济标准与增长率方面相对比较优越的国家的援助那么多。

最贫穷的国家同发展较为先进的国家相比,它们吸取援助的能力比较有限,开发的项目较少。另一方面,如果一个国家能够按照它所说的需要接受国际援助,那末对这些看来是生气勃勃的国家提供援助,就成为合乎逻辑的事了。但事实仍然是,这种办法扩大了第三世界中最穷的国家和那些略较优越的国家之间的差别,而国际共同体对这种荒谬事态的发展所固有的危险就不能永远无动于衷了。

我们建议,各种国际组织认真考虑在国际合作和援助方面所存在的地区差距。无论双边援助或多边援助,都应该在各地区间公平分配。这是一个同非殖民化问题和发展各国间真正国际主义关系有关的政治问题，也是一个正义问题。

附带条件的援助应该逐步废弃。这特别是指施援国应该同意他们的援助也可以由其他发展中国家来使用(如将援助用于国家教育机构或地区教育机构内部的训练，用于依靠邻国供应设备等等)。然而，显然这一点是不容易办到的，除非有关各国采取协调一致的立场。

我们呼吁所有的国家以及国际的和区域的金融组织检查一下它们对教育与训练的贷款的利率。关于这个问题，我们看来有三种可以考虑的解答：(1)为了最不发达的国家能够获得利益，可以采用级差利率；(2)由工业化国家的政府给予利息补贴；(3)对国际开发协会提供更大的捐献。

三

教育援助与全球发展策略的相互关系 一切形式的国际合作不是一个孤立的因素，虽然有人往往有这种想法。国际合作要有成效，它就必须与国家的教育政策结合起来，并反映出国家的策略与轻重缓急的安排。

如果我们的确认为，教育既是社会的产物，又是社会的创造者；如果我们的确认为，社会经济环境的改造和教育的结构与方法息息相关，那末教育方面的国际合作和援助就必须置于世界发展和全球援助的总策略之下。

1960年到1970年间分配给发展中国家的公私基金总额由77亿美元上升到156亿美元(实支)，增加了一倍。①

第二次联合国贸易发展会议(1968年)建议，工业化国家指定把它们的国民生产总值的1%净值划给发展中国家。但在1970

① 总付款，少偿付先前的贷款(但不扣除利息)。

年，它们的全部捐助只等于它们的国民生产总值的0.78%，按1%计算，总额短少了40亿美元。实际上，这个平均数特别受到美国举足轻重的影响，因为美国的国民生产总值是援助发展委员会国家全部国民生产总值的一半，而美国的捐助则占它的国民生产总值的0.55%（而不是1%）。另一方面，仅有5个国家（澳大利亚、比利时、法国、荷兰和联合王国）在1970年的捐助已经超过了它们的国民生产总值的1%。丹麦、德意志联邦共和国和意大利在1969年虽已达到1%的目标，但在1970年却又没有达到。

抛开全部公私资金的汇划，只考虑公共援助，在这里我们也同样发现，联合国提出的目标，即到1975年，援助占国民生产总值的0.70%，还没有达到的迹象。援助发展委员会国家的百分比在1961年达到0.54%，算是最高的了。从此以后，百分比就不断下降，到1969年为0.36%，1970年则为0.34%了。

至于社会主义国家，许诺的数目也在下降。从1966年的140,000万美元下降到1968年的72,400万美元（不包括对比较不发达的社会主义国家的许诺）。

至于多边组织，它们的援助从1960年的28,400万美元上升到1970年的150,000万美元。

私人捐助有了相当大的增长；援助发展委员会国家的私人捐款由1960年的315,000万美元提高到1970年的760,400万美元。

在今后的几年内，我们必须准备在支付方面出现不同的倾向。在国家的预算中，用于设备投资和用于教育投资的资金[①]将彼此激烈地竞争，这是很显然的。在国家援助的财源中，教育开支将同农业、工业、基础结构、公共工程等方面的日益增长的开支需要发

---

① R·波伊南特、J·哈拉克、谢玉洲和C·蒂比：《1970—1980年教育开支的资金筹集》，巴黎，联合国教科文组织，1971年，国际教育发展委员会文件，意见汇编，15。

生冲突。这也是十分明显的。

只有增加了分配给世界发展的总金额以后，才有希望增加对教育的援助。①

总之，增加国际援助的前景很难说是光明的。事实上，给发展中国家所提供的援助和发展中国家在国际贸易体制中的地位，在这两者之间存在着矛盾。虽然这不是我们所应考虑的份内事，但我们不能忽视发展中国家严重地受到世界贸易市场不稳定和汇率崩溃的影响这个事实。贸易在某种程度上正不利于发展中国家，它们不得不继续不断地汇划给工业化国家数量日增的资本以偿还贷款和债务服务费用。人们只能希望，由于这种情况所产生的严重不团结现象还不致于对教育援助造成十分有害的影响。

给发展中国家真正增加教育援助的唯一机会是希望经济上先进的国家要注意联合国的呼吁并作出真正的努力，最迟从 1975 年开始，每年的汇划资金至少应等于这些国家国民生产总值的 1%。

为了逐步提高援助总数中分配给教育与训练的比例，有必要：

利用国家规划程序重新检查在用于发展的资金总数中分配给教育援助的份额有多少。

在每个发展计划(“一揽子计划”)中，必须包括教育部分。

保证发展中国家的政府经常要求所有外国的公私投资者承担发展计划所雇用的受援国人员的训练工作。

① 国际教育发展委员会委员 A·V·彼得罗夫斯基认为，用发达国家国民生产总值的 1%援助发展中国家，只有对那些在殖民主义时期从剥削——而且往往仍在剥削——今天的发展中国家而得到过大量利润的发达国家来说，才是有道理的。另一方面，无论如何，不应要求社会主义国家这样做，不能把社会主义国家对第三世界的援助看作是受某种固定的百分比束缚的一种赔款。

四

新的行动项目　如果，象我们相信的那样，许多国家重新评价它们的教育世界以及教育在目前和将来必然要面临的挑战，这样的时刻已经真正来到了；如果我们承认，我们应该用比较不平凡的、但更为现实的和革新的方式来理解教育活动的意义；如果现有体系的点滴改革的确不足以建立一个满足目前需要的教育体系，那末我们就必须再来观察一下国际上的一些活动。

国际上的首创精神过去曾用来提高质量、培训师资与成人扫盲等方面，但是现在这种首创精神已不能再局限于这些领域了。它必须逐渐扩大作用范围，特别要能在现有机构以外寻求其他可能的途径，审查新的教育实验，采取联合行动从事革新。

虽然外国的援助数量可能是微小的，但这并不是说，它就不能发挥重大的作用，如果它是用来满足最迫切的需要的话。

为了改变教育援助的方向，这个国际共同体必须推动各国当局把他们国家所进行的一切教育活动编造一份清册，确定他们的目标并找出达到这些目标的各种可供选择的途径。

发明的精神　教育发展中心和其他这一类的组织在这方面能够作出非常宝贵的帮助。就象当前的情况一样，创立这类机构，在不忽视其他需要的条件下，应在国际援助中占优先的地位。同样，国际援助应该优先用于容易产生连锁反应的“起点”。

由于援助大部分是用于革新的，因此，许多国家就必须承担一些新的服务项目：共同分担昂贵的实验费用；派遣受过多种训练的、能帮助发现新的途径的老资格的专家队伍；提供尖端的技术设备；训练能从事计算机辅助教育、高级的处理文件技术、组织新型教学中心、测量行为式样的现代技术、设计课程计划、准备教学辅助用具等方面的专家。

与这种国际援助重新定向的问题连在一起的还有：要根本改变“给予者”与“接受者”的关系，改变外国“专家”与他的当地同事的关系。伙伴关系应该代替过去的那种关系，这两方面要在寻求新途径的事业中通力合作，不仅共同分担费用，而且要分担工作上的风险，因为在象教育这样一种复杂而冒险的领域内，从事革新不可能没有风险。

不仅在行为上，而且在观点与理想上大踏步前进的时代，已经来到了。

国际合作与援助必须充满改革、革新、发明与创造的精神。如果要使从现在起十年内为“第二个发展十年”作出报告的这个未来的委员会，在教育计划这个课题上，不致重复那个委托总结“第一个发展十年”成就的小组所说的这样的话：“他们是勤勤恳恳地力求传播教员们所已知的最好的东西，他们按更快的速度发展旧的模式，而且他们显然是不愿意向传统的智慧挑战。”这是唯一的途径。

我们希望：

资助与援助教育事业的那些多边的和双边的团体将优先考虑新型的计划项目，帮助各国对教育进行全面诊断，制订各项目标，发现旨在使教育体系、内容与方法产生最大效果的“起点”。

双边援助与多边援助将更集中于创立与资助那种能执行各种选择策略的结构，将集中于建立继续进行教育革新的基础结构。

发达国家一方面同意在来自工业社会的那些费用高昂的、现代的教育技术上与工程上进行投资，另一方面也要为某些研究与发展新的方法和新的计划负担开支费用（即使这是在现有的国际援助计划之下进行的）。

发达国家与发展中国家要经常交换资料和经验，以利于作出有效的选择并且在各方面鼓励革新中的那种生气勃勃的创造精神。

国际共同体将更大量地资助那些能丰富世界新经验宝库的实验方案而不是去资助那些千篇一律重演的活动，而且尽可能地用现场实验代替实验室实验，用国家正常状态中进行的实验方案代替在特殊条件下进行的试行方案。

国际援助将不用来提供消费品，而要创造或发展具有生产性的潜力；不供给预制的校舍而要帮助建立一个国家的建筑工业；不供应纸张，而帮助建立一个国家的造纸工业等等。

总之，我们希望国际援助集中于发明与传播革新；如果寻求新的解决办法的事情不宜再拖延了，那末我们现在就应该向这个方向前进。

五

政治决定、交换、资源　在本报告中，我们已经建议采取各种措施，来解决教育方面目前和将来的各种问题。这些措施，总的讲来，可以说是革新的，虽然有些人也许认为它们是胆怯的和保守的。我们曾经试图表明，即使物质上最富有的国家也不免会有一些严重的教育问题，而对于这些教育问题，它们也只有通过政治决定和富于想象的巨大努力，才能得到解决。我们并不隐瞒这一事实，即采取这些措施将遇到重大的困难，即使那些决心要打破它们教育落后那种恶性循环的国家，也必须在政治与社会经济的结构方面作出新的选择，而且在进行这项工作时它们将会遇到许多重大的困难。

显然，国家从政治上考虑将决定教育是否要按照每一个国家的特殊条件和要求加以更新。但是事实上有许多国家，这种政治意志本身仍然还不足以克服一切当前的困难，也不足以解决有关改革教育结构的一切问题。

一切国家必须毫无例外地采纳别国经验的长处，必须不断地接触别处正在进行的一切工作并善于接受它们的优点。但是缺乏资源和缺少有训练的专业人员的国家则要求适当的外援。

每一个国家的政治决定和内在努力是成功的第一个必要条件。但除此以外，国际间的合作与团结则无疑是成功的第二个条件。

然而，如果我们同意，教育问题的基本解决不是对教育体系作一些零星的经常的修补，而是结构上的彻底检修以及广泛地应用教育技术，那末如我们所能见到的，国际援助的各种办法（无论是双边合作还是多边合作，无论是现有机构的当前计划还是它整个的活动范围）看来按照现状均不足以解决发展中国家的基本问题。

我们大家都同意，无论是当前的双边援助与多边援助的形式，或是提供援助用的资源——乃至激起这种援助的思想意识——都赶不上国际共同体所面临的教育需要。

在我们考察了这种情况之后，便出现了各式各样可能补救的办法。

有人主张，没有必要为了在教育中引进各种革新而制订新的计划，创建新的中心或筹措特别的基金，虽然他们承认教育革新是重要的而且是受欢迎的。他们认为，在教育的革新措施和现有的经过考验的教育模式之间必须求得合理的平衡，这就要求用一种新的方式重新组织和重新分配现有的教育计划、中心和资源，使它们在未来的岁月中更加密切地符合教育的需要。

国际教育革新计划 相反，另外一些人曾经想出过一个方法，这个方法看来值得注意。这个方法涉及这样的问题，即有些国家想要探索新的教育途径，使教育现代化，但是当它们为执行革新的策略而要在方法上作好准备时，当他们要检查各种可供选择的途径以及它们的实施情况时，它们却缺乏必要的资源和缺少一个组织机构，因此，有人想到要设立一个国际计划机构[①]，专门为这些国家提供科学的、技术的和财政的援助。甚至资源丰富的国家，在这个计划之下，在作出适当的和专门的财政安排后，也能得到好处。

这个国际计划组织应该为采用新的教育技术，为使教育现代化，为开展程序教学，为缺少供应的地区装置电视（通过卫星转播、广播站并为每个社区供应少数接收机）提供必要的技术设备。这个组织无权制订教育计划和决定教学内容，这种责任显然完全在国家当局和直接有关的其他人士身上。发展中国家不分担安装设备时的投资费用，而在以后财政上不太紧张的情况下，担负起业已安装好的设备的管理费用，这是一种正常的现象。

在提倡上述方法的我们这些人的心目中，这个国际教育革新组织乃是最适宜于担任世界面临的新任务的一个机构。

我们当中有些人曾经考察过可为这个国际组织提供资金的来源。从这种考察看来，可以把一些国际机构和组织能够自由处理的资源作为这个国际组织的基金，也可以用削减预算和利用私人捐款所得的资金作为政府的补助基金。

可是，按国际教育发展委员会某些委员的意见，认为给这个国际计划提供资金，首先应该开辟一笔和军事预算的固定百分比相等的预算存款。当然，显而易见，进步的普遍裁军，不仅是争取人道的一个重大保证，而且还能为发展人类社会而解放大量资金。这样一个前景看来虽然遥远，但从预算的经济中决定指拨等于军费最小一部分的基金，把它分配给发展教育事业，这样一个决定就足以证明，人民及其政府不再等待世界规模的倡导，就已经下决心担负起这个为人类服务，在文化上与精神上解放人民和促进个人发展

---

① “国际计划机构”指隶属于一个现有国际机构的一个组织。它的任务是为某些特定的有限的目标动用各种资源与基金，按照有关国家的申请，对一些政府的或非政府的专门性活动予以帮助，世界粮食计划组织是证明这类活动有效的先例。

的责任了。

我们建议，那些援助教育的机构，无论是国家的或是国际的，无论是私人的或是公共的，都应该检查一下教育的“研究与发展”的现状，目的在于使各个国家增强它们改进现有教育体系的能力，增强它们发明、设计和试验适合于它们自己的文化与资源的新的教育实验的能力。我们相信，如果国家、区域性团体和援助机构把加强这种能力作为下十年的头等任务，那末这种能力就会使许多国家开始变成真正的“学习化的社会”了。

还有一些人建议，我们应该详细研究如何创造条件，使有可能成立一个国际教育革新组织，帮助各国采取坚决的步骤革新它们的教育体系。这个组织可以附属于联合国教科文组织并在一个有代表性的国际团体的控制之下进行工作。

附 录 1

本委员会的组成与工作方法

在1970年12月,依照第16届会议通过的1—131号决议,联合国教科文组织大会授权总干事成立国际教育发展委员会。该项决议的有关条款如下:

总干事受权向各会员国准备并提出必要的基本材料,以便它们考虑国家教育策略:

……………………………………………………………

(b)成立一个国际教育发展委员会,出版它的报告,连同它的意见把报告呈送给各会员国、执行局、国际教育会议和联合国大会,并在制订联合国教科文组织未来的教育计划时把它考虑进去。

总干事于1971年2月委任了这个委员会的人员:

埃德加·富尔,前法国总理,前教育部长(委员会主席)。

菲利普·埃莱拉(智利),智利大学教授,前泛美开发银行行长和国际货币基金组织执行董事。

阿卜杜勒·拉扎克·卡杜拉(阿拉伯叙利亚共和国),牛津大学核物理学实验室聘问科学家,联合国国际原子能机构理事会理事。

亨利·洛佩斯(刚果人民共和国),当时为教育部长,现为外交部长。

阿瑟·弗拉基米洛维奇·彼得罗夫斯基(苏联),教育科学院心理学和生长生理学部秘书。

马吉德·拉赫纳姆(伊朗),前高等教育与科学大臣和联合国经济与社会理事会副主席。

弗里德立克·查平·沃德(美国),福特基金会国际教育计划顾问,前芝加哥大学教务长。

委员会在由联合国教科文组织的职员和从外面聘请的顾问所组成的7人秘书处协助下进行工作,执行秘书是阿赛·德朗(联合国教科文组织)。

总干事授与委员会充分的理智上的自主权,来执行它的命令。他提出总的参考意见(见附录2),但委员会在确定报告的内容以及组织和执行任务时有完全的自由。

委员会自1971年3月到1972年4月间,在巴黎举行了6次行政会议,总计开会30天。在第一次会议上,委员会同意了向它提出的总的参考意见以及执行这个任务的方法。这些方法主要有:(1)组织实况调查团到世界各地区去,同政治领导人交换意见并同教育当局举行圆桌会议(见附录3);(2)访问与教育问题特别有关的联合国系统内的各个组织、地区机构和基金会(见附录4);(3)出席国际的与区域性的会议;(4)分析由教育各方面的专家特别为这个委员会准备的文件(本书略);(5)在行政会议上同专家们商议某些特别的教育问题。

在由2至3名委员组成的小组执行实况调查的使命时,委员会委员有机会同许多国家首脑,同教皇保罗六世,同教育部长和其他政府成员、高级教育官员、科学家、研究人员、教育组织的首脑、教育家、学员等人交换有关教育前景的观点。

委员会于1972年5月向总干事提呈报告。

附 录 2

总的参考意见

1. 委员会将起草一份报告，总干事将连同他的意见把它提交给各会员国、执行局、国际教育会议和大会。这个报告的目的是帮助各国政府制订教育发展的国家策略。它能为各国的一系列研究和决策提供一个出发点。它还将用来指导联合国第二个发展十年期间教育的国际合作，特别是指导联合国教科文组织的工作。

2. 为了组织好工作，委员会首先要规定一定的指导原则。在这方面，显然可取的是：(a)“教育”一词应从其最广的涵义去理解，应是一种融会贯通与深思熟虑的行动，旨在传递知识，发展才能，并从各方面，在整个一生中去训练人和促进人的发展；(b)数量上的扩大和质量上的改进应被视为两个互相补充的方面；(c)教育发展应在一个统一的、全面的发展背景内加以研究；(d)应把教育看作既是目的本身，又是发展的手段；(e)委员会的工作应包括发达国家和发展中国家。

3. 根据对当前的形势、近十年来观察到的主要倾向以及在不同国家获得的经验所作的批判性的分析，并且由于考虑到知识与社会迅速变化的情况、发展的要求、个人的志愿、国际了解与和平的极度需要，无疑将要求委员会为教育规定新的目标。根据这些目标，委员会将在经济、社会和文化发展的背景中在国家一级制订发展国家教育体系的计划。为了达到计划中所规定的目标，便需要使用智力方面、人力方面、财政方面的资源。关于这些方面，委员会将提出建议。为此，委员会将建议提出一些标准并勾划出一个方法论，帮助政府用来制订适合于不同情况与不同发展目标的国家策略。

4.委员会也许愿意运用某种以某些主要区域或国家的特点为根据的类型学,研究保证教育对发展中国家的发展作出最大贡献的方法。

5.委员会将就智力上的合作和投资、财政援助与提供设备这两方面提出国际合作的建议。委员会无疑希望找出国际合作与区域合作能有最大的多重效果的部门、进行这种国际合作最好的形式以及这种合作可以应用的新领域。

附 录 3

委员会委员访问过的国家

阿尔及利亚
喀麦隆
智利
古巴
阿拉伯埃及共和国
埃塞俄比亚
法国
德意志联邦共和国
德意志民主共和国
匈牙利
肯尼亚
黎巴嫩
墨西哥
秘鲁
塞内加尔
新加坡
瑞典
坦桑尼亚
苏维埃社会主义共和国联盟
联合王国
美利坚合众国
南斯拉夫
扎伊尔

附　录　4

访问过的国际组织、区域组织

委员会委员访问了下列各个组织：

联合国　(United Nations)

联合国开发计划署　(United Nations Development Programme —— UNDP)

国际劳工局　(International Labour Office —— ILO)

联合国粮食及农业组织　(Food and Agriculture Organization of the United Nations —— FAO)

联合国儿童基金会　(United Nations Children's Fund —— UNICEF)

世界卫生组织　(World Health Organization —— WHO)

泛美开发银行　(Inter-American Development Bank —— IDB)

国际复兴开发银行　(International Bank for Reconstruction and Development —— IBRD)

非洲经济委员会　(Economic Commission for Africa —— ECA)

经济合作与发展组织　(Organization for Economic Co-operation and Development——OECD)

阿拉伯国家联盟　(League of Arab States)

美洲国家组织　(Organization of American States —— OAS)

非洲统一组织　(Organization of African Unity —— OAU)

附　录　5

教育统计

注　　释

地理的定义　如果没有另外说明，世界总计包括全世界，包括联合国教科文组织成员国、非成员国和非自治地区。非洲包括整个非洲大陆，其中包括非洲的阿拉伯国家。北美包括美国、加拿大、百慕大、格陵兰和圣皮埃尔与密克隆。拉丁美洲包括南美大陆、中美、墨西哥和加勒比。亚洲包括整个亚洲地区，其中包括亚洲阿拉伯国家。欧洲和苏联包括所有欧洲国家和苏联的整个领土。大洋洲包括澳大利亚、新西兰和四周岛屿。阿拉伯国家作为一个独立的集团，总是加上括号，因为它的一部分已经包括在非洲内，而一部分包括在亚洲内。

资料来源　人口表（表 1，表 2）的来源是联合国统计办公室。入学人数与教师人数的资料（表 3—10）是根据联合国教科文组织统计室每年分发的征询意见表和国家公布的材料。绝大多数的资料是各国报告的实际数字。但少数国家的资料则是联合国教科文组织统计室就获得的地区总计或世界总计而作的估计。

成人识字人数（表 11、表 12）是联合国教科文组织统计室根据送交联合国统计办公室的各国征询意见表所作的估计。

教育公共开支表的资料（表 13—15）是以送回到联合国教科文组织统计室的征询意见表为依据的。各国货币折算为美元的工作是由联合国教科文组织统计室做的。各国的总计大多数采用官方汇率。但中央集权的计划经济国家以及拉美和亚洲的若干国家，则因官方汇率同实际美元价值显然是不符合的，就以粗略的等价购买力为根据，而采用双重汇率。所以这种用美元表示的教育公共开支的资料应当非常谨慎地予以说明。

表 1　1960 年和 1968 年按年龄组计算的人口

大　区		总　计	年　龄　组				
			0—4	5—9	10—14	15—19	20—24
世界总计	1960	2,981,621	429,002	368,418	317,578	269,301	252,248
	1968	3,491,938	487,015	423,662	385,870	339,590	289,281
非　　洲	1960	269,577	47,259	37,381	31,817	27,510	23,786
	1968	327,312	58,197	45,958	38,755	33,306	28,569
北 美 洲	1960	198,675	22,611	20,861	18,661	14,856	12,346
	1968	222,179	21,590	22,843	22,159	20,196	17,357
拉丁美洲	1960	213,422	35,692	29,703	24,907	20,946	12,346
	1968	267,668	44,024	37,351	32,172	27,178	22,665
亚　　洲	1960	1,645,390	259,352	219,646	186,811	160,845	143,768
	1968	1,963,407	299,981	253,653	230,169	200,321	169,861
欧洲和苏联	1960	638,801	62,176	59,122	53,805	43,880	53,325
	1968	692,764	61,104	61,823	60,736	56,876	49,324
大 洋 洲	1960	15,756	1,912	1,705	1,577	1,264	1,090
	1968	18,608	2,119	2,034	1,879	1,713	1,505
（阿拉伯国家）	1960	(93,566)	(16,466)	(13,216)	(11,219)	(9,572)	(8,171)
	1968	(117,271)	(21,365)	(16,929)	(14,140)	(11,967)	(10,142)

表 2　1960—1965 年和 1968 年按年龄组计算的人口(增长百分比)

大　区		总　计	年　龄　组				
			0—4	5—9	10—14	15—19	20—24
世界总计	1960—65	1.96	1.26	2.02	2.69	3.03	0.92
	1968	2.02	2.17	1.32	2.03	2.73	3.09
非　　洲	1960—65	2.35	2.57	2.45	2.42	2.34	2.24
	1968	2.59	2.70	2.84	2.58	2.50	2.41
北 美 洲	1960—65	1.52	0.08	1.77	2.37	4.74	3.97
	1968	1.21	−1.66	0.08	1.80	2.37	4.85
拉丁美洲	1960—65	2.83	2.60	2.99	3.30	3.16	2.76
	1968	2.87	2.70	2.69	3.08	3.48	3.26
亚　　洲	1960—65	2.18	1.22	2.14	2.95	2.71	1.73
	1968	2.32	2.87	1.30	2.13	2.94	2.72
欧洲和苏联	1960—65	1.12	0.0	0.93	1.94	4.16	−3.86
	1968	0.86	−0.61	0.07	0.83	1.90	4.06
大 洋 洲	1960—65	2.12	1.59	2.45	2.06	4.86	3.65
	1968	2.03	0.81	1.80	2.45	2.03	4.81
（阿拉伯国家）	1960—65	(2.74)	(3.33)	(3.01)	(2.80)	(2.71)	(2.53)
	1968	(3.09)	(3.27)	(3.39)	(3.16)	(3.02)	(3.10)

表 3　1960 年和 1965—1968 年各级教育总入学人数

大　　区		总　数		一　级		二　级①		三　级	
		人　数	百分比	人　数	百分比	人　数	百分比	人　数	百分比
世界总计②	1960	323,587	—	243,487	—	68,926	—	11,174	—
	1965	411,132	4.9	299,337	4.2	93,788	6.4	18,007	10.0
	1966	428,405	4.2	311,700	4.1	96,713	3.1	19,992	11.0
	1967	443,619	3.6	320,814	2.9	101,268	4.7	21,538	7.7
	1968	459,599	3.6	330,832	3.1	105,651	4.3	23,115	7.3
非　　洲	1960	21,238	—	18,931	—	2,115	—	192	—
	1965	29,861	7.1	25,924	6.5	3,615	11.3	322	10.9
	1966	30,975	3.7	26,748	3.2	3,893	7.7	334	3.7
	1967	32,758	5.8	28,028	4.8	4,373	12.3	358	7.2
	1968	34,421	5.1	29,322	4.6	4,715	7.8	383	7.0
北 美 洲	1960	48,719	—	28,838	—	16,156	—	3,725	—
	1965	57,370	3.3	32,855	2.6	18,665	2.9	5,850	9.4
	1966	59,187	3.2	33,606	2.3	18,855	1.0	6,726	15.0
	1967	60,269	1.8	33,360	−0.7	19,547	3.7	7,362	9.5
	1968	61,866	2.6	33,201	−0.5	20,674	5.8	7,991	8.5
拉丁美洲	1960	31,425	—	26,973	—	3,885	—	567	—
	1965	42,290	6.1	34,704	5.1	6,694	11.5	892	9.5
	1966	45,099	6.6	36,653	5.6	7,468	11.6	978	9.6
	1967	47,758	5.9	38,288	4.5	8,365	12.0	1,105	13.0
	1968	50,851	6.5	40,751	6.4	8,847	5.8	1,253	13.4
亚　　洲②	1960	110,691	—	87,236	—	21,325	—	2,131	—
	1965	148,301	6.0	113,876	5.5	30,703	7.6	3,722	11.8
	1966	157,802	6.4	121,516	6.7	32,105	4.6	4,181	12.3
	1967	164,194	4.1	126,880	4.4	32,724	1.9	4,590	9.8
	1968	171,437	4.4	132,567	4.5	33,962	3.8	4,908	6.9
欧洲和苏联	1960	108,208	—	79,106	—	24,644	—	4,457	—
	1965	129,343	3.6	89,329	2.5	32,983	6.0	7,031	9.6
	1966	131,237	1.5	90,458	1.3	33,214	0.7	7,565	7.6
	1967	134,400	2.4	91,475	1.1	35,018	5.4	7,907	4.5
	1968	136,615	1.6	92,142	0.7	36,112	3.1	8,361	5.7
大 洋 洲	1960	3,306	—	2,403	—	801	—	102	—
	1965	3,967	3.7	2,649	2.0	1,128	7.1	190	13.2
	1966	4,105	3.5	2,719	2.6	1,178	4.4	208	9.5
	1967	4,240	3.3	2,783	2.4	1,241	5.3	216	3.8
	1968	4,409	4.0	2,849	2.4	1,341	8.1	219	1.4
(阿拉伯国家)	1960	(8,585)	(—)	(7,177)	(—)	(1,248)	(—)	(160)	(—)
	1965	(12,613)	(8.0)	(10.034)	(6.9)	(2.290)	(12.9)	(288)	(12.6)
	1966	(13,122)	(4.0)	(10,300)	(2.7)	(2,527)	(10.3)	(295)	(2.1)
	1967	(13,748)	(4.8)	(10,708)	(4.0)	(2,734)	(8.2)	(306)	(3.7)
	1968	(14,396)	(4.7)	(11,016)	(2.9)	(3,041)	(11.2)	(339)	(10.8)

① 普通教育、职业教育和师资培训。

② 不包括中华人民共和国、朝鲜民主主义人民共和国和越南民主共和国。

表 4　各级教育总入学人数,1960—1968 年期间的年增长率

大　区	总　数	一　级	二　级	三　级
世界总计①	4.5	3.9	5.5	9.5
非　洲	6.2	5.6	10.5	9.0
北 美 洲	3.0	1.8	3.1	10.0
拉丁美洲	6.2	5.3	10.8	10.4
亚　洲①	5.6	5.4	6.0	11.0
欧洲和苏联	3.0	1.9	4.9	8.2
大 洋 洲	3.7	2.2	6.6	10.0
(阿拉伯国家)	(6.6)	(5.5)	(11.8)	(9.8)

① 不包括中华人民共和国、朝鲜民主主义人民共和国和越南民主共和国。

表 5　1961 年和 1965—1968 年学前教育

(公立和私立)入学人数　　(单位:千人)

大　区		总数	增长百分比	总数细分				
				公　立	增长百分比	私　立	增长百分比	私立在总数中所占百分比
世界总计①	1961	24,671	—	11,847	—	12,842	—	52.0
	1965	30,256	5.2	15,875	7.8	14,381	2.9	47.5
	1966	32,034	5.9	16,899	6.5	15,135	5.2	47.2
	1967	34,004	6.1	17,811	5.4	16,193	7.0	47.6
	1968	35,780	5.2	18,589	4.4	17,191	6.2	48.0
非　洲	1961	129	—	32	—	97	—	75.2
	1965	147	3.3	32	—	115	4.4	78.2
	1966	162	10.2	40	25.0	122	6.1	75.3
	1967	171	5.6	42	5.0	129	5.7	75.4
	1968	180	5.3	47	11.9	133	3.1	73.9
北 美 洲	1961	2,452	—	2,069	—	383	—	15.7
	1965	2,974	4.9	2,465	4.5	509	7.3	17.1
	1966	3,098	4.2	2,546	3.3	552	8.4	17.8
	1967	3,270	5.6	2,688	5.6	582	5.4	17.8
	1968	3,413	4.4	2,809	4.5	604	3.8	17.7
拉丁美洲	1961	996	—	685	—	311	—	31.2
	1965	1,284	6.6	914	7.5	370	4.4	28.8
	1966	1,368	9.6	980	7.2	388	4.9	28.4
	1967	1,429	4.5	1,018	3.9	411	5.9	28.8
	1968	1,613	12.9	1,122	10.2	491	19.5	30.4
亚　洲①	1961	10,149	—	658	—	9,491	—	93.5
	1965	11,184	2.5	871	7.3	10,313	2.1	92.2
	1966	11,816	5.7	940	7.9	10,876	5.5	92.0
	1967	12,773	8.1	1,018	8.3	11,755	8.1	92.0
	1968	13,700	7.3	1,074	5.5	12,626	7.4	92.2

续表

大区		总数	增长百分比	总数细分				
				公立	增长百分比	私立	增长百分比	私立在总数中所占百分比
欧洲和苏联	1961	10,884	—	8,403	—	2,481	—	22.8
	1965	14,584	7.6	11,593	8.4	2,991	4.8	20.5
	1966	15,502	6.3	12,393	6.9	3,109	3.9	20.1
	1967	16,268	4.9	13,045	5.3	3,223	3.7	19.8
	1968	16,773	3.1	13,536	3.8	3,237	0.4	19.3
大洋洲	1961	61	—	—	—	61	—	100.0
	1965	83	8.0	0.3	—	83	8.0	99.6
	1966	88	6.0	0.2	—	88	6.0	99.8
	1967	93	5.7	0.4	—	93	5.7	99.6
	1968	101	8.6	0.5	—	100	7.5	99.5
(阿拉伯国家)	1961	(183)	—	(31)	—	(152)	—	83.1
	1965	(187)	0.6	(20)	10.4	(166)	2.2	89.3
	1966	(206)	10.2	(22)	10.0	(184)	10.8	89.3
	1967	(219)	6.3	(22)	—	(197)	7.1	90.0
	1968	(230)	5.0	(22)	—	(208)	5.6	90.4

① 不包括中华人民共和国、朝鲜民主主义人民共和国和越南民主共和国。

表6 1960年和1967—1968年各级教育妇女入学人数 (单位:千人)

大区		总数		一级		二级①		三级	
		人数	增长百分比	人数	增长百分比	人数	增长百分比	人数	增长百分比
世界总计②	1960	140,200	—	106,443	—	29.985	—	3,772	—
	1967	192,739	3.5	140,744	2.7	43,984	4.8	8,011	9.7
	1968	199,706	3.6	145,077	3.1	45,954	4.5	8,675	8.3
非洲	1960	7,630	—	6,935	—	657	—	39	—
	1967	12,481	7.2	11,007	6.2	1,390	15.6	84	10.5
	1968	13,166	5.5	11,583	5.2	1,491	7.3	92	9.5
北美洲	1960	23,446	—	13,995	—	8,083	—	1,368	—
	1967	28,867	1.9	16,193	—0.7	9,721	3.9	2,953	10.8
	1968	29,598	2.5	16,117	—0.5	10,260	5.5	3,221	9.1
拉丁美洲	1960	15,154	—	13,157	—	1,817	—	180	—
	1967	23,002	5.8	18,635	4.3	4,006	12.5	361	16.5
	1968	24,533	6.7	19,879	6.7	4,242	5.9	412	14.1
亚洲②	1960	40,908	—	32,974	—	7,437	—	497	—
	1967	61,939	3.7	49,177	4.2	11,473	0.8	1,289	11.6
	1968	64,697	4.5	51,415	4.6	11,893	3.7	1,389	7.8
欧洲和苏联	1960	51,549	—	38,232	—	11,657	—	1,659	—
	1967	64,564	2.5	44,416	1.0	16,886	5.7	3,262	7.3
	1968	65,702	1.8	44,729	0.7	17,478	3.5	3,495	7.1
大洋洲	1960	1,513	—	1,150	—	334	—	29	—
	1967	1,886	2.8	1,316	1.9	508	5.2	62	5.1
	1968	2,011	6.6	1,354	2.9	590	16.1	66	6.5
(阿拉伯国家)	1960	(2,765)	(—)	(2,423)	(—)	(313)	(—)	(30)	(—)
	1967	(4,661)	(5.9)	(3.824)	(4.6)	(770)	(12.7)	(67)	(8.1)
	1968	(4,883)	(4.8)	(3,938)	(3.0)	(873)	(13.4)	(72)	(7.5)

①普通教育、职业教育和师资培训。

②不包括中华人民共和国、朝鲜民主主义人民共和国和越南民主共和国。

表 7　各级教育妇女入学人数，1960—1968 年期间年增长率

大　区	总　数	一　级	二　级	三　级
世界总计①	4.5	4.0	5.5	11.0
非　洲	7.1	6.6	10.8	11.3
北美洲	2.9	1.8	3.0	11.3
拉丁美洲	6.2	5.3	11.2	10.9
亚　洲①	5.9	5.7	6.1	13.7
欧洲和苏联	3.1	2.0	5.2	9.8
大洋洲	3.6	2.1	7.4	10.8
(阿拉伯国家)	(7.4)	(6.3)	(13.7)	(11.6)

①不包括中华人民共和国、朝鲜民主主义人民共和国和越南民主共和国。

表 8　1960 年和 1967—1968 年各级教育教师人数

大　区		总　数		一　级		二　级①		三　级	
		人　数	增　长 百分比	人　数	增　长 百分比	人　数	增　长 百分比	人　数	增　长 百分比
世界总计②	1960	12,598	—	8,176	—	3,527	—	894	—
	1967	17,455	3.9	10,403	2.7	5,503	5.4	1,548	7.3
	1968	18,239	4.5	10,769	3.5	5,813	5.6	1,647	6.4
非　洲	1960	598	—	480	—	106	—	12	—
	1967	925	6.3	700	4.6	197	13.2	28	6.9
	1968	973	5.2	730	4.3	212	7.6	31	4.5
北美洲	1960	1,932	—	990	—	623	—	319	—
	1967	2,794	4.6	1,254	3.0	1,010	5.5	530	6.9
	1968	2,910	4.2	1,295	3.3	1,061	5.1	554	4.5
拉丁美洲	1960	1,175	—	782	—	330	—	62	—
	1967	1,920	5.3	1,18	2.9	601	9.7	134	8.9
	1968	2,038	6.1	1,257	6.1	634	5.5	147	9.7
亚　洲②	1960	4,007	—	2,868	—	975	—	164	—
	1967	5,469	3.4	3,562	2.9	1,580	3.2	327	8.9
	1968	5,714	4.5	3,708	4.1	1,652	4.6	354	9.7
欧洲和苏联	1960	4,754	—	2,978	—	1,447	—	328	—
	1967	6,163	3.4	3,603	2.1	2,047	5.2	513	6.0
	1968	6,409	4.0	3,676	2.0	2,180	6.4	553	7.8
大洋洲	1960	133	—	78	—	46	—	9	—
	1967	184	0.5	99	—	69	1.5	16	—
	1968	195	6.0	103	4.0	74	7.2	18	12.5
(阿拉伯国家)	1960	(269)	(—)	(191)	(—)	(70)	(—)	(8)	(—)
	1967	(453)	(5.8)	(303)	(4.8)	(135)	(8.0)	(15)	(7.1)
	1968	(483)	(6.6)	(324)	(6.9)	(142)	(5.2)	(17)	(13.3)

①　普通教育、职业教育和师资培训。

②　不包括中华人民共和国、朝鲜民主主义人民共和国和越南民主共和国。

表 9　各级教育教师人数,1960—1968 年期间年增长率

大　区	总　数	一　级	二　级	三　级
世界总计①	4.7	3.5	6.4	7.9
非　洲	6.3	5.4	9.1	2.6
北美洲	5.3	3.4	6.9	7.1
拉丁美洲	7.1	6.1	8.5	11.4
亚　洲①	4.5	3.3	6.8	10.1
欧洲和苏联	3.8	2.7	5.3	6.7
大洋洲	4.9	3.5	6.1	9.0
(阿拉伯国家)	(7.6)	(6.8)	(9.2)	(9.9)

①不包括中华人民共和国、朝鲜民主主义人民共和国和越南民主共和国。

表 10　各级教育入学率,1960—1961 年度和 1967—1968 年度(暂定)

大　区	1960—1961 年度				1967—1968 年度			
	小学学龄儿童在学的百分比	中学学龄儿童在学的百分比	小学和中学学龄(相结合的)儿童在学的百分比	第三级教育入学人数在 20—24 岁人口中的百分比	小学学龄儿童在学的百分比	中学学龄儿童在学的百分比	小学和中学学龄(相结合的)儿童在学的百分比	第三级教育入学人数在 20—24 岁人口中的百分比
世界总计①	63	32	50	5.9	68	39	56	10.1
非　洲	34	12	24	0.8	40	15	28	1.3
北美洲	98	90	94	30.2	98	92	96	44.5
拉丁美洲	60	26	45	3.1	75	35	55	5.0
亚　洲①	50	22	36	2.6	55	30	45	4.7
欧洲和苏联	96	57	79	8.5	97	65	85	16.7
大洋洲	95	50	75	10.1	95	60	80	15.0
(阿拉伯国家)	(38)	(16)	(28)	(2.1)	(50)	(25)	(38)	(3.1)

①不包括中华人民共和国、朝鲜民主主义人民共和国和越南民主共和国。

表 11　60 年代和 70 年代成人识字人数　　(单位:千人)

大　区	60 年代				70 年代			
	15 岁以上的成年人口	识字成人	不识字成人	文盲(百分比)	15 岁以上的成年人口	识字成人	不识字成人	文盲(百分比)
世界总计	1,870,000	1,134,000	735,000	39.3	2,287,000	1,504,000	783,000	34.2
非　洲	153,000	29,000	124,000	81.0	194,000	51,100	143,000	73.7
北美洲	136,000	133,000	3,300	2.4	161,000	158,000	2,500	1.5
拉丁美洲	123,000	83,100	40,000	32.5	163,000	125,000	38,600	23.6
亚　洲	982,000	440,000	542,000	55.2	1,237,000	658,000	579,000	46.8
欧洲和苏联	464,000	439,000	24,500	5.3	521,000	502,000	18,700	3.6
大洋洲	10,600	9,400	1,200	11.5	13,000	11,800	1,400	10.3
(阿拉伯国家)	(52,700)	(9,900)	(42,700)	(81.1)	(68,300)	(18,400)	(49,900)	(73.0)

表 12　整个 60 年代和整个 70 年代(男和女)成人识字人数（单位：千人）

大　区	60 年代				70 年代			
	15 岁以上的成年人口	识字成人	不识字成人	文盲（百分比）	15 岁以上的成年人口	识字成人	不识字成人	文盲（百分比）
男								
世界总计	916,000	609,000	307,000	33.5	1,127,000	812,000	315,000	28.0
非　洲	75,900	20,200	55,800	73.4	96,000	35,100	60,900	63.4
北美洲	66,800	65,600	1,300	1.9	78,000	77,200	850	1.1
拉丁美洲	61,300	44,000	17,400	28.4	81,000	64,900	16,100	19.9
亚　洲	494,000	270,000	224,000	45.3	624,000	393,000	231,000	37.0
欧洲和苏联	213,000	205,000	7,700	3.6	243,000	237,000	5,800	2.4
大洋洲	5,300	4,800	530	9.9	6,600	6,000	580	8.8
(阿拉伯国家)	(26,500)	(7,500)	(19,000)	(71.6)	(34,300)	(13,600)	(20,800)	(60.5)
女								
世界总计	953,000	525,000	428,000	44.9	1,160,000	692,000	468,000	40.3
非　洲	77,000	8,800	68,200	88.5	97,900	16,000	82,000	83.7
北美洲	69,700	67,700	2,000	2.8	82,800	81,200	1,600	1.9
拉丁美洲	61,800	39,200	22,600	36.6	82,200	59,700	22,500	27.3
亚　洲	488,000	170,000	318,000	65.1	614,000	266,000	348,000	56.7
欧洲和苏联	251,000	234,000	16,800	6.7	278,000	265,000	12,900	4.7
大洋洲	5,200	4,500	680	13.0	6,500	5,800	780	11.9
(阿拉伯国家)	(26,200)	(2,400)	(23,800)	(90.7)	(33,900)	(4,800)	(29,100)	85.7

表 13　1960 年和 1965—1968 年教育公共开支（单位：百万美元；市价），修订

大　区	1960	1965	1966	1967	1968
世界总计①	54,350	96,360	106,980	119,090	131,640
非　洲	1,110	1,660	1,920	2,170	2,370
北美洲	22,670	39,740	44,050	49,940	56,510
拉丁美洲	1,880	3,230	3,670	4,000	4,430
亚　洲①	3,710	7,380	8,370	9,470	10,660
欧洲和苏联	24,380	43,280	47,660	52,110	56,220
大洋洲	600	1,070	1,310	1,400	1,450
(阿拉伯国家)	(700)	(1,020)	(1,100)	(1,210)	(1,340)
发达国家	49,450	88,190	97,820	108,670	120,290
发展中国家	4,900	8,170	9,160	10,420	11,350

① 不包括中华人民共和国、朝鲜民主主义人民共和国和越南民主共和国。

表 14　1960—1968 年教育公共开支(年增长率,市价),修订

大　区	1960—1965	1965—1966	1966—1967	1967—1968	1960—1968
世界总计①	12.1	11.0	11.3	10.5	11.7
非　洲	8.4	15.7	13.0	9.2	10.0
北美洲	11.9	10.8	13.4	13.2	12.1
拉丁美洲	11.4	13.6	9.0	10.8	11.3
亚　洲①	14.7	13.4	13.1	12.6	14.1
欧洲和苏联	12.2	10.1	9.3	7.9	11.0
大洋洲	12.3	22.4	6.9	3.6	11.7
阿拉伯国家	(7.8)	(7.8)	(10.0)	(10.7)	(8.5)
发达国家	12.3	10.9	11.1	10.7	11.8
发展中国家	10.8	12.2	13.8	8.9	11.1

①　不包括中华人民共和国、朝鲜民主主义人民共和国和越南民主共和国。

表 15　1967 年国民生产总值、军事开支和教育及卫生公共开支
(以美元计的①绝对数和占国民生产总值的百分比)

大　区	国民生产总值		军事开支		教育公共开支		卫生公共开支	
	百万美元	百分比	百万美元	百分比	百万美元	百分比	百万美元	百分比
世界总计②	3,395,300	100	172,582	7.2	119,090	5.0	58,735	2.5
非　洲	52,000	100	1,727	3.3	2,170	4.2	784	1.5
北美洲	850,900	100	77,301	9.1	49,940	5.9	19,662	2.3
拉丁美洲	110,300	100	2,468	2.2	4,000	3.6	1,927	1.7
亚　洲②	249,600	100	7,150	2.9	9,470	3.8	1,263	0.5
欧洲和苏联	1,101,500	100	82,676	7.5	52,110	4.7	34,604	3.1
大洋洲	31,000	100	1,260	4.1	1,400	4.5	495	1.6
(阿拉伯国家)	(25,900)	(100)	(1,854)	(7.2)	(1,210)	(4.7)	(583)	(2.3)
发达国家	2,102,800	(100)	162,741	7.7	108,670	5.2	54,946	2.6
发展中国家	292,500	(100)	9,841	3.4	10,420	3.6	3,789	1.3

①　把本国货币兑换成美元时,对大多数本币总额采用了官价汇率。对社会主义国家以及对拉丁美洲和亚洲几个国家采用了双重汇率,因为对这些国家官价汇率得出的等值是不符合实际的。此外,在某些情况下,对国民生产总值、军事开支、教育开支及卫生开支采用不同的兑换率,以便使各自的货币单位的价值更便于同美元值相比较。国民生产总值中各种类型开支的比重因而不是完全可比的。

②　不包括中华人民共和国、朝鲜民主主义人民共和国和越南民主共和国。

资料来源:国民生产总值——根据有关联合国公布数字估计;军事开支——美国军备控制和裁军署;《1969 年世界军事开支》;教育开支——联合国教科文组织关于教育资金和开支的调查;卫生开支——世界卫生组织,《1969 年世界卫生开支》。

附　录　6

教育公共开支

国　　家	占国民生产总值的百分比	占公共总开支的百分比
阿富汗	……	……
阿尔巴尼亚	……	……
阿尔及利亚		
1967①	4.9②	18.7
1968	……	17.6
1969	……	18.8
阿根廷		
1967①	2.0	17.7
1968①	2.0	21.0
1969①	2.0	……
澳大利亚		
1967	3.7	11.0
1968	3.8	11.6
1969	4.0	12.0
奥地利		
1967	4.6	7.7
1968	4.7	7.6
1969	4.8	7.9
巴林		
1967	……	22.9
1968	……	23.3
1969	……	25.4
巴巴多斯		
1968	6.4③	21.3
比利时		
1967①	4.7	18.0
1968	5.0	……
1969	5.4	20.6
玻利维亚④		
1967	3.5	29.3
1968	3.2	26.1
1969	3.1	26.2
乍得		
1969④	2.7	……
智利		
1967①	3.5	……
1968④	4.9	……
1969④	4.6	10.6
中华人民共和国	……	……
哥伦比亚		
1967	2.4	23.7
1968①	1.5	12.5
巴西		
1967	*3.0	13.0
1968	3.0	……
1969⑤	3.0	15.2
保加利亚		
1967	4.4⑥	……
1968	4.5⑥	……
1969	4.7⑥	……
缅甸		
1967	2.9	18.0
1968①	……	17.8
1969①	……	17.6
布隆迪④		
1967⑦	……	22.6
1968	……	25.6
1969	……	29.1
苏联白俄罗斯	……	……
喀麦隆		
1967	2.9②	11.3
1968	3.0②	18.6
1969	3.4②	19.1
加拿大		
1967	7.6	21.6
1968	7.9	……
1969	8.3	……
中非共和国		
1967	*4.0⑧	18.9
1968	*3.3	15.1
1969	……	15.4
锡兰④		
1967	4.4	13.0
1969	3.6	11.9
萨尔瓦多④		
1967	2.7	25.4
埃塞俄比亚		
1967①	1.1	……
芬兰		
1967	6.7	24.8
1968	6.4	23.0
1969	6.5	23.9
法国		
1968⑪	4.4	19.1

注：前面有*号的数字是估计数。

续表

国　　家	占国民生产总值的百分比	占公共总开支的百分比	国　　家	占国民生产总值的百分比	占公共总开支的百分比
1969①	1.7	12.7	1969	4.5	22.3
刚果人民共和国			加蓬		
1967⑦	……	18.2	1969	……	17.7
1968	6.4②	21.7	德意志联邦共和国		
1969	……	24.2	1967	3.6	10.6
哥斯达黎加			1968	3.5	10.9
1967	5.7	35.4	1969	3.6	11.2
1968	5.7	34.1	加纳		
1969	6.4	35.0	1967①	4.1	……
古巴①	……	……	1968	3.9	18.7
塞浦路斯⑨			1969①	3.8	20.3
1967	2.4	15.5	希腊		
1968	2.8	16.5	1967	2.3	17.7
1969	2.5	14.8	1968①	1.9	11.1
捷克斯洛伐克			1969④	2.0	10.7
1967	4.6⑥	7.4	危地马拉④		
1968	4.7⑥	8.0	1967	1.9	16.2
1969	4.5⑥	7.5	1968	1.9	16.4
达荷美			1969	1.9	17.5
1967	……	*22.4	几内亚		
1968	*4.1	25.0	1969	……	20.8
1969	*4.2	*25.8	圭亚那		
丹麦			1967④	4.8	14.9
1967⑩	6.1	20.6	1968④	4.8	14.7
1968⑩	6.4	18.2	1969④	4.7	13.1
1969⑩	6.5	17.7	海地	……	……
多米尼加共和国			洪都拉斯		
1967	2.6	14.3	1967	2.7	18.6
1968	2.5	14.0	1968	2.7	17.8
1969	2.9②	16.0	1969	3.2	19.5
厄瓜多尔			匈牙利		
1967④	2.8	21.5	1967	5.0⑥	9.4
1968④	4.0	21.8	1968	4.7⑥	7.4
1969④	4.0	25.0	1969	4.4⑥	7.3
埃及			冰岛		
1967	4.4	15.1	1967	4.4	14.4
1968	5.0	……	1968	4.6	12.7
1969	……	21.0	印度	……	……
印度尼西亚	……	……	科威特		
伊朗			1967	3.9	*9.5
1967①	2.4	6.2	1968	4.3	10.1
1968	3.3	……	1969	……	11.3
1969	……	6.8	老挝		
伊拉克			1967④	……	10.2
1967	6.3	……	1968④	……	9.6
1968	5.5③	……	1969④	……	10.7
爱尔兰			黎巴嫩		
1967	4.3	14.4	1967	2.6	16.5
1968	4.5	11.2	1968	2.5	16.9

续表

国家	占国民生产总值的百分比	占公共总开支的百分比
1969	4.8	10.7
以色列		
1967	7.0	11.2
1968	6.8	10.7
意大利		
1967	5.2	22.0
1968	4.8	19.8
1969	4.3	19.2
象牙海岸		
1968	6.4	27.7
1969	5.5	22.8
牙买加		
1967	3.9	17.2
1968	4.7	19.7
1969	4.4	18.5
日本		
1967	4.2	20.1
1968	4.0	20.8
1969	4.0	20.4
约旦		
1967	3.7	15.0
1968	3.5	11.1
1969	3.3	9.6
肯尼亚		
1967	*4.5	……
1968	4.8	……
高棉共和国(1)		
1967	……	21.6
1969	……	21.7
大韩民国(2)		
1967⑫	2.4	18.1
1968⑫	3.6	21.2
1969⑫	3.8	21.0
墨西哥		
1967	2.5	……
1968	2.5	……
1969	……	13.5
摩纳哥	……	……
蒙古	……	……
摩洛哥①		
1967	3.6	16.2
莱索托		
1967④	……	21.6
利比里亚		
1967①	2.1②	13.8
1968①	2.0	……
阿拉伯利比亚共和国		
1967	3.6	11.6⑬
卢森堡		
1967	4.9	14.9
1968	5.3	15.9
1969	5.0	15.2
马达加斯加		
1967	6.8②	20.0
马拉维		
1967	4.1	15.9
1968	3.9	14.7
1969	4.1	15.3
马来西亚（仅西部马来亚西亚）		
1967	6.0	14.6
1968	5.6	15.6
1969	5.3	15.6
马里		
1967	3.6	19.5
1968	*4.1	24.2
1969	4.7	24.5
马耳他		
1967	5.3	17.8
1968	5.3	18.6
毛里塔尼亚	……	……
毛里求斯		
1967	3.3	13.6
1968	3.2	10.9
1969	3.2	11.7
菲律宾⑭		
1967①	2.8	……
1968	3.1	……
波兰		
1967	5.3⑥	……
1968	5.1⑥	……
1969	5.2⑥	……
卡塔尔	……	……

(1)应为朗诺傀儡集团。——译者

(2)应为南朝鲜。——译者

续表

国家	占国民生产总值的百分比	占公共总开支的百分比
1968	4.0	15.8
1969	4.0	16.5
尼泊尔④		
1967	0.6②	6.5
荷兰		
1967	6.9	27.7
1968	6.5	25.1
新西兰		
1967	4.3	11.6
1968	4.3	12.4
1969	4.4	……
尼加拉瓜		
1967	2.7	18.1
1968	2.6	19.0
尼日尔		
1967①	*1.5②	10.4
1968①	*1.6②	11.3
1969	……	15.5
尼日利亚	……	……
挪威		
1967	5.9	18.3
1968	6.1	17.3
1969	6.3	16.9
阿曼	……	……
巴基斯坦		
1967	1.3	5.5
1968	1.4	5.6
1969	……	5.2
巴拿马		
1967	4.4	29.9
1968	4.8	30.9
1969	4.6	34.6
巴拉圭		
1967	1.9	……
1968	2.1	……
1969	2.0	……
秘鲁		
1967①	5.0	23.1
1968	4.3	26.2
1969①	4.2	19.4
坦桑尼亚⑩		
1968	3.8③	……
泰国④		
1967	3.1	15.5
1968	3.3	15.9
1969	3.4	16.3
多哥		
1967	……	16.0
1968	……	16.6

国家	占国民生产总值的百分比	占公共总开支的百分比
罗马尼亚		
1967	……	5.8
1968	……	5.8
1969	……	6.1
卢旺达		
1967①	……	*23.7
1968	……	27.3
沙特阿拉伯		
1967	4.9	11.2
1968	4.9	10.8
1969	4.3	10.0
塞内加尔		
1968	3.9②	16.1
塞拉利昂		
1967④	2.8	18.8
1968④	2.6	18.0
1969④	3.0	17.9
新加坡		
1967	4.1③	19.3
1968	3.7③	16.8
1969⑮	4.5③	15.2
索马里		
1967①	……	7.1
西班牙		
1967④	1.7	……
1968④	1.8	*11.7
1969④	2.2	……
苏丹		
1967	4.9②	20.3
瑞典		
1967	7.2	24.6
1968	7.9	26.9
1969	……	28.0
瑞士		
1967	4.1	19.0
1968	4.1	19.3
1969	4.1	19.2
阿拉伯叙利亚共和国		
1969	4.5	17.1
美国		
1967	5.6	16.0
1968	5.8	16.6
1969	6.3	……
上沃尔特	……	……
乌拉圭①		
1967	2.0	……
委内瑞拉		
1967	4.0	18.7

续表

国　家	占国民生产总值的百分比	占公共总开支的百分比	国　家	占国民生产总值的百分比	占公共总开支的百分比
1969	……	20.0	1968	4.2	18.4
特立尼达和多巴哥			1969	4.5	20.9
1967	3.6	17.3	越南共和国①(1)		
1968	3.8	16.4	1967	1.1	5.4
突尼斯			1968①	……	4.2
1967①	5.5	25.9	1969①	……	4.2
1968①	5.6	25.2	也门①		
1969	……	15.7	1967	……	6.8
土耳其			也门民主人民共和国		
1967	3.5	20.0			
1968	3.4	20.2	1967	3.1	9.7
乌干达			1968	2.5	11.8
1967	2.4③	16.3	1969	3.0	……
1968	4.3③	18.1	南斯拉夫		……
1969	……	*19.4	1967	4.8⑰	……
乌克兰苏维埃	……	……	1968	5.0⑰	……
社会主义共和国			1969	5.1⑰	……
苏联			扎伊尔		
1967	7.2⑥	……	1967	……	20.8
1968	7.3⑥	……	1968	……	19.0
1969	7.3⑥	……	1969	……	18.7
英国(联合王国)			赞比亚	……	……
1967	5.6	12.3			

① 仅教育部。
② 占按市场价格国内产品总值的百分比。
③ 占按代理经营费用国内产品总值的百分比。
④ 仅中央或联邦政府。
⑤ 不包括市政开支。
⑥ 占物质生产净值的百分比。
⑦ 不包括外援。
⑧ 占国民收入的百分比。
⑨ 仅由希腊教育署花费的开支。
⑩ 包括格陵兰和法罗群岛的数字。
⑪ 指法国及海外部分(法属圭亚那、瓜德罗普岛、马提尼克、留尼汪)的开支。
⑫ 仅公共教育开支。
⑬ 作为平常预算百分比的经常性开支。
⑭ 不包括用于第三级教育的开支。
⑮ 15 个月以上的开支。
⑯ 不包括桑给巴尔。
⑰ 占物质生产总值的百分比。

(1)应为西贡傀儡集团。——译者

附　录　7

会员国的义务教育

下表指明义务上学的年数。

然而，许多国家迫切的问题是要为所有儿童开办足够的学校；如果在离开他家的合理距离内没有适当学校的话，虽有义务上学法也只是空谈，因为几乎所有这样的法规都不能使儿童上学。

在有些国家，义务教育年限依学校所在地区或类型而不同，在这种国家存在的不同情况，以一组数字来表示（例如，在加拿大，义务教育依所在的省可以是8年、9年或10年）。

下列符号用于表示：

——全无或几乎无

……未能得到数据

会员国的义务教育年限(年数)

国　　家	年　数	国　　家	年　数
阿富汗	6	巴巴多斯	9
阿尔巴尼亚	8	比利时	8
阿尔及利亚	8	玻利维亚	8
阿根廷	7	巴西	4
澳大利亚	9,10	保加利亚	8
澳地利	9	缅甸	—
巴林①	8	布隆迪	—
苏联白俄罗斯	8	约旦	9
喀麦隆	—	肯尼亚	—
加拿大	8—10	高棉共和国②	6
中非共和国	8	大韩民国③	6
锡兰	8	科威特	8

① 将于1973—1974年度实施。

② 应为朗诺傀儡集团。——译者

③ 应为南朝鲜。——译者

续表

国家	年数	国家	年数
乍得	6	老挝	3
智利	6	黎巴嫩	12
中华人民共和国	……	莱索托	—
哥伦比亚	5	利比里亚	10
刚果人民共和国	10	阿拉伯利比亚共和国	6
哥斯达黎加	8	卢森堡	9
古巴	6	马达加斯加	9
塞浦路斯	6	马拉维	—
捷克斯洛伐克	9	马来西亚	—
达荷美	—	沙巴、沙捞越	6
丹麦	7	西马来西亚	—
多米尼加共和国	6	马里	9
厄瓜多尔	6	马耳他	8
埃及	6	毛里塔尼亚	4
萨尔瓦多	7	毛里求斯	—
埃塞俄比亚	—	墨西哥	6
芬兰	8	摩纳哥	10
法国	10	蒙古	7
加蓬	10	摩洛哥	7
德意志联邦共和国	12	尼泊尔	
加纳	10	英语系统	5
希腊	6	梵语系统	—
危地马拉	6	荷兰	8
几内亚	12	新西兰	9
圭亚那	8	尼加拉瓜	6
海地	6	尼日尔	8
洪都拉斯	6	尼日利亚	—
匈牙利	10	挪威	9
冰岛	8	阿曼	……
印度	5,7,8	巴基斯坦	—
印度尼西亚	6	巴拿马	6
伊朗	6	巴拉圭	6
伊拉克	6	秘鲁	6
爱尔兰	8	菲律宾	6
以色列	10	波兰	8
意大利	8	卡塔尔	—
象牙海岸	—	罗马尼亚	10
牙买加	9	卢旺达	6
日本	9	沙特阿拉伯	—
塞内加尔	7	乌干达	—
塞拉利昂	—	苏联乌克兰	8
新加坡	—	苏联	8
索马里	—	英国	10
西班牙	8	美国	10,11,12
苏丹	—	上沃尔特	6
瑞典	9	乌拉圭	6
瑞士①	7,8,9	委内瑞拉	6
阿拉伯叙利亚共和国	6	越南非和国(1)	5

(1)应为西贡傀儡集团。——译者

续表

国　　家	年　数	国　　家	年　数
坦桑尼亚	—	也门	—
泰国	7	也门民主人民共和国	—
多哥	6	南斯拉夫	8
特立尼达和多巴哥	7	扎伊尔	8
突尼斯	6	赞比亚	—
土耳其	5		

① 年龄限制和义务教育年限，以及每级与每类教育的入学年龄和年限，每州各不相同。

附　录　8

世界扫盲的现状和未来

联合国教科文组织统计室在《1967—1969 年的扫盲状况》一书中，试图对到 1960 年为止的整个 50 年代全世界扫盲状况作一估计。自该书出版以来，一些国家公布了整个 60 年代人口调查的结果，而且已经开始了整个 70 年代的人口调查，虽然大多数调查的结果若干年内还不能看到。

同时，联合国教科文组织统计室重新估计了 1960 年的状况，并对 1970 年也作了初步估计。表 1 概括了这个状况。

表 1　1950—1970 年世界成人(15 岁以上)人口和扫盲状况估计(修正)　(单位:百万人)

年　份	成人人口	识字者	文　盲	文盲率
1950	1,579	879	700	44.3
1960	1,869	1,134	735	39.3
1970	2,287	1,504	783	34.2

文盲成人即 15 岁以上的人的百分比，在 1950 年和 1960 年之间以及 1960 年和 1970 年之间这两个 10 年中有所下降，从 44.3%下降到 39.3%，再降到 34.2%。这是相当大的降低，两个 10 年中每个 10 年下降了大约 5%。所以人们能够说现在世界文盲成人是三分之一，而不是久为人所熟知的 1960 年的五分之二或 1950 年的将近一半了。然而，由于在同一时期内成人人口增加了约 7 亿人——第一个 10 年中增加约 3 亿而第二个 10 年中约增加了 4 亿人——成人文盲的实际人数有所上升。从 1950 年的 7 亿成人文盲，在第一个 10 年中增加了 3500 万人，在第二个 10 年中却

增加了 4800 万人，结果目前的数字是 7.83 亿人。然而，在同一时期内世界识字成人的人数在两个 10 年中也增加了 6 亿以上——在第一个 10 年中增加约 2.5 亿人，在第二个 10 年中增加了 3.5 亿人以上。

因为识字者的大量增加是全世界各会员国大力扩充初等教育和开展成人识字班的证据，因此在讨论扫盲状况时，始终看到识字者人数增加，这是重要的。顺便提一下，如果把 1950—1960 年文盲率的降低率保持下去，所估计的 1970 年 7.83 亿文盲成人的数字将比所发生的结果更好，注意到这点是很有意思的。这就是说，总计约 8 亿文盲的文盲率是 34.8%。事实上估计文盲率在 1960 年到 1970 年间下降得要比 1950 年到 1960 年间所估计的稍快一些。

表 2　世界成人(15 岁以上)人口和识字状况估计(增长率)

时　　期	成人人口增长率		识字者增长率		文盲增长率		文盲率的降低率	
	年度的	十年的	年度的	十年的	年度的	十年的	年度的	十年的
1950—1960	1.70	18.43	2.58	29.01	0.48	5.00	0.50	5.0
1960—1970	2.03	22.36	2.86	32.63	0.63	6.53	0.51	5.1

由此可以看到识字者人数的增长率不断在上升，并且继续要比成人人口的增长率高得多。然而人口增长率的不断上升仍造成文盲人数增长率的上升，虽然只是小量的。

期望在 70 年代文盲率将继续不断地稳定下降。在这个阶段对 1980 年作估计是没有很大意义的，但是联合国教科文组织统计室关于这个题目的很初步的想法指出：人口的老化，初等教育的增加，扫盲运动的作用，这些方面结合起来所产生的结果在 70 年代将继续取得比 60 年代曾经估计的更大的进展。

估计 1980 年世界成人人口是 28.23 亿，据认为到 1980 年成人文盲仍将有 8.2 亿，世界成人文盲率仍为 29%。当然，这意味着与成人文盲增加3700万相比,成人识字者将增加5亿左右。因为人口的增加,所以1980年成人文盲的绝对数在两个10年内将分别上升到4800万和3700万,尽管这时成人识字者共增加了约8.7亿人。70年代成人人口猛增5.36亿——与60年代增加4.18亿相比——的结果,将继续使各会员国为扫除文盲所作的一切努力受到影响。

看一看图表提出的所有这些数据也许是有趣的。(请看下页图)

一看就能发现这种情况:人口与识字者人数几乎并驾齐驱地激增。结果文盲人数也稳定地少量增长。读者容易想象图表上到2000年的情况,即使最乐观的设想,到2000年文盲也不会降低到6.5亿以下。另一方面,文盲率在稳定地、实际上直线地下降,并且最乐观的设想是到2000年,文盲人数——约6.5亿——将表明成人文盲率只占15%了。

仅就1980年区域的情况作一个很冒险的估计,这是可能的。按目前教育进展的速度,并考虑到人口的老化,非洲成人文盲率将从74%下降到67%;亚洲成人文盲率将从47%下降到38%;拉丁美洲成人文盲率将从24%下降到15%。期望进展的速度在70年代比60年代更快,正象由于人口的老化在60年代比在50年代稍快一样。1980年假定成人文盲率为29%,成人文盲为8.2亿的全面估计,便是在这种设想下作出来的。可是应该记住,1980年的这些估计仍然表明亚非两洲到1980年仍将有2500万以上增加出来的成人文盲。

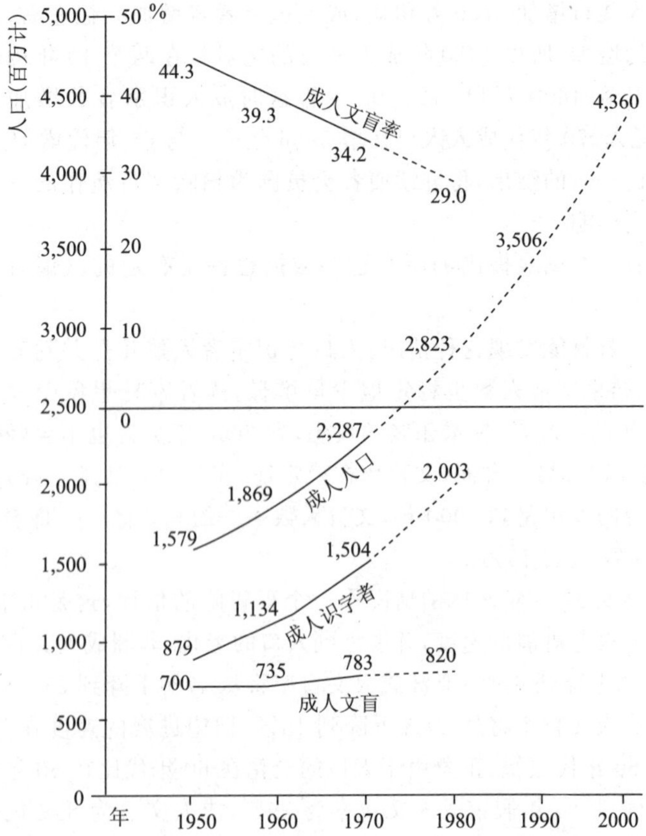

成人(15岁以上)人口的增长和文盲的减少

著作权合同登记　图字:01-95-867 号

LEARNING TO BE:
THE WORLD OF EDUCATION
TODAY AND TOMORROW

敬告读者

为维护《中华人民共和国著作权法》的尊严，保护著作权人及出版者的合法权益，对非法盗印者，我们将依法追究，予以严惩。为方便读者举报，特将下列电话公布如下：

全国扫黄打非办公室： 010—65231138
北京市版权局： 010—63467110
教育科学出版社： 010—62375216
010—62003353
教育科学出版社传真： 010—62012454
010—62033132

对举报并经查证属实者，将给予奖励。

教育科学出版社